A EXPLOSÃO *GOSPEL*

CONSELHO EDITORIAL:

Carlos Alberto Chaves Fernandes
Edson Fernando de Almeida
Isidoro Mazzarolo
Jonas Rezende
Luiz Longuini Neto
Magali do Nascimento Cunha
Mozart Noronha

A EXPLOSÃO *GOSPEL*

Um olhar das ciências humanas sobre o cenário evangélico no Brasil

Magali do Nascimento Cunha

INSTITUTO **Mysterium**   *M*auad X

Copyright © by Magali do Nascimento Cunha, 2007

Direitos desta edição reservados à
MAUAD Editora Ltda.
Rua Joaquim Silva, 98, 5º andar
Lapa — Rio de Janeiro, RJ — CEP: 20241-110
Tel.: (21) 3479.7422 — Fax: (21) 3479.7400
www.mauad.com.br

em co-edição com o
Instituto MYSTERIUM
Rua Pereira de Almeida, 7/1201
Praça da Bandeira – Rio de Janeiro, RJ – CEP: 20260-100
Tel.: (21) 2502-4821

Projeto Gráfico:
Núcleo de Arte/Mauad Editora

Revisão:
Sandra Pássaro

CIP-BRASIL. CATALOGAÇÃO-NA-FONTE
SINDICATO NACIONAL DOS EDITORES DE LIVROS, RJ.

C979e

Cunha, Magali do Nascimento

A explosão *gospel*: um olhar das ciências humanas sobre o cenário evangélico no Brasil / Magali do Nascimento Cunha. - Rio de Janeiro : Mauad X : Instituto Mysterium, 2007.

. - (Teologia para quê?); 2

ISBN 978-85-7478-228-7

1. Igrejas protestantes - Brasil - História. 2. Protestantes - Brasil - História. 3. Evangelismo - Aspectos sociais - Brasil. 4. Cristianismo e cultura. 5. Música sacra - Igrejas protestantes - Brasil. 6. Comunicação de massa em religião. I. Instituto Mysterium. II. Título. III. Série.

07-2494.   CDD: 280.40981

                                        CDU: 28(81)

Ao Claudio e ao Guilherme,

expressões vivas de amor

SUMÁRIO

INTRODUÇÃO   **9**

UMA ETAPA PRELIMINAR: DEFININDO TERMINOLOGIAS...   **13**

CAPÍTULO 1 —
O CENÁRIO DA EXPLOSÃO *GOSPEL* NO BRASIL   **33**
I. Introdução: a matriz religiosa brasileira e o protestantismo no Brasil   33
II. Introdução: as bases do jeito de ser evangélico no Brasil   37
III. As recentes transformações no cenário religioso evangélico   45

CAPÍTULO 2 —
A EXPLOSÃO *GOSPEL* NO BRASIL   **67**
I. O movimento *gospel* no Brasil   69
II. A explosão *gospel* dos anos 90   80

CAPÍTULO 3 —
O PODER SAGRADO DA MÚSICA NA CULTURA *GOSPEL*   **87**
I. O poder dos artistas *gospel*: instrumentos de Deus   89
II. O poder dos ministérios de louvor e adoração: um novo avivamento   105

CAPÍTULO 4 —
CONSUMO E ENTRETENIMENTO: RITOS QUE PRODUZEM SENTIDO   **137**
I. Cristãos: segmento de mercado   138
II. A conquista da diversão: quase como todo mundo   146

CAPÍTULO 5 —
O HÍBRIDO *GOSPEL*: "VINHO NOVO EM ODRES VELHOS"   **171**
I. Inserção na modernidade: sacralização do consumo,
    mediação da tecnologia e dos meios de comunicação   173
II. Sacralização de gêneros musicais populares brasileiros   176
III. Relativização da tradição de santidade protestante puritana:
    valorização do corpo e inserção social   178
IV. Rompimento com as teologias escapistas e
    pregação de inserção no sistema socioeconômico   181

V. Desenvolvimento de uma prática religiosa avivalista:
mística, emoção e renovação 183
VI. Reprocessamento da teofania das tradições monárquicas
de Jerusalém 186
VII. Desterritorialização e padronização do modo de vida *gospel* 188
VIII. Conservação de elementos da cultura evangélica brasileira
responsáveis pela crise entre protestantismo e sociedade brasileira 191

A TÍTULO DE CONCLUSÃO **199**

NOTAS **207**

INTRODUÇÃO

A motivação para o estudo que deu origem a este livro originou-se na observação do cenário das igrejas evangélicas nas últimas duas décadas, quando emergiram com força o movimento *gospel* e a mídia e o mercado evangélicos. Essa observação preliminar levou a uma série de indagações: O que essas transformações representam para os evangélicos no Brasil? Que mudanças provocam no seu modo de vida? O que é realmente novo?

Estas questões levaram à constatação de que a explosão *gospel* acabou por marcar o cenário religioso contemporâneo, em especial o evangélico. Essa explosão se manifestou na configuração de um novo modo de ser nas igrejas: diferentes formas de realização do culto, de expressão verbal e não-verbal e de comportamento construídas pelos fiéis, estimuladas pela ampla produção fonográfica e pelos espetáculos de promoção destes produtos. Isto se manifesta predominantemente em uma forma nova de se relacionar com Deus e na reinterpretação e relativização de doutrinas e costumes as quais permeiam todo o segmento evangélico, estabelecendo um padrão.

Dessa forma, tornou-se necessária uma avaliação acerca do surgimento de um novo modo de vida em meio a um grupo social brasileiro – aquele formado pelas igrejas evangélicas brasileiras e seus adeptos. O modo de vida é aqui denominado *cultura gospel*. Este processo foi iniciado nas últimas décadas do século XX e permanece em curso no atual momento marcado por transformações no campo sociopolítico-econômico-cultural-religioso, estreitamente relacionadas ao avanço do capitalismo globalizado e à consolidação das culturas midiática e urbana, filhas da modernidade.

Por isso, a opção pelo termo "explosão" como classificação do fenômeno *gospel*. Evita-se aqui o uso da expressão impacto, amplamente utilizada por analistas deste e de outros fenômenos culturais, pois pressupõe a idéia de força, de choque, de um corpo contra um outro, de uma ação que procede do exterior para o interior. Opta-se, portanto, pela noção de explosão que exprime as irrupções nascidas dentro de um processo, os momentos ou circunstâncias, ou eventos, que mudam completamente a rota de acontecimentos.[1]

Busca-se aqui, portanto, compreender esta explosão cultural e sua expressão entre os diferentes segmentos do cenário evangélico. Trata-se de um fenômeno contemporâneo em curso, que tem causado perplexidade no campo prático de ação das igrejas, e instigado reflexões como esta, muito em função do lugar da mídia e do mercado de consumo no processo.

O gospel como elemento da modernidade

A primeira parte deste estudo representa o resultado de todo o esforço de interrogar a explosão gospel no Brasil sob os olhares dos estudos culturais e das ciências da religião. Esses foram instrumentos para a busca de explicações e respostas a perguntas que emergiram da observação preliminar do fenômeno gospel.

Uma descrição analítica sobre as recentes transformações no cenário evangélico, confrontadas com as bases de construção da cultura religiosa evangélica no Brasil, será desenvolvida na primeira parte desta obra. Ela será encerrada com um conjunto de elucidações que alimentam a compreensão de que o gospel é constituído como um modo de vida. Uma delas relaciona-se ao conceito de hibridismo cultural que passará a ser adotado aqui para orientar as análises do fenômeno gospel.

Um conceito próprio de hibridismo cultural foi construído visando responder à particularidade da expressão cultural gospel, da forma como o moderno convive com o tradicional neste modo de vida. O gospel passa a ser classificado como uma cultura híbrida, por resultar do entrecruzamento de aspectos tradicionais do modo de ser protestante construído no Brasil com as manifestações de modernidade presentes em propostas pentecostais, no fenômeno urbano brasileiro, no avanço da ideologia do mercado de consumo e na cultura das mídias. A leitura descritiva e analítica da cultura gospel passa a ser, portanto, realizada a partir desse referencial.

O modo de ser gospel

Assentado na base teórica dos estudos culturais sob o olhar da comunicação e também das ciências da religião, este trabalho descreve o fenômeno gospel a partir da identificação dos elementos que o caracterizam: a música, o consumo e o entretenimento. Esta descrição será desenvolvida nos capítulos 3 e 4.

Não há farta bibliografia sobre essa expressão contemporânea entre os evangélicos. Escassas são as análises, dispersas em poucos livros, artigos acadêmicos e anais de seminários de estudos. Os trabalhos acadêmicos – marcadamente os das ciências da religião – têm as atenções voltadas para o campo pentecostal. As poucas iniciativas no campo da comunicação seguem o mesmo caminho e insistem na análise da produção midiática evangélica.

Revela-se aberto, portanto, o espaço para a pesquisa da articulação destes aspectos – música, mídia, consumo – que, aliados ao entretenimento, formam o *gospel* como uma expressão cultural. Essa orientação teórica levou à opção metodológica da busca de fontes *gospel* para compreensão do fenômeno; ou seja, além de se recorrer à bibliografia disponível, buscou-se observar e analisar diretamente as produções *gospel*, tais como:

- programas das rádios evangélicas de maior audiência em diferentes horários (Aleluia, Manchete *Gospel* e Melodia);

- programas de TV (Clip *Gospel*, Conexão *Gospel*, *Gospel* Line, Movimento Jovem, Clip RIT, programação da Rede *Gospel*, Show da Fé, Espaço Alternativo);

- CDs comercializados pelo mercado fonográfico evangélico produzidos pelos cantores e grupos mais popularizados;

- fitas de vídeo com os shows dos grupos musicais mais populares;

- as principais revistas promotoras da expressão *gospel* (*Eclésia* e *Enfoque Gospel*, distribuídas em bancas de jornais e revistarias, e *Consumidor Cristão*, de circulação restrita);

- as principais páginas eletrônicas na internet (*Gospel* Music Café, LouvorNet, Ministério de Louvor Diante do Trono, Associação de Músicos Cristãos, Evangélicos.com, Bible World Net, Aleluia.com); e

- as principais produções literárias de líderes *gospel* (livros e artigos em páginas eletrônicas).

Além disso, foram feitas visitas a edições da Feira Internacional do Consumidor Cristão/ExpoCristã, onde foram colhidos depoimentos dos organizadores e de participantes.

Este estudo apresenta ainda a construção de um quadro descritivo e analítico da expressão *gospel* e a caracterização do fenômeno como constituinte de um novo modo de vida evangélico que traz em si a conservação de aspectos da tradição protestante brasileira. O quadro apresenta primeiramente a origem estadunidense do termo e o sentido que lhe foi atribuído no Brasil, além de levantar a memória da gênese do movimento *gospel* no País, basicamente musical, que levou à explosão dos anos 90, que amplia as dimensões do movimento.

Este quadro histórico-conceitual permitirá compreender o significado estabelecido pelos evangélicos em torno da música e seu lugar não só nas práticas de culto mas como mediação entre Deus e seus seguidores. A partir da explosão *gospel* no Brasil, a música religiosa reveste-se de um poder que torna cantores, grupos musicais e participantes de reuniões que a entoam em instrumentos de Deus.

A análise se completa pela descrição do duo consumo-entretenimento na configuração do *gospel*. Estes dois elementos são ritos que produzem sentido à experiência religiosa dos evangélicos, além de transformá-los em segmento de mercado, sócios de Deus e membros da sociedade sintonizados com a lógica hegemônica do capitalismo globalizado.

Um novo velho modo de vida

Como o *gospel* se manifesta no cotidiano dos evangélicos? Como se revela o hibridismo no jeito de ser evangélico? Como os evangélicos constroem o modo de vida *gospel* no cotidiano de suas práticas religiosas?

Para responder a esta indagação, há um elenco de componentes que caracterizam a cultura *gospel* descritos e analisados no capítulo 5. Este elenco traz à memória a metáfora encontrada nos escritos bíblicos: "vinho novo em odres velhos" – união que corrompe, destrói, inviabiliza. É esta a natureza da cultura *gospel*? Uma corrupção, uma anomalia? O capítulo conclusivo busca responder a esse questionamento, tendo como meta uma análise não complacente mas crítica do fenômeno. O crítico aqui não significa a condenação da cultura *gospel* mas o resultado de um exercício de reflexão que busca ir além do aspecto meramente descritivo e assumir uma atitude crítica ética, especialmente em relação às formas de intimismo, de sectarismo, de exclusivismo religioso e afirmativas do capitalismo globalizado.

Por ser o *gospel* um fenômeno contemporâneo em curso, este estudo não pode nem se deve pretender conclusivo ou buscar esgotar o tema. As idéias aqui defendidas procuram responder ao "hoje" do cenário religioso evangélico, que está em curso, ou seja, não é algo acabado mas em construção. A temática continuará viva e dinâmica e este livro pretende oferecer a ela uma contribuição, ainda que modesta, ao indicar, por meio de uma forma de olhar, as questões que parecem ser fundamentais para a interpretação do processo da explosão *gospel* no Brasil.

UMA ETAPA PRELIMINAR: DEFININDO TERMINOLOGIAS...

Para ajudar os leitores a percorrerem os caminhos deste estudo, é necessário registrar a definição das terminologias utilizadas no tratamento do tema. Quem são os evangélicos neste livro? Como se entende aqui o conceito de "cultura"? Existe uma cultura da mídia? O que significa "hibridismo cultural"? E o tema central desta obra – o *gospel* –, como explicar este termo? Como o *gospel* pode ser compreendido como cultura e como modernidade de superfície? É o que se vai buscar responder nas próximas páginas.

Evangélicos

É o termo mais comumente designado como referência aos cristãos não-católicos no Brasil. O termo consagrado na história geral, "protestante", raramente foi e tem sido utilizado para identificar esse grupo no Brasil; ele é mais usado por historiadores e estudiosos da Teologia e da Religião.

Para se entender o sentido do termo, é importante recordar que, na construção da identidade das igrejas protestantes no Brasil, um ponto relevante foi a forma como aqueles que abraçavam essa fé se auto-identificavam. Afinal, dar nome é criar identidade, é estabelecer uma marca. Para os missionários era importante adotar um nome que representasse aquela nova experiência vivida no Brasil e que demarcasse uma diferenciação do catolicismo. Para isso foi escolhida a expressão "crente em nosso Senhor Jesus Cristo", ou, numa abreviação, "crente". O nome caracterizava o processo de conversão, que era a pregação central da mensagem protestante: passava-se da incredulidade e da desobediência a uma nova vida de crença e obediência. Os convertidos começavam assim a se auto-identificar como "crentes". [2]

No entanto, os missionários norte-americanos também tinham sua identidade, a própria forma de se auto-identificarem: eles eram *evangelicals* ou evangélicos, ou seja, adeptos do conservadorismo protestante, que desejavam afirmar a sua fidelidade ao Evangelho e não à Ciência ou à razão humana. Essa corrente protestante promoveu o movimento das Alianças Evangélicas em todo o mundo. Eram associações caracterizadas pela teologia dos movimentos pietistas, fundamentalistas e avivalistas e pela busca da união de todos os protestantes a fim de formar uma frente única de combate ao catolicismo – interpretado como empecilho ao avanço missionário iniciado no final do século XVIII. A influência desse movimento alcançou o Brasil expressivamente no início do século XX, com o avanço dos projetos missionários protestantes em todo o mundo, patrocinados pelas Alianças Evangélicas. Muitas denominações brasileiras acrescentaram aos seus nomes a expressão "evangélica", e o termo "crente", usado então de forma pejorativa, foi substituído por "evangélico" para designar os adeptos e as igrejas não-católicas.³

Depois de difundido pela Europa a partir do século XVI, o protestantismo estabeleceu-se nos Estados Unidos por intermédio dos colonos ingleses no século XVII. Estes são os dois pontos de partida das correntes protestantes que instalaram, na América do Sul e no Brasil, a nova confissão cristã. Num primeiro momento, chegaram ao Brasil, vindos do Velho Continente, anglicanos ingleses e luteranos alemães. Eles vieram, a partir dos primeiros anos do século XIX, incentivados pela "abertura dos portos às nações amigas". Mais tarde, ainda nesse século, chegaram ao Brasil fluxos de missionários já então instalados nos Estados Unidos: congregacionais, presbiterianos, metodistas, batistas e episcopais. Posteriormente, já no alvorecer do século XX, foi a vez dos grupos pentecostais.⁴

Esta complexidade, que se aprofunda pela multiplicidade de denominações protestantes, levou estudiosos à tentativa de elaboração de tipologias, elas próprias múltiplas e, por suposto, provisórias e insatisfatórias. Aqui busca-se uma síntese própria que procura realçar as origens das confissões e as formas de sua implantação. Ela mesma já passou por diferentes formatos, cada um relacionado à pesquisa que a demandava. Neste estudo, o interesse nos fenômenos comunicacionais que envolvem os evangélicos no Brasil conduziu a uma nova síntese, que pode apresentar a seguinte organização:

   a) **Protestantismo Histórico de Migração**, que tem raízes na Reforma do século XVI, chegou ao Brasil com o fluxo migratório estabelecido a partir do século XIX, sem preocupações missionárias conversionistas. É representado pelas igrejas Luteranas, Anglicana e Reformada;

   b) **Protestantismo Histórico de Missão (PHM)**, também originado da Reforma do século XVI, veio para o Brasil trazido por missionários norte-americanos no século XIX. Corresponde às igrejas Congregacional, Presbiterianas, Metodista, Batista e Episcopal;

   c) **Pentecostalismo Histórico**, assim chamado por suas raízes nas confissões históricas da Reforma, veio para o Brasil no início do século XX com objetivo missionário. É caracterizado pela doutrina do Espírito Santo, ou seja, pela condição que os adeptos devem assumir de um segundo batismo, o batismo do Espírito Santo, caracterizado pela glossolalia (o falar em línguas estranhas). Composto pelas Igrejas Assembléia de Deus, Congregação Cristã do Brasil e Evangelho Quadrangular;

d) **Protestantismo de Renovação ou Carismático**, que surgiu a partir de expurgos e divisões no interior das chamadas "igrejas históricas", em especial na década de 60, caracterizado por posturas influenciadas pela doutrina pentecostal. Mantém vínculos com a tradição da Reforma e com a estrutura de suas denominações de origem. É formado pelas Igrejas Metodista Wesleyana, Presbiteriana Renovada e Batista de Renovação, entre outras;

e) **Pentecostalismo Independente (também denominado Neopentecostalismo)** que, sem raízes históricas na Reforma do século XVI, surgiu (e surge ainda hoje) de divisões teológicas ou políticas nas "denominações históricas" a partir da segunda metade do século XX. Tem como especificidades sua composição em torno de uma "liderança carismática", a pregação da Teologia da Prosperidade e da Guerra Espiritual, a prática constante de exorcismos e curas milagrosas e o rompimento com o ascetismo pentecostal histórico. Sua enumeração é dificílima, dada a profusão constante de novas igrejas: entre outras, Deus é Amor, Brasil para Cristo, Casa da Bênção e Universal do Reino de Deus.

f) **Pentecostalismo Independente de Renovação**, que apareceu no final do século XX e ganha força no início do século XXI. Possui as características do Pentecostalismo Independente (alguns autores tratam este grupo de igrejas integrado ao outro), no entanto difere dele por ter como público-alvo as classes médias e a juventude, estruturando seu modo de ser para alcançá-los. Esse modo de ser atenua a ênfase no exorcismo e nos milagres e ressalta a prosperidade e a guerra espiritual. Grupo de igrejas composto pela Renascer em Cristo, Comunidades (Evangélicas, da Graça), Sara a Nossa Terra, Bola de Neve, outras.

Cumpre mencionar que há ainda grupos que, a rigor, não são considerados protestantes pelos estudiosos do assunto, embora aceitos, no senso comum, como tais. São as Igrejas dos Santos dos Últimos Dias (Mórmons), Adventista e as Testemunhas de Jeová. Eles têm como traço comum o fato de originarem-se nos Estados Unidos como fruto de experiências místicas de seus líderes.

É esta, basicamente, a teia complexa que forma o campo evangélico brasileiro, o qual vem experimentando transformações várias ao longo de sua história, influenciado pelos diferentes contextos sócio-históricos nos quais está inserido.

Portanto, "evangélicos" aqui se refere aos adeptos do cristianismo não-católico-romano que formam o quadro das igrejas do protestantismo brasileiro. Foi entre eles que nasceu a expressão denominada *gospel*, inicialmente relacionada à música mas posteriormente vinculada a outras manifestações de cultura.

Cultura

Para tratar o tema cultura, esta obra se baseia nos estudos culturais britânicos, cuja gênese está centrada na adoção de uma postura contrária à abordagem predominante do tema sob o ponto de vista da hierarquização (refinada/culta, popular/medíocre), originada em escritos do século XIX como os do inglês Matthew Arnold.[5]

O caminho trilhado pelos pensadores britânicos na primeira metade do século XX, com os então embrionários estudos culturais, era justamente o oposto ao escolhido por Arnold. Uma obra que marca forte ruptura com este referencial teórico é *The long revolution*, de Raymond Williams, publicada em 1965. Ele rompe com a tradição literária que coloca a cultura fora da sociedade e reflete e parte da concepção de que ela é um processo sócio-histórico que cria e assimila sentidos. Williams rompe também com a vertente redutora do marxismo e defende um marxismo complexo, que torna possível o estudo da relação entre a cultura e outras práticas sociais. A obra que revela esta perspectiva é *Marxismo e Literatura*.[6]

Foi com esse princípio que Raymond Williams empreendeu uma ampla investigação para elaborar sua compreensão de cultura. Ele recorreu à história para assimilar o processo de construção do termo e suas transformações e elencou os diferentes usos nas mais variadas disciplinas e sistemas de pensamento. O resultado dessa investigação se encontra disseminado em expressiva parcela de sua obra e se tornou referência para estudiosos da cultura de diferentes campos de investigação.

Os estudos de Williams sobre o termo "cultura" reafirmam a compreensão de que os conceitos são construídos de acordo com o contexto sócio-histórico. Os escritos em *Marxismo e Literatura* tornam públicas essas idéias.[7] O autor indica os conceitos de sociedade, economia, cultura, como formulações históricas relativamente recentes.

"Sociedade" era compreendida como companheirismo, associação, "realização comum", antes de se tornar a descrição de um sistema ou ordem geral. "Economia", do grego *oikonomia*, significava a forma de administração da casa, depois passou a ter o sentido da administração de uma comunidade, antes de tornar-se a descrição de um determinado sistema de produção, distribuição e troca. "Cultura", antes mesmo dessas transições referidas, nasceu do verbo latino *colere*, relacionado ao crescimento e cuidado de colheitas e animais e, por extensão, ao crescimento e ao cuidado das faculdades humanas.

As transformações no termo "cultura" devem-se à articulação com a Filosofia e com a História. Manifestam-se com força com o Iluminismo, assumem outra dimensão com o Romantismo e ganham novos contornos com o Marxismo.

O resultado deste processo, de acordo com Raymond Williams, foi o estabelecimento, na contemporaneidade, de três principais tipos de definição de cultura: (1) idealizado, em que a cultura é compreendida como um estado ou processo da perfeição humana, com base em valores absolutos e universais; (2) documental, relacionado à produção de obras que envolvem a imaginação e o intelecto, e que são produzidos para a posteridade, da mesma forma que o pensamento e a experiência humana – são os "tesouros" da cultura e (3) social (antropológico e sociológico), que relaciona a cultura a um modo de vida global dentro do qual percebe-se um "sistema de significações" essencialmente envolvido em todas as formas de atividade social. Neste tipo de definição, estão incluídos elementos que, para seguidores de outras noções, não são cultura: a organização da produção, a estrutura familiar, a estrutura das instituições sociais, as formas de comunicação social.[8]

O que prevaleceu ao longo dos diferentes contextos sócio-históricos, de acordo com os estudos de Williams, foi um sentido mais comum de cultura como bem adquirido por intermédio da educação intelectual e artística, o que constituiu a idéia das "humanidades", reflexo do "ser culto" em contraposição ao "ser inculto".

Na obra *Cultura,* em que se dedica ao estudo das manifestações artísticas como expressão de cultura, Raymond Williams indica que já era possível observar certa convergência prática entre (1) o sentido social de cultura como "modo de vida global" e (2) o sentido mais especializado de cultura como "atividades artísticas e intelectuais". Estas últimas, segundo o autor, devido à ênfase em um sistema de significações geral, passam a ser definidas de maneira muito mais ampla, de modo a incluir não apenas as artes e as formas de produção intelectual tradicionais, mas também todas as "práticas significativas" – desde a linguagem, passando pelas artes e filosofia, até o jornalismo, moda e publicidade – que constituíram esse campo complexo e necessariamente extenso.[9]

Para Raymond Williams, essas variações de sentido no uso da cultura como um termo não devem ser vistas como negativas, algo prejudicial ao estudo da cultura; pelo contrário, têm que ser percebidas como uma complexidade genuína, pois correspondem a elementos da própria experiência: a cultura é dinâmica. Para o estudioso, há uma referência significativa em cada um dos três principais tipos de definição, portanto a relação entre eles deve desafiar a análise da cultura no sentido de que é necessário focalizar o processo como um todo e, então, relacioná-lo aos estudos particulares.

Em suma, as análises decorrentes da ampla investigação de Williams o levaram a um rompimento com a noção elitista de cultura. Seguindo a linha iniciada pelo grupo que fundaria mais tarde o CCCS, a cultura passou a ser interpretada como parte determinante e não só como a parte determinada da atividade social. Cultura é, portanto, compreendida como o processo social geral de dar e assimilar sentidos "comuns" – daí a expressão cunhada por Raymond Williams: "Culture is ordinary".

A cultura é ordinária: este é o fato mais importante. Toda sociedade humana tem sua própria forma, seus próprios propósitos, seus próprios sentidos. Toda sociedade humana os expressa nas instituições, nas artes e na aprendizagem. O fazer de uma sociedade significa descobrir os sentidos e direções comuns, e o seu crescimento é um debate ativo e um aperfeiçoamento sob as pressões da experiência, do contato e da descoberta, que se inscrevem no território. A sociedade em crescimento está lá, ainda assim ela é também feita e refeita em cada mente individual. O fazer de uma mente é, primeiramente, o lento aprendizado de formas, propósitos e significados. Uma cultura tem dois aspectos: os sentidos e as direções conhecidos, para os quais seus membros são dirigidos; as novas observações e sentidos, que são oferecidos e testados. Esses são os processos ordinários das sociedades humanas e das mentes humanas, e nós vemos por meio deles a natureza de uma cultura: que ela é sempre tanto tradicional como criativa; que ela é tanto os mais ordinários sentidos comuns quanto os sentidos individuais mais finos. Nós usamos a palavra cultura nestes dois sentidos: para significar um modo de vida global – os sentidos comuns – e para significar as artes e o aprendizado – os processos especiais de descoberta e esforço criativo. Alguns autores reservam a palavra para um ou outro destes significados; eu insisto em ambos, e no significado de sua conjugação. As questões que eu levanto sobre cultura são questões sobre profundos significados pessoais. A cultura é ordinária em toda sociedade e em toda mente.[10]

Com esta expressão, ele refere-se à cultura como o processo social de dar e receber sentidos – um lento desenvolvimento de sentidos comuns formados por aquelas direções já conhecidas com as quais os sujeitos estão acostumados, mas também pelas novas observações e os novos sentidos que são recebidos e testados. Para Williams, esse processo é comum, ordinário, nas sociedades e nas mentes humanas. Daí a cultura ter a natureza de ser sempre tradicional e criativa – formada pelos sentidos comuns (do modo de vida global) e pelos processos de descoberta (as artes e a aprendizagem).

Cultura Midiática

Na história recente dos estudos comunicacionais surgiu a noção de cultura das mídias.[11] A base da reflexão é que o conceito de cultura massiva já não tem sido suficiente para expressar o que se vivencia na nova conjuntura da comunidade global. A idéia de cultura de massa foi construída a partir da compreensão de que havia um conjunto de objetos produzidos para as massas e consumidos por ela. Ela tem embutida a ênfase numa sociedade em que as maiorias consomem de forma complexa e indiscriminada, subordinadas à indústria cultural, e, conseqüentemente, às classes dominantes que fabricariam produtos sob estratégias de poder econômico e ideológico.

A noção cultura das mídias procura dar conta das transformações do contexto sociopolítico-cultural que atingem a compreensão da cultura de massa. Esse contexto introduziu uma dimensão dinâmica à noção da cultura de massa, fazendo-a ir além das bases referenciadas na padronização/estandardização de mensagens/bens e do seu consumo indiscriminado para refletir as configurações de sentido características de situações e momentos determinados: valores, modos de vinculação entre os indivíduos, divisões do tempo, organização do espaço público e do espaço privado, modos de legitimação, etc. Esta alteração no percurso permitiu o reconhecimento da cultura massiva como um estado do desenvolvimento da modernidade.

A cultura das mídias não deve ser concebida apenas como uma versão atualizada da cultura de massa, um estado mais avançado no intercâmbio de produtos culturais com o aprimoramento das tecnologias e instituições dedicadas à produção de mensagens e ao uso e consumo dessas tecnologias e meios. Deve ser compreendida, isto sim, como um novo quadro das interações sociais, uma nova forma de estruturação das práticas sociais, marcada pela existência dos meios. Nesse sentido, a midiatização da sociedade, fenômeno da sociedade global, precisa ser reconhecida como a reconfiguração do processo coletivo de produção de significados por meio do qual um grupo social se compreende, se comunica, se reproduz e se transforma, a partir das novas tecnologias e meios de produção e transmissão de informação.

A idéia de midiatização da sociedade indica que já não é mais possível usar a categoria "massa" para explicar a conjuntura presente. A cultura das mídias vai além ao refletir o paradigma da globalização e do consumo: o mercado, atravessando os países, teria se consolidado como uma instância fundamental de produção de sentido. Neste quadro, as massas não importariam mais, e, sim, o mercado. Na cultura das mídias, diferença e padronização convivem sincronicamente, pois é no âmbito do mercado, base dessa cultura, que os indivíduos e os grupos sociais constroem suas identidades, partilham expectativas de vida, modos de ser, e o poder se torna virtualizado.

Douglas Kellner caracteriza a cultura das mídias como aquela veiculada por meio de imagens, sons, espetáculos, informações, que mediam a construção do tecido social, ocupando o tempo de lazer das pessoas, fornecendo opiniões políticas, oferecendo formas de comportamento social. É uma cultura da imagem que explora a visão e a audição e com isso trabalha com idéias, sentimentos e emoções. Para isso, trata-se de uma cultura de alta tecnologia, o que a torna um setor dos mais lucrativos na economia global. Além disso – e um dado primordial –, a cultura das mídias é parte do mercado, isto é, trabalha como uma indústria que precisa produzir em massa para servir ao mercado em expansão. Os produtos da mídia são, portanto, a mercadoria que é oferecida com o objetivo de fornecer lucro aos grandes empresários da comunicação, daí a necessidade de grande audiência e de ser eco das aspirações do público.

Kellner adverte que a cultura das mídias não é um "sistema de doutrinação ideológica rígida" que faz com que as pessoas concordem com o capitalismo existente e seus promotores, mas trabalha sim com os "prazeres propiciados pela mídia e pelo consumo".[12] O autor acrescenta:

> O entretenimento oferecido por esses meios freqüentemente é agradabilíssimo e utiliza instrumentos visuais e auditivos, usando o espetáculo para seduzir o público e levá-lo a identificar-se com certas opiniões, atitudes, sentimentos e disposições. A cultura de consumo oferece um deslumbrante conjunto de bens e serviços que induzem os indivíduos a participar de um sistema de gratificação comercial. A cultura da mídia e a de consumo atuam de mãos dadas no sentido de gerar pensamentos e comportamentos ajustados aos valores, às instituições, às crenças e às práticas vigentes.[13]

A consideração sobre a capacidade de resistência dos receptores e de construção de leituras próprias das mensagens fornecidas pela mídia é considerada pelos estudiosos em suas abordagens sobre a cultura das mídias. De acordo com Douglas Kellner, a cultura das mídias deve ser criticada a fim de ser utilizada como mediação pedagógica para a democratização da sociedade. "É tão errôneo dar as costas à cultura da mídia e ignorá-la quanto abraçá-la de modo acrítico", pois, afinal vive-se na (pós)modernidade e caminha-se para o futuro, diz ele.[14] Integra este processo, portanto, a compreensão do que acontece com as culturas nesta relação com a (pós)modernidade.

Hibridismo cultural

O termo "hibridismo", originário das ciências biológicas (o cruzamento de duas espécies diferentes), tem sido utilizado com freqüência, desde as últimas duas décadas do século XX no campo dos estudos culturais. Na Europa e na América do Norte, o termo começou a ser intensamente trabalhado nos anos 80 nos estudos sobre pós-colonialismo e multiculturalismo desenvolvidos por diversos autores, dentre os quais serão destacados aqui Hommi Bhaba e Stuart

Hall.[15] Na América Latina, o autor que mais se destaca nessa abordagem é Nestor Garcia Canclini, com a obra *Cultura Híbridas. Estratégias para entrar e sair da modernidade* (1989). O livro é resultado de um exercício de releitura das culturas latino-americanas à luz do fenômeno da pós-modernidade.

A presença da idéia de hibridismo na discussão da cultura não é nova: ela apareceu com força no século XIX e início do XX. Robert Young investiga essas origens e as conecta aos estudos do século XVIII que relacionavam os diferentes grupos humanos como parte do reino animal, à escala hierárquica da Grande Cadeia do Ser.[16] Os africanos foram colocados na base da família humana, próximos ao macaco, e até se discutia se eles deveriam ser considerados espécies de macacos ou de humanos. De um lado, havia aqueles que defendiam a unidade das espécies humanas, baseados em teorias antropológicas, por exemplo; de outro, estavam os defensores dos ideais colonialistas e escravagistas, que advogavam que os brancos e os negros pertenciam a duas espécies diferentes, idéias que eram corroboradas, por exemplo, por estudiosos do campo da medicina. A idéia de hibridismo apareceu para explicar que as diferentes raças humanas eram resultado de diferentes espécies que se cruzaram. Daí passou-se a desenvolver uma teoria científica sobre mestiçagem e miscigenação para explicar biologicamente o cruzamento de raças ou etnias.

No Brasil, Nina Rodrigues, Arthur Ramos e Afrânio Peixoto, doutores que uniam medicina e antropologia, foram os precursores do pensamento etnográfico brasileiro, fortemente influenciado pelas idéias de Joseph Arthur, conde de Gobineau, que chefiou a missão francesa ao Rio de Janeiro entre abril de 1869 e maio de 1870 e estudou a mestiçagem no Brasil. À época "híbrido" era utilizado para explicar a formação de indivíduos gerados a partir de ato sexual entre pessoas de raças diferentes. Posteriormente, termos foram criados para explicar a mistura das raças: mulato, cafuzo, caboclo.

A investigação de Robert Young demonstra como essas teorias do hibridismo alimentaram o pensamento racista e o de pureza racial, tão fortes na defesa do colonialismo quanto na defesa do arianismo por Hitler. Essas idéias penetraram a teoria social dos séculos XIX e XX com elaborações nada metafóricas da hibridação. De acordo com Young, as bases do pensamento eram os diferentes efeitos da conjunção de corpos díspares – teorias que herdaram aquele conhecimento produzido no século XVIII em relação à interação sexual entre as raças.

Um dos primeiros registros da transposição de "hibridismo" do campo da biologia e da genética para o das culturas encontra-se na obra de Mikhail Bakhtin.[17] Ele usa como exemplo de construção híbrida a novela *Don Quixote*, de Cervantes, e sua linguagem da ironia misturada na linguagem clássica. Esta forma de hibridização lingüística torna possível a contestação, a disposição das diferenças culturais umas contra as outras, de forma politizada e de forma dialógica. Para o autor, a hibridização no discurso torna possível uma voz desmascarar outra, onde o discurso autoritário é desfeito.

Essa perspectiva de Bakhtin, de subversão da autoridade discursiva, serviu de inspiração para que o termo "hibridação" fosse retrabalhado por autores como Homi Bhaba e Stuart Hall, que buscaram nele uma abordagem crítica ao princípio colonial da pureza ou homogeneidade étnica. Esses autores, e outros da corrente pós-colonialista, criticam o nacionalismo cultural fundado no mito da pureza racial e abordam o hibridismo como a penetração mútua dos pólos renegados pelo discurso colonial: centro e periferia, oprimido e opressor, forças hegemônicas e forças subversivas. O "híbrido" não seria um elemento mas um processo resultante do encontro/intercâmbio da periferia com o centro e da periferia com as diferentes periferias. Deste encontro/intercâmbio novas identidades são produzidas resultantes de um processo de negociação cultural.

Um dos fenômenos recentes, fruto dos processos de globalização, são as intensas migrações. Massas de migrantes de países empobrecidos massacrados pela exclusão sistêmica, aliadas a um grande contingente de refugiados políticos, em especial da Ásia e do Extremo Oriente, refugiam-se em busca de sobrevivência nos países ricos do Norte. A conseqüência deste processo, segundo Stuart Hall, tem sido uma intensificação das "misturas étnicas" nesses países e uma "pluralização de culturas nacionais e de identidades nacionais". Daí o autor passar a trabalhar com a idéia de formações de identidade que "atravessam e intersectam as fronteiras naturais, compostas por pessoas que foram dispersadas para sempre de sua terra natal". Tais pessoas têm vínculos com seus lugares de origem e com suas tradições – carregam traços de suas culturas, linguagens e histórias –, mas são obrigadas a negociar com as novas culturas nas quais estão inseridas a fim de não perderem completamente sua identidade. Portanto, elas são obrigadas a renunciar ao absolutismo étnico e à "ambição de redescobrir qualquer pureza cultural perdida".

Para Stuart Hall, essas são culturas híbridas, frutos dos novos tipos de identidade que nascem da pós-modernidade. São identidades da nova diáspora, aquela criada pelas migrações pós-coloniais.[18] Ele alerta que há duas posturas em relação ao hibridismo: uma positiva, de que este é fonte criativa de novas formas culturais mais apropriadas à contemporaneidade; e outra mais crítica, que vê nele perigos por conta de sua indeterminação, dupla consciência e relativismo. Hall cita Salman Rushdie, migrante exilado, enraizado na cultura islâmica e imerso na cultura ocidental européia, que elaborou o seu conceito de hibridismo na defesa de seu livro *Versos Satânicos*, pelo qual foi condenado à morte por grupos radicais islâmicos: "[hibridismo] é a impureza, a mistura, a transformação, que vêm de novas e inesperadas combinações de seres humanos, culturas, idéias, políticas, filmes, músicas. O livro alegra-se com os cruzamentos e teme o absolutismo puro".[19]

É assim que tanto na perspectiva de Homi Bhabha quanto na de Stuart Hall, partilhadas por outros culturalistas, o hibridismo assume uma perspectiva política, na forma de diferença cultural, uma cultura diferenciada que desafia as normas culturais centrais, dominantes. O hibridismo torna-se, pois, um terceiro elemento que está entre o tradicional e o contemporâneo. Stuart Hall admite as tentativas de reconstrução de identidades purificadas também presentes na contemporaneidade, diante do hibridismo e da diversidade, por meio do ressurgimento do nacionalismo, em especial na Europa Oriental, e do crescimento do fundamentalismo. Eis aí, para o autor, um renascimento da "etnia".

Numa abordagem latino-americana, Nestor Garcia Canclini encontra na categoria "hibridação" um método para descrever as mutações culturais do continente em tempos de globalização e consumo. Ele usa o termo para expressar o fenômeno da contemporaneidade que são os cruzamentos/inter-relações/mestiçagens/sincretismos resultantes do impacto ou choque do moderno sobre o tradicional, do culto sobre o popular, o massivo, possibilitado principalmente pelo desenvolvimento tecnológico. Canclini trabalha a reflexão a partir da questão: como estudar as culturas híbridas que se desenvolveram como manifestação direta da pós-modernidade? *Culturas Híbridas* tornou-se um paradigma teórico-metodológico para os estudos de cultura na América Latina.

Para Canclini, a modernidade latino-americana "ainda não terminou de chegar", pois o Continente experimentou vários processos desiguais e combinados de modernidade. É, portanto, necessário elaborar uma reflexão sobre os avanços, as contradições e os fracassos dessa modernidade. Para isso, é preciso uma abordagem interdisciplinar: reunir os saberes dos campos de estudos que se têm debruçado sobre a questão da cultura – antropologia, sociologia, história, comunicação, outros.

O processo de hibridação é descrito por Canclini a partir de três aspectos: a interrupção e a mescla das coleções organizadas ao longo do processo cultural; a desterritorialização dos processos simbólicos; e a expansão dos gêneros considerados "impuros" (o "popular massivo"). Na hibridação cultural não se pode dizer que a modernização provoca o desaparecimento das culturas tradicionais nem que o destino dos grupos tradicionais é ficar de fora da modernidade. O problema que se coloca não é conservação e resgate de tradições inalteradas, mas perguntar como elas estão se transformando, como interagem com as forças da modernidade. A urbanização, o consumo, o aparato tecnológico e a mídia são fatores determinantes do processo de hibridação descrito por Canclini.

Apesar de "hibridismo" ter-se tornado conceito-chave para as teorias culturais na contemporaneidade nos mais diversos campos de estudo, não são poucas as abordagens críticas tanto em relação à forma como teóricos utilizam o termo quanto em relação à postura complacente com as questões políticosociais nas quais as mutações culturais em tempos de globalização e consumo estão envoltas.[20] Robert Young possui uma perspectiva crítica, freqüentemente citada em recentes abordagens dos estudos culturais na Europa e na América do Norte. Ao investigar o termo, o pesquisador alerta que, sem perceber, a teoria cultural contemporânea está repetindo os padrões de pensamento que definiam cultura e raça há dois séculos. Ao usar o "hibridismo", os teóricos dos estudos culturais, segundo Young, longe de demarcarem separação do pensamento racista do passado, revelam cumplicidade com ele.

[O termo hibridismo] pode ser usado de diferentes formas, receber diferentes inflexões e referências aparentemente discretas, mas ele sempre reitera e reforça a dinâmica da mesma economia conflitiva cujas tensões e divisões ele reordena em sua própria estrutura antitética. Não há um único, ou correto, conceito de hibridismo: ele muda conforme se repete, mas ele também se repete conforme muda. Ele mostra que ainda estamos presos a partes da rede ideológica de uma cultura que pensamos e presumimos ter superado. A questão é se as velhas categorias essenciais da identidade cultural, ou de raça, eram realmente tão essenciais ou foram construídas de forma retrospectiva como mais solidificadas do que eram. Quando olhamos textos da teoria racial, achamos que são de fato contraditórios, dilacerantes e já desconstruídos. Hibridismo aqui é um termo-chave em que onde quer que emerja sugere a impossibilidade de essencialidade. Se é assim, ao desconstruir tais noções essencialistas de raça hoje nós podemos estar repetindo o passado mais do que nos distanciando dele ou oferecendo uma crítica a ele.[21]

Com base em uma perspectiva crítica, se Young tem como referência teóricos culturais do Norte, William Rowe, em artigo publicado na *Revista de Crítica Literaria Latinoamericana*, questiona o uso "canclinista" do termo "hibridismo" em bases semelhantes.[22] Ele inicia a abordagem alertando para perigos no fenômeno nas teorias contemporâneas da transferência dos conceitos, os quais passam a atravessar fronteiras geográficas e disciplinares. Sem desconsiderar as possibilidades positivas nesse processo, Rowe destaca as tendências danosas pois, segundo ele, perde-se de vista a história dos conceitos, sua formação, os lugares, tempos e pessoas que o enunciaram. É com base nesta idéia que Rowe rememora que "híbrido" e "mestiço" são utilizados normalmente com um acento pejorativo ou racista. Neste ponto, para o pesquisador, a "operacionalidade do conceito" se choca com os sentidos cotidianos da palavra.

Outro questionamento parte da própria etimologia da palavra e é trabalhado por Irene Machado.

Hybris é sinônimo de ultraje em grego e se refere a mesclas que violam leis naturais. O híbrido é um ultraje para o pensamento que acredita na existência de uma natureza harmoniosa, fonte de equilíbrio, simetria, pureza. O híbrido é formação resultante de espécies diferentes e, por isso, não lhe é dada a condição de fertilidade. Como se pode ver, a acepção que se encontra na raiz grega da palavra pouco tem a dizer sobre o quadro do hibridismo da cultura, a não ser que os híbridos sejam, de fato, considerados anomalias ou monstruosidades impregnadas de negativismo. A grande dúvida, e uma questão não menos complexa, é: contra que lei natural o híbrido cultural se opõe? No âmbito da investigação sociocultural, o híbrido é multicultural porque resulta do encontro de confrontações nas quais uma cultura se impõe sobre outra. Neste caso, a cultura do vencido tem valor de lei natural, em relação com a qual a cultura do vencido pode ser considerada anomalia. (...)

O sincretismo entendido pelo prisma da mentalidade cultural européia pode ser considerado monstruosidade por resultar da mescla, leia-se impureza. Estudar o campo de forças dessa confrontação foi a arma dos estudos multiculturais. Será esta a única alternativa?[23]

A pesquisadora evoca Bakhtin e sua compreensão de hibridismo como dialogismo num único enunciado, para oferecer uma resposta negativa à sua pergunta. Para Irene Machado, a cultura não é espécie híbrida, uma anomalia, no sentido do determinismo, que não vale para compreensão do hibridismo cultural. A cultura se constrói historicamente graças aos encontros entre elementos formadores de híbridos, ou seja, linguagens, sistemas, signos, mediações. E não são espécies acabadas.

Esta dimensão alimentou a crítica ao que Maria Cristina Mata denomina "posturas complacentes", referindo-se à ausência de crítica nas novas teorias culturais latino-americanas ante a abordagem meramente descritiva dos processos.[24] Ela pergunta sobre o fenômeno do hibridismo, na forma defendida por Nestor Garcia Canclini: "Qual o sentido disto que está se vivendo?" Para Maria Cristina Mata, o que importa não é só descrever o fenômeno mas analisar o sentido dele para que não se chegue a leituras complacentes como: "Que bom, que formidável, que hoje os chicanos têm nos Estados Unidos o seu próprio canal de televisão, quer dizer, têm o seu próprio modo de expressar-se, isto é um avanço no sentido da democratização das comunicações." Indagar pelo sentido seria perguntar a que Rowe se referiu: aos sujeitos.

Para Maria Cristina Mata, o mero fato de que os chicanos tenham seu canal e recebam mensagens em seu idioma não é garantia de nada: é um avanço na democratização das comunicações ou é uma "formidável estratégia do mercado", para que eles ampliem sua capacidade de consumo? O desafio da análise crítica e não descritiva seria questionar se na proposta discursiva destes canais de televisão há alguma "alteração do dominante", se realmente há uma ampliação dos discursos sociais possíveis, ou se é nada mais do que o mesmo em espanhol. Ou seja, não descrever "complacentemente" as novas expressões culturais mas perguntar-se em que os processos como hibridismo cultural estão transformando a vida da maioria da população.

Maria Cristina Mata adverte quanto ao perigo de teorias como a do hibridismo cultural transformarem-se em pensamento tranquilizador:

> Assim (...) se desata um processo perverso porque inocenta o campo da cultura massiva, as operações de produção que se realizam com certas tecnologias a partir do poder de emitir e que preconstituem temáticas, modos de consumo e os próprios consumidores. Porque, em suma, aceitando que a hegemonia se constrói com a cumplicidade ou acordo dos setores subalternos, e, inclusive, com a aceitação de sua diferença e oposição, se minimiza o peso das vontades e estratégias hegemônicas que se despregam do campo cultural. (...) Por trás do que geralmente se mostra ou aparece como pensamento crítico – tratando de compreender a cultura de massas, a hibridez cultural, as relações que sujeitos diferenciados estabelecem com ela –, na realidade o que existe é um pensamento tranquilizador. Um pensamento que se compraz em descrever uma série de novos fenômenos, sem advertir que eles não são senão manifestações da mesma cultura que se pretende questionar. Diria que justamente num momento em que sentimos que os meios são tão constitutivos do que somos e do que nos está passando, nos encontramos com o pensamento mais leviano sobre eles que possa haver existido. Com um pensamento meramente descritivo ou de mera complacência. E é neste sentido que creio que o problema não está em saber se podemos saber mais acerca dos meios, mas se podemos saber de outro modo.[25]

É possível, portanto, concluir, num outro olhar sobre a posição de Maria Cristina Mata, que o pensamento complacente, além de se despir da análise mais densa e da abordagem crítica, elimina as tensões e os conflitos, proporcionando uma mescla harmônica. Podemos relacionar a mesma conclusão ao que foi indicado por Robert Young, em sua crítica à reutilização do termo "hibridismo", tão caro aos teóricos culturalistas contemporâneos que valorizam a diferença e a pluralidade em oposição à homogeneização harmônica das teorias raciais hegemônicas.

Não é intenção deste estudo esgotar as críticas ao conceito de hibridismo, apenas elencar diferentes abordagens com as quais elas têm sido formuladas. Importa, pois, concluir que o campo dos estudos culturais apresenta hoje uma polaridade: se, por um lado, o conceito de hibridismo é exposto como fundamental ao estudo da cultura contemporânea, por outro ele é rechaçado e apontado como nocivo a uma compreensão ampla e crítica dos processos culturais. O debate continua vivo e dinâmico, e este estudo pretende oferecer a ele uma modesta contribuição.

Gospel

Gospel ("Evangelho", no inglês) é o termo originado nos Estados Unidos, onde é comumente utilizado para classificar a música religiosa moderna ou a Música Contemporânea de Igreja (*Contemporary Church Music*/CCM). Na origem, porém, o *gospel* dizia respeito não a toda música religiosa contemporaneizada mas a um tipo nascido no início do século XX em comunidades protestantes negras. As raízes deste gênero musical encontram-se nos "*negro spirituals*", que estão na base de toda a música negra estadunidense, no *blues*, no *ragtime* e nas músicas religiosas populares do movimento urbano do *revival* ("reavivamento") do século XIX.

Os *negro spirituals* nascem da experiência da escravidão (séculos XVII e XVIII), quando os escravos negros dançavam e cantavam fosse nas poucas horas de descanso ou durante o tempo nas lavouras para marcar a velocidade do duro trabalho (*labor songs*). Os negros escravos convertidos ao cristianismo passaram a adicionar conteúdo religioso às *labor songs* e, inspirados nos hinos protestantes, expressavam suas angústias e a dor da escravidão e sua esperança de um novo tempo com Deus. Surgiram então os *negro spirituals*. Inicialmente as músicas eram cantadas na língua-mãe, mas com a evangelização e o aprendizado da língua dos senhores, os *negro spirituals* passavam a ser cantados no inglês, o que permitiu a sua popularização.[26]

O movimento *revival* teve duas etapas nos EUA. A primeira ocorreu no século XVIII em vários pontos do país, como reação à onda de secularização resultante do Iluminismo, e teve no puritano Jonathan Edwards seu maior líder. A segunda etapa ocorreu no século XIX, e foi um movimento mais urbano, de caráter evangelista. O líder marcante desta etapa foi Dwight L. Moody. Os movimentos avivalistas enfatizavam a soberania de Deus e a necessidade de conversão instantânea e de reorganização da vida em busca da perfeição necessária à salvação. Nas reuniões avivalistas – com base nas experiências de "acampamentos" (retiros espirituais de vários dias) com pregações, cânticos e orações – ganharam espaço diversas manifestações emocionais (choros, desmaios), que foram condenadas por muitos líderes, levando-os a abandonar o movimento. As composições musicais para as reuniões refletiam este espírito emocionalista e popular.[27]

Diferente dos *negro spirituals*, a música *gospel* não se inspirou tanto na clássica hinologia protestante. Com bases no movimento *revival*, ela era mais emocional e espontânea e teve influências das músicas "pergunta-resposta" (pregador-congregação), muito comuns nas igrejas negras. O conteúdo das letras enfatizava a obediência a Deus e o distanciamento do pecado com vistas à recompensa do Reino dos Céus. O amor de Deus também era celebrado nas canções. O recurso ao canto coral era utilizado mas os cantores-solo também se destacavam. Nas origens, o forte tom religioso do gênero fazia com que os cantores e grupos raramente cantassem em locações não-religiosas.

Charles A. Tindley (1851-1933) foi o pioneiro do gênero *gospel*. Ele produziu várias composições nos anos 10 mas somente nos anos 20 e 30 elas alcançaram popularidade. No entanto, é Thomas A. Dorsey (1899-1993) aquele considerado o pai da música *gospel*.[28] Filho de um pastor, Dorsey era um músico que acompanhou alguns dos mais famosos cantores de *blues* e foi também compositor e arranjador das músicas de algumas canções. O envolvimento com o *blues* não o impediu de participar de alguns encontros da Convenção Batista Nacional, e em uma dessas reuniões, em Filadélfia, Dorsey ouviu pela primeira vez as composições de Charles A. Tindley. Essas composições o inspiraram a escrever música religiosa e abandonar as letras seculares, mas não o ritmo do *jazz*, o balanço do *blues* e o estilo rítmico tão similar ao de Tindley.

As lideranças religiosas tradicionalistas reagiram e consideraram essa mistura do sagrado (*spirituals* e hinos) e do secular (*blues* e *jazz*) como "música do demônio" e a rechaçaram. A insistência de Thomas Dorsey de romper as barreiras eclesiásticas e levar adiante sua criação ganhou adesões e conseguiu propagar as suas músicas, o que levou ao surgimento de novos compositores. Para sustentar o movimento, Dorsey fundou em 1932 a Convenção Nacional de Corais e Coros *Gospel*, organização que existe ainda hoje. Nos anos 30 e 40, trabalhou com duas figuras marcantes da música negra: Mahalia Jackson[29] e Sallie Martin. Foi nesse período que ele viajou pelo país como cantor e palestrante e escreveu cerca de 500 músicas *gospel* incluindo as clássicas "There will be peace in the valley" ["Haverá paz no vale"] e "Precious Lord, take my hand" ["Senhor Precioso, tome minha mão"].

Outro importante compositor *gospel* nos anos 30 foi o pastor batista Herbert W. Brewster. A maior parte de suas canções era composta exclusivamente para o coral "Cantores de Brewster" e duas delas tornaram-se bastante populares: "Move on up a Little Higher" ["Mova-se um pouco mais alto"] and "Surely, God is Able" ["Certamente, Deus é capaz"] – a primeira, interpretada por

Mahalia Jackson, e a versão da segunda, gravada pelos Ward Singers, tiveram um milhão de cópias vendidas em 1950.

A propagação da música *gospel* gerou personagens históricos no mundo da música negra além de Sallie Martin e Mahalia Jackson, já mencionadas. Intérpretes pioneiros como Clara Ward[30], James Cleveland[31], Marion Williams, Alex Bradford, Queen C. Anderson, Dixie Hummingbirds, Shirley Caesar, são nomes de destaque, bem como os quartetos e corais The Dixie Hummingbirds, The Mighty Clouds of Joy, The Fairfield Four, The Davis Sisters, Harmonettes, The Caravans, Soul Stirrers, The Spirit of Memphis, Famous Blue Jay Singers e Swan Silvertones. De acordo com os estudos de Kip Lornell, a popularização do *gospel* nos Estados Unidos foi um processo acelerado:

> Na metade dos anos 1930, o apelo da música *gospel* no interior da cultura negra era bastante evidente, e foi rapidamente abraçado pelas gravadoras comerciais que desejavam capitalizar nesta popularidade. As estações de rádio e as maiores redes de rádio incluíram a música na sua transmissão ao vivo. Estas tentativas de marketing de massa rapidamente levaram a um senso de profissionalismo entre os cantores. (...) Grupos de *gospel* negros locais não-profissionais copiavam os estilos de vestir e cantar dos músicos mais populares e até adotaram os seus nomes. Aproximadamente meia dúzia de grupos locais e semiprofissionais exploraram o nome "Soul Sisters", por exemplo.[32]

Os estudos de Lornell indicam que há significativas mudanças na música *gospel* negra desde os anos 50, em especial com a sofisticação em relação ao marketing e estilos musicais. Para Lornell tais mudanças são parte de um processo de transformações na música e na cultura: "A música *gospel* negra mudou como as demandas da cultura popular aumentaram e como afro-americanos lutam por um status de classe média."[33]

Interpretadas como "secularização" do gênero de música religiosa, a profissionalização e a sofisticação do *gospel* criaram reações, em especial, das igrejas mais conservadoras e tradicionalistas. A crítica dirigia-se, em especial, à "maneira opulenta com que alguns cantores viviam".[34] Alguns dos próprios integrantes do mundo *gospel* reconhecem as transformações e afirmam que esta música deixou de ser "música religiosa" e se tornou uma força da cultura negra estadunidense. Phil Petry, um dos editores da revista mais popular do gênero nos EUA, a *Gospel Today*, é um deles:

> Impulsionado pelas maiores gravadoras, [o *gospel*] saltou os seus muros religiosos tradicionais e é agora mais do que apenas música de igreja. O fenômeno (...) "Why we sing" ["Por que nós cantamos"], de

Kirk Franklin (que ganhou um disco de platina) e o atual sucesso "Be Encouraged" ["Tenha coragem"], de William Becton (que permaneceu na parada *gospel* de Billboard por 28 semanas e contando com espaço na imprensa) atestam a crescente popularidade do *gospel*. De acordo com materiais recebidos pela revista *Gospel Today*, nos cinco últimos anos, sete das maiores gravadoras criaram e organizaram categorias *gospel*; selos *gospel* independentes cresceram 50%, e as receitas da música *gospel* quase que triplicaram na década passada – de US$ 180 milhões em 1980 para US$ 500 milhões em 1990.(...) Como soldados balançando suas bandeiras para mostrar suas cores regimentais, os cantores do *gospel* moderno marcham de forma audaciosa e bela em direção a Sião e a um mercado sempre em expansão e levantando suas cores (tome-se isto literalmente) divisionais. Como a música move-se além da sua incubadora – a Igreja – é imperativo entender onde ela está, onde ela esteve, aonde ela está indo. Como cristãos, nós devemos esperar que a música esteja construindo pontes, não muros.[35]

Para outros afro-americanos, o *gospel* é música religiosa e música religiosa negra – são os tradicionalistas, interessados na preservação das raízes do gênero musical, como o produtor de TV Bobby Jones, apresentador do programa *"Gospel* Explosion" ["Explosão *Gospel*"]. Ele reconhece a expansão do *gospel*, sem esquecer as raízes: "Nós devemos homenagear os nossos pioneiros e ao mesmo tempo cumprimentar o melhor do novo com louvor."[36] Phil Petry explica o discurso de Jones: "O 'nossos' neste caso traduz-se como 'cantores negros'. Para Jones, 'a música *gospel* é música negra'."[37]

O que ocorre é que a opinião de Petry corresponde à conjuntura do tempo presente, quando afirma que o *gospel* transcendeu o espaço das igrejas. O próprio termo foi apropriado pela mídia, que passou a utilizá-lo para designar a música religiosa moderna ou a Música Contemporânea de Igreja (*"Contemporary Church Music*/CCM") – um gênero que combina ritmos modernos, incluindo o *pop*, com conteúdo religioso.[38]

O Prêmio Grammy, o mais popular da música nos Estados Unidos e oferecido anualmente aos melhores da música naquele país pela Recording Academy [Academia das Gravadoras], possui a categoria *gospel* para premiação, que foi subdividida em seis, o que reflete a tendência não restrita às igrejas e à musicalidade negra. As categorias da premiação são: *gospel* rock; *gospel* pop/ contemporâneo; *gospel* sulista, *country* ou *bluegrass*; *gospel soul* tradicional; *gospel soul* contemporâneo; coral *gospel*. É comum, assim como no Prêmio Grammy, quando há referências ao *gospel*, distinguir-se de qual trata, tradicional (leia-se negro) ou moderno (também negro, mas não só, e categorizado).[39]

Gospel como cultura e cultura híbrida

Importa, pois, neste ponto, apresentar a elucidação do conceito de hibridismo, na forma como será desenvolvido nos capítulos que se seguem. Antes, vale registrar que um longo e tenso caminho teórico precisou ser trilhado para se buscar apoio no conceito de hibridismo cultural. A tensão deveu-se aos questionamentos que emergiram da polaridade que o campo dos estudos culturais apresenta hoje ao lidar com o tema. Que opção teórica deveria tomar uma pesquisa como esta que tem por objeto as manifestações culturais no campo religioso evangélico brasileiro? Especificamente, como tentar compreender o fenômeno do entrecruzamento de aspectos da tradição protestante e das demandas de bens simbólicos religiosos que nascem da matriz religiosa brasileira com as manifestações da modernidade presentes nas propostas religiosas pentecostais, no fenômeno urbano brasileiro, no avanço da ideologia do mercado de consumo e na cultura das mídias?

Como conceituar, pois, este entrecruzamento que produz a manifestação cultural aqui denominada "cultura *gospel*" e que une elementos tão distintos e até passíveis de tensões? Reconhecer o encontro do tradicional e do moderno representou algo imperativo no procedimento de pesquisa. Ao mesmo tempo, fazer a pergunta pelos sujeitos deste processo e pelas relações de poder que os envolvem tornou-se outro elemento imperativo. Fez-se necessário descrever o que acontece no campo religioso evangélico hoje no Brasil e que possibilita a formação desta nova expressão cultural religiosa, o *gospel*. Mas foi preciso também caminhar mais fundo e perguntar, de forma crítica, o que o *gospel* representa culturalmente para os evangélicos no Brasil.[40]

Neste caminhar, algumas premissas se tornaram básicas:

(1) O termo hibridismo é dotado de conotação negativa, na forma como foi utilizado originalmente tanto nas ciências biológicas quanto nas ciências humanas – nele estão embutidas as noções de ultraje, anomalia, existência estéril. Ele deu base para as noções genéticas e antropológicas que buscaram teorizar as mestiçagens e as misturas étnicas, o que forneceu conteúdo para teorias racistas e justificadoras da submissão de grupos sociais.

(2) Teóricos culturalistas fazem uso do termo, inspirados em Mikhail Bakhtin – que o utilizou para explicar um fenômeno da linguagem –, e buscam dar uma conotação positiva: o hibridismo cultural. Uma corrente o coloca na forma contrária às idéias de cultura nacional/homogênea. O hibridismo aqui é expressão de uma cultura diferenciada que desafia as normas culturais centrais, dominantes – é um terceiro ele-

mento, aquele que está entre o tradicional e o contemporâneo e cria novas identidades. Outra corrente aborda a noção de hibridismo cultural como sendo os cruzamentos/inter-relações/mestiçagens/sincretismos resultantes do impacto do moderno sobre o tradicional, do culto sobre o popular, possibilitado principalmente pelo desenvolvimento tecnológico. Nessas mesclas, o tradicional busca sobreviver mas se transforma a fim de beneficiar-se da (pós)modernidade. O estudo das estratégias de sobrevivência e de transformação/reconversão no interior dos grupos sociais é o estudo do hibridismo cultural como um processo para esta segunda corrente.

(3) Estas noções de hibridismo cultural terminam por ser conciliadoras, encobridoras das tensões que permeiam a dinâmica cultural contemporânea, muito determinadas pelos mecanismos do sistema sociopolítico-econômico hegemônico. O reconhecimento do protagonismo dos receptores e o rechaço às teorias maniqueístas que alimentam a nova teorização terminam por deixar de lado a perspectiva crítica necessária diante dos processos hegemônicos em curso.

(4) Nenhuma das duas noções de hibridismo acima descritas dão conta da expressão cultural *gospel* no campo religioso evangélico brasileiro. Os capítulos que se seguem devem demonstrar que o cruzamento entre o tradicional e o moderno, entre o novo e o antigo não se reveste do caráter de resistência, de desafio às normas culturais centrais, muito menos revela os poderes "como oblíquos" ou mesmo "serviços recíprocos que se efetuam em meio às diferenças e desigualdades".

(5) O *gospel* é resultado da mistura de elementos distintos e pode ser considerado, portanto, um híbrido. A perspectiva crítica em relação a ele, que embasa a análise presente neste trabalho, não permite constrangimentos na utilização do termo "hibridismo", já que o que se procura provar é que o hibridismo *gospel* é a geração de uma cultura de manutenção e não algo novo, transformador, desafiador, que responda às demandas sociopolítico-econômico-culturais do tempo presente.

Este trabalho deverá demonstrar nos próximos capítulos como a cultura *gospel* traz em si elementos do conservadorismo protestante expressos por meio de um "invólucro" de modernidade – hibridismo que pode ser avaliado a partir da própria origem do termo que remete às noções de anomalia e esterilidade.

CAPÍTULO 1

O CENÁRIO DA EXPLOSÃO *GOSPEL* NO BRASIL

I. Introdução: a matriz religiosa brasileira e o protestantismo no Brasil

A pluralidade de experiências religiosas no Brasil tem colocado, para os estudiosos da religião, o desafio de compreensão a partir de elementos que ultrapassem a interpretação exclusivamente religiosa e alcancem os chamados fatores sociais. Um dos que defende esta abordagem é o norte-americano Richard Niebuhr, que, ao estudar as origens sociais das denominações cristãs, afirmou:

> O que é verdade em ética e política é verdade em teologia. (...) Por trás das divergências de doutrina deve-se procurar as condições que fazem com que ora uma ora outra interpretação pareça mais razoável, ou, ao menos, mais desejável. Considerando a teologia deste ponto de vista, descobrir-se-á como as exigências da disciplina da Igreja, as demandas da psicologia racional, o efeito da tradição social, a influência da herança cultural e o peso dos interesses econômicos desempenham seu papel na definição da verdade religiosa.[41]

Da mesma forma, Carlos Rodrigues Brandão, ao estudar as manifestações da diversidade religiosa brasileira, concluiu:

> O sagrado é uma das dimensões que o político ocupa na formação social para preservar-se a si próprio como uma forma de poder, e para preservar o poder da ordem profana a que serve e de onde retira a sua própria fração de poder religioso.[42]

Com este desafio foi que alguns pesquisadores da religião no Brasil chegaram a conceitos que buscam explicar a existência de referências que são comuns a todas as religiões – em meio a toda a diversidade do contexto brasileiro. A noção de traços comuns em meio à diversidade sociocultural já foi alvo de muitos estudos brasileiros e gerou obras clássicas, como *Raízes do Brasil*, de Sérgio Buarque de Holanda (1ª edição, 1936), e *O Povo Brasileiro. A formação e o sentido do Brasil*, de Darcy Ribeiro (1ª edição, 1996). Os pesquisadores da religião buscaram nos muitos trabalhos produzidos a compreensão das raízes e das referências religiosas na cultura brasileira a fim de explicar a convergência de expressões advindas da experiência religiosa indígena, européia e africana. São conceitos encontrados para explicar este processo:

- Matriz simbólica de uso comum, criado por Carlos Rodrigues Brandão. O pesquisador explica que é sobre tal matriz que cada grupo religioso "faz seu próprio recorte e combina seu repertório de crenças". É dentro dela que coexistem todos os deuses e demônios e todas as modalidades de relações entre eles e os homens.[43]

- Elementos básicos da religião popular, desenvolvido por Rubem César Fernandes. Refere-se à composição de um mundo comum a partir de aspectos que estão presentes em todas as religiões brasileiras: natureza, seres humanos, almas dos mortos, divindades positivas e negativas, um Deus soberano. O relacionamento entre as partes varia segundo as diferentes visões.[44]

- Religiosidade mínima brasileira, elaborado por André Droogers. Trata-se do substrato religioso das religiões existentes no "mercado brasileiro", que garante uma postura religiosa mínima, que pode ser complementada pelas religiões concretas. A mídia é seu maior veículo de expressão, pois traduz por meio dela o que todos pensam e não há debates sobre a sua verdade: o credo mínimo é "Deus e fé".[45]

- Matriz religiosa brasileira, proposto por José Bittencourt Filho. Diz respeito a um "substrato religioso-cultural" evidenciado a partir de "formas, condutas religiosas, estilos de espiritualidade e condutas religiosas uniformes". Segundo Bittencourt Filho, o termo "busca traduzir uma complexa interação de idéias e símbolos religiosos que se amalgamaram num decurso multissecular", portanto é objeto de estudo e não uma categoria de definição.[46]

Esses conceitos têm em comum a noção de que há toda uma cosmovisão que alimenta um sistema de crenças e valores religiosos, que perpassam horizontalmente as diversas expressões religiosas brasileiras e cujas principais crenças são:

- Compreensão de Deus: Deus é um Deus que ajuda, abençoa, ilumina, acompanha, protege. Por isso, Deus é objeto de petições e desejos, capaz dos impossíveis. É um Deus prático. Mas nem sempre sua vontade coincide com a do fiel, que deve aceitar, sem reclamar, o que lhe acontece. Muitas vezes acontecimentos desagradáveis são interpretados como castigo de Deus, que é capaz de perdoar e curar, dependendo do cumprimento de deveres e obrigações.[47]

- Compreensão da relação com Deus: ela é direta, não necessita intermediações, daí o próprio clero ser dispensável. Deus é amigo, é próximo. Surge com isso uma aversão ao rito e um apego ao culto sem obrigações nem rigor, intimista e familiar.[48]
- Compreensão da oposição divindades positivas *vs.* negativas: Deus é soberano, portanto, o Diabo não deve ser levado a sério – daí zombaria com ele, que se torna até motivo de fantasia do Carnaval. Essa atitude pode esconder, no entanto, um verdadeiro medo do Diabo. Isso explica o fato de nas religiões concretas o Diabo ocupar lugar destacado, muitas vezes acima de Deus.[49]
- Compreensão de fé: pensamento positivo ou otimismo, segurança, confiança. Quem passa por problemas, quem quer vencer na vida, tem que ter fé.[50]
- Relação com as instituições religiosas: desapego – tendência ao trânsito religioso. O que importa é sentir-se bem em um ambiente religioso. "A vida íntima do brasileiro nem é bastante coesa, nem bastante disciplinada, para envolver-se consciente, no conjunto social. Ele é livre, pois, para se abandonar a todo o repertório de idéias, gestos e formas que encontre em seu caminho, assimilando-os freqüentemente sem maiores dificuldades".[51]

É neste contexto religioso que surge o protestantismo brasileiro, ele próprio complexo, plural, desde suas origens, relacionados ao contexto britânico e estadunidense.

Na Inglaterra, raiz do protestantismo norte-americano trazido para o Brasil, as diversas expressões do protestantismo europeu já haviam ressignificado muitos dos elementos da Reforma do século XVI, criados por Lutero, Calvino e outros reformadores, e adaptados à realidade da Igreja nacional.[52] A diversidade de significações, ainda que contraditórias entre si, deu forma a um todo coerente, que revestiu de motivação o empreendimento missionário que levou norte-americanos protestantes, financiados por suas igrejas e por sociedades missionárias autônomas, para a América Latina, África e Ásia a partir do século XIX.

Estes são os dois pontos de partida das correntes protestantes que instalaram, na América do Sul e no Brasil, o protestantismo. Num primeiro momento, chegaram ao Brasil, vindos da Europa, anglicanos ingleses e luteranos alemães.[53] Eles vieram, a partir dos primeiros anos do século XIX, incentivados pela "abertura dos portos às nações amigas" promovida pelo Príncipe Regente de Portugal, D. João VI. Mais tarde, ainda nesse século, chegaram fluxos de missionários já então instalados nos Estados Unidos: congregacionais, presbiterianos, metodistas, batistas e episcopais. Só posteriormente, já no alvorecer do século XX, que enfim aportam no País os grupos pentecostais.

Como fica relacionada esta complexa teia do protestantismo brasileiro à matriz religiosa brasileira acima descrita? Por comparação, se o Catolicismo promoveu, no seu interior, a acomodação dessa matriz, convivendo com os sincretismos e considerando católicas todas as pessoas alcançadas por sua pregação e pelos seus sacramentos (eucaristia, batismo, crisma, matrimônio, unção dos doentes, penitência, ordem), com o protestantismo foi diferente: a marca foi a rejeição. Ao chegarem ao Brasil, as missões protestantes históricas (congregacionais, presbiterianas, metodistas, batistas e episcopais) desqualificaram as expressões religiosas nativas bem como as diversas manifestações culturais nacionais, ambas estreitamente vinculadas e interpretadas como atraso e paganismo. A pregação apresentava o protestantismo como única e verdadeira religião, e a postura de negação das manifestações culturais autóctones apresentava as práticas e costumes anglo-saxões como os verdadeiros valores culturais. O pentecostalismo, implantado no início do século XX, adotou a mesma postura.[54]

No entanto, foi o encontro de elementos marcantes da pregação missionária protestante com a religião mística popular, portadora da matriz religiosa brasileira – como por exemplo, o individualismo (como a devoção aos santos), o utilitarismo (o "fazer por onde" para merecer o favor de Deus) e o igualitarismo (a idéia de que todos pecaram e são iguais perante Deus, em face do mundo desigual que as pessoas pobres enfrentavam) –, que possibilitou a expansão do protestantismo brasileiro. Trata-se de um paradoxo diante da postura de rejeição: os novos "crentes" aderiam à "nova fé" com base nas crenças e nos valores que já lhes eram próprios.[55]

A constatação desse paradoxo relaciona-se à indicação de José Bittencourt Filho em seus estudos, de que a catequese do Protestantismo Histórico de Missão (PHM) não conseguiu desarraigar, entre os seus adeptos, os traços da matriz religiosa. O pesquisador afirma que essas expressões embutidas no inconsciente dos adeptos foram "gradualmente minando a ortodoxia rígida" e eclodiram "nas diversas modalidades de carismatismo que, a partir dos anos 60, provocaram profundas cisões internas nas denominações tradicionais".[56]

Já os pentecostais carregam outro paradoxo, no que diz respeito ao relacionamento com a matriz religiosa brasileira. Ao mesmo tempo em que a combate, a reforça: "Ao mesmo tempo que não lhe renega a eficácia simbólica, instaura a guerra santa, afirmando-se como portador de um poderio espiritual superior. Ali o sincretismo é verbalmente combatido, porém é praticado sob nova roupagem."[57] Aqui, a situação é diferente daquela do PHM. Neste houve simples rejeição, ao classificar as expressões da matriz religiosa como elementos do mal, superstições, atraso. Se os traços da matriz se manifestaram presentes ao longo da história do PHM, não foi por permissão ou acomodação mas por resistência e criatividade dos adeptos diante dos conteúdos impostos pela instituição. A postura pentecostal, por seu turno, foi de reprocessamento da religiosidade matricial, adicionando-lhe valores, isto é, a matriz permanece intacta mas é realocada em novo esquema religioso, biblicamente fundamentado. Os valores estão relacionados à organização daquilo que pertence a Deus e daquilo que está sob o domínio do Diabo.[58]

Uma primeira conclusão, apresentada pelos estudos da religião, a propósito dessa análise é que o sucesso de uma proposta no cenário religioso brasileiro está vinculado à sua aproximação com a matriz religiosa e ao fato de esta aproximação carregar uma linguagem e uma prática condizentes tanto com as aspirações religiosas das maiorias como com os fatores sociais que as permeiam (recuperando-se aqui a afirmação de Niebuhr citada no início desta parte). O processo contrário – o distanciamento da matriz – pode significar a pouca adesão a uma proposta religiosa, ou mesmo a sua extinção. Esta seria uma forte causa da estagnação e decadência do PHM em terras brasileiras.[59]

II. Introdução: as bases do jeito de ser evangélico no Brasil

Na tentativa de implantação do protestantismo no Brasil no século XIX, a situação que os missionários estadunidenses encontraram era significativamente diferente daquela vivenciada no país de origem. Em primeiro lugar, nos Estados Unidos a religião havia sido instituída como parte da construção do próprio país; e segundo, os missionários traziam consigo o puritanismo do sul dos Estados Unidos. No Brasil, eles encontraram uma religião já estabelecida e assimilada por quase quatro séculos, o catolicismo, num processo de vínculo cultural bastante semelhante ao ocorrido naquele país norte-americano. Os protestantes identificaram o que representava o catolicismo na constituição do povo brasileiro e puderam definir o que seria a pregação da nova fé que traziam, um novo sentido para sua atuação no Brasil: impor aos católicos uma nova visão de mundo; salvá-los do ponto de vista religioso e cultural.

A primeira função dos missionários passou a ser o convencimento dos ouvintes de que a religião e a cultura deles eram pagãs e os levariam ao inferno. O anticatolicismo passa a ser uma das grandes características da pregação missionária.

Pode-se assim dizer que a base da construção do jeito de ser evangélico foi a negação das manifestações culturais populares e do catolicismo, a qual pode ser compreendida levando-se em conta duas de suas bases: a herança européia puritana de reforma da cultura popular e o destino manifesto.

A herança européia puritana e o destino manifesto

Na pesquisa de Peter Burke, sobre o que ele denominou a reforma da cultura popular na Europa na Idade Moderna, os grupos religiosos são indicados como um dos responsáveis pelo processo que representou o aniquilamento da cultura popular européia. Essa reforma seria a tentativa sistemática de "modificar as atitudes e valores do restante da população ou (...) aperfeiçoá-los".[60] Os reformadores tinham objeções particularmente contra formas de religião popular, dramatizações populares, canções, danças, imagética, jogos, festas sazonais e, mais especificamente, o Carnaval. Tanto católico-romanos quanto protestantes se expressavam contrários às manifestações culturais populares, interpretando-as teologicamente como posturas de paganismo e de licenciosidade em muitos momentos. Os protestantes, porém, iam além e acrescentavam à lista práticas oficiais da Igreja Católica Romana como práticas pré-cristãs.[61]

Peter Burke indica em seus estudos que os calvinistas eram mais veementes na condenação do que os luteranos, lembrando que Lutero tinha até "relativa simpatia pelas tradições populares" e não se opunha totalmente às imagens ou santos nem ao Carnaval. O movimento puritano, que nasce do calvinismo, representou uma das mais severas expressões contrárias às manifestações culturais populares. Ele foi uma tendência inglesa fortemente inspirada pelos movimentos protestantes de outras regiões da Europa, com os quais os ingleses entraram em contato desde a segunda metade do século XVI.

Os puritanos eram grandes estudiosos da Bíblia e reivindicavam reformas na Igreja Anglicana, vista por eles como muito romanizada. Já à época, em razão das perseguições da igreja oficial inglesa, muitos emigraram para a América do Norte a fim de construir uma nova sociedade, mais coerente com suas aspirações, onde passariam a exercer grande influência. A motivação dos puritanos era usar do direito e da liberdade da nova terra para estabelecer um novo Estado puritano que servisse de orientação a todos os cristãos em toda parte do mundo.[62] Diferentemente dos católicos, que tendiam mais para a "purificação" das festas, por exemplo, os puritanos trabalhavam para sua eliminação.[63]

Os puritanos norte-americanos desenvolveram a crença de ser o povo escolhido por Deus para realizar, espiritual e racionalmente, seus projetos. Assim justificavam a liderança que buscavam obter e a autoridade de que passaram a desfrutar no empreendimento da nova nação americana.

Com base nestas concepções, foram instituídas as significações centrais do protestantismo norte-americano, onde estão calcados, do ponto de vista cultural e ideológico, os principais valores que constituíram o *american way of life*[64]. Ao analisar este processo, Scvan Bercovitch comenta:

Os puritanos forneceram a base bíblica para aquilo que viemos a chamar de o mito da América. Neste sentido, sua influência aparece mais claramente na persistência extraordinária de uma retórica assentada na Bíblia e na forma pela qual os americanos retornam recorrentemente a essa retórica, especialmente em épocas de crise, como uma fonte de coesão e continuidade.[65]

O não-abrasileiramento do protestantismo trazido no século passado deveu-se muito, portanto, aos condicionamentos sociais do protestantismo norte-americano, embutidos nas mensagens e práticas desenvolvidas no Brasil que revelavam a ideologia liberal predominante na sociedade de origem. A visão era de que a sociedade brasileira se encontrava em estágio inferior de desenvolvimento devido, em grande parte, aos estreitos vínculos com o catolicismo. A evangelização era o destino manifesto da nação norte-americana com vistas à expansão do modelo liberal – sinal da bênção de Deus – e à libertação do povo brasileiro da ignorância e do subdesenvolvimento.

A partir dos estudos que Antônio Gouvêa Mendonça fez dos relatos oficiais, cartas e diários produzidos pelos missionários protestantes no Brasil, é possível distinguir um quadro da imagem que os missionários tinham do catolicismo brasileiro. Para eles, a Igreja Católica era afetada por uma "cegueira": os sacerdotes e teólogos desconheciam e abandonavam a Bíblia e os adeptos eram ignorantes quanto à fé. Era uma religião idolátrica, pagã, cheia de superstição e fanatismo, cujo valor era a pompa e a diferenciação entre os ricos e os pobres. Não poderia ser considerada uma confissão cristã porque se havia afastado do Evangelho.[66]

Os protestantes associavam o Catolicismo brasileiro do século XIX ao da pré-Reforma: prática das indulgências, uso mágico dos sacramentos e da figura do papa como corporificação da Igreja e falta de consciência dos membros de pertencimento à Igreja. Os fiéis católicos passam a ser convidados a abandonar o "paganismo" e converterem-se ao "cristianismo". No Brasil, o espaço não era para uma Reforma, mas para a apresentação de uma alternativa religiosa "verdadeira".

O anticatolicismo, aliado às práticas e idéias missionárias, levou os primeiros evangélicos no Brasil a adotarem uma visão de mundo predominantemente anglo-saxã. Os missionários traziam outra linguagem e, junto com a doutrina protestante, pregavam também os seus valores culturais. As ilustrações dos textos didáticos, as vestimentas, a postura do corpo, os instrumentos musicais, a hinologia revelavam estilos peculiares aos norte-americanos.

Tudo isto ajuda a indicar a medida do choque que se estabelece entre este protestantismo e as diferentes manifestações culturais brasileiras constituídas pela composição de influências indígenas, negras e euro-ibéricas que, no Brasil, foi capaz de produzir uma imensa variedade de estilos regionais[67]. Para os missionários, as expressões da cultura local estavam tão identificadas com a Igreja Católica Romana que o símbolo do rompimento com o catolicismo passava a ser a ruptura com os valores autóctones.

Para disseminação desses ideais e dessa doutrina, os missionários adotaram basicamente duas posturas: o estabelecimento de comunidades (estratégia proselitista) e o estabelecimento de escolas (estratégia educacional). A implantação de escolas foi a prática escolhida por parte das missões protestantes, com introdução de métodos pedagógicos modernos e com ênfase na necessidade de modernização e democratização do País. Essa estratégia se baseava em dois objetivos: transformar a cultura brasileira, modernizando-a e democratizando-a, por meio da formação, entre os membros das classes mais privilegiadas, das futuras elites do País; incrementar a estratégia proselitista de difusão da doutrina protestante entre as camadas inferiores da população. O primeiro objetivo foi perseguido por meio do estabelecimento de colégios e o segundo, com as escolas paroquiais.[68] No entanto, a elite, que fez uso dos colégios, manifestou-se desinteressada na religião.

A segunda estratégia levou os primeiros evangélicos brasileiros a caminhos inimaginados pelos missionários. O estabelecimento de comunidades encontrou no início algumas dificuldades. As denominações procuraram fixar-se nas áreas urbanas e não obtiveram boa resposta dos fiéis, especialmente por causa da forte presença física da Igreja Católica. Somente no início do século XX o protestantismo ganharia espaço nessas regiões.

A expansão das congregações ganhou força quando os missionários decidiram buscar alternativas aos obstáculos da cidade e acompanhar a "trilha do café" – os movimentos naturais do avanço pioneiro da população livre e pobre em busca de terra e trabalho[69]. Apesar de alguns conflitos com a Igreja Católica nas localidades – interior de São Paulo, Rio de Janeiro, Minas Gerais –, os missionários protestantes conseguiram ganhar adeptos entre a população livre e pobre. A estratégia foi iniciada pelos presbiterianos, que se expandiram na região cafeeira e ali se fixaram definitivamente. Foi a "brecha" encontrada pelos grupos protestantes para a implantação definitiva de sua forma religiosa.

Com isso, o investimento dos primeiros evangélicos brasileiros deu-se na construção de uma identidade comunitária rural. No final do século XIX e no início do XX, as pessoas que viviam no campo eram orientadas por um rígido código moral que procurava manter cada um em seu devido lugar, o que parecia responder perfeitamente às posturas pietistas pregadas pelos missionários; tanto as elites rurais como os pobres eram orientados pela tradição. O bairro rural era um centro de unidade e a liberdade individual era bem limitada. Isolados da sociedade global, dos centros urbanos, os novos crentes poderiam cultivar a nova fé e se expandir.

Em resumo, a educação se dirigiu à elite enquanto a evangelização, à massa pobre; o que aconteceu não por estratégia missionária evangélica mas por força da estrutura e da ideologia da sociedade brasileira do século XIX. As motivações que delimitaram o protestantismo estadunidense não eram, portanto, brasileiras. As missões parecem ter chegado ao Brasil com a intenção de atingir as classes dirigentes capazes de mudar a configuração social do País, mas diante de sua "impermeabilidade religiosa" a alternativa foi a massa pobre, configurando um protestantismo comunitário rural, sectário e anticatólico.

Sectarismo: a cultura protestante antipopular

O processo de construção de uma cultura de negação do catolicismo e de racionalização e interiorização da fé por meio da conversão levou os primeiros evangélicos a optarem pela recusa das tradições e práticas litúrgicas herdadas da história do cristianismo, que inclui o repúdio ao uso da imagem como mediação material e simbólica na vida das igrejas. A linguagem dos gestos, dos símbolos e das imagens litúrgicas passou a ser associada ao catolicismo e, por isso, descartada. O privilégio estava reservado para a palavra falada.

Peter Burke indica que o ritual e o teatro eram usados pelos protestantes no período inicial da Reforma. No decorrer do tempo, porém, as peças e as imagens perderam importância para os protestantes por três possíveis razões: 1) porque sua tarefa foi considerada encerrada; 2) porque o povo se tornou mais letrado; 3) porque os reformadores, mais rigorosos, que consideravam estas expressões como algo essencialmente mau, conseguiram impor sua vontade aos moderados.

Segundo Burke,

> na Europa calvinista, as paredes das igrejas eram brancas e nuas. O teto, o púlpito ou os monumentos fúnebres podiam ser decorados, mas o vocabulário ornamental se reduzia a poucos termos simples: flores, querubins, lembretes da mortalidade, como ampulhetas ou caveiras, ou emblemas, como o grou com uma pedra no pé, simbolizando vigilância. Tanto na área luterana como na área calvinista, muitas vezes vê-se que a igreja ou templo é decorado com textos. (...) Num grau muito maior do que os católicos, a cultura popular protestante era uma cultura da Palavra.[70]

Foi assim que as construções dos templos protestantes no Brasil, já limitadas no início pela lei imperial, passaram a ter pouca expressão simbólica da fé.[71] Por vezes ousava-se utilizar uma cruz. Um templo ou outro admitiu um vitral ou uma torre. Sinos não eram utilizados. Os pastores abandonaram as togas e as estolas e adotaram os ternos. Os santuários passaram a conter apenas o púlpito e a Bíblia.

Na tradição cristã, o valor da imagética foi reconhecido com a construção de toda uma simbologia representada por ícones, cores, vestes. Se o protestantismo da Reforma do século XVI já havia reduzido o uso dos símbolos, em especial os icônicos, no PHM o divino passou a ser representado pela linguagem verbal: os protestantes lêem, cantam, ouvem e, sobretudo, pregam[72].

O instrumento musical protestante era o órgão, com repúdio aos instrumentos populares de percussão ou cordas. A hinologia – mormente a grande fonte de inspiração espiritual, emocional e de veiculação de conteúdos teológicos – estruturou-se por meio de versões de hinos tradicionais europeus e norte-americanos ou mesmo de canções populares daquelas nações. Isto refletia o sentido de negação das culturas autóctones assumido pelo PHM: o popular anglo-saxão era admitido; o latino, não[73].

A ética puritana de restrição dos costumes ganhou, no PHM, uma nova significação: era uma forma de comunicar a negação do catolicismo e marcar a identidade protestante. O vestuário formal, a Bíblia em punho na caminhada para o culto ou para outras atividades da igreja e o exercício da moralidade protestante – como a guarda do domingo exclusivamente para o serviço da igreja, a abstinência da bebida alcoólica, do fumo, da participação em festas dançantes e populares, em especial o Carnaval, e dos divertimentos populares como o teatro, o cinema, a música popular[74] – significavam que os "crentes" acreditavam que assim estariam "mostrando ao mundo" que tinham a Jesus como único Senhor de suas vidas. Porém, não apenas o testemunho aos outros era visado, senão o que se deveria prestar, em qualquer circunstância, a si mesmo.

Os missionários que implantaram o protestantismo no Brasil adotaram uma espécie de uniformidade na propagação desses elementos da fé protestante (teologia, costumes, forma do culto), mas, ao mesmo tempo, mantiveram o espírito divisionista. No Brasil, isso se configurou e se consolidou por meio da conversão de uma cultura religiosa para outra, o que significou que o fato de ser minoria levava os grupos protestantes a reforçarem sua coesão interna, com base em racionalidades religiosas. Dessa forma, a característica cismática e divisionista do protestantismo encontrou espaço no Brasil e provocou muitos conflitos. Havia concorrência entre as denominações, agravada pela passagem de fiéis e pastores de uma para outra e pelas polêmicas, como por exemplo, em relação aos batistas, que rebatizavam os fiéis que se transferiam de outras igrejas protestantes.

Outro problema que provocou cismas e conflitos surgiu das relações entre as igrejas protestantes brasileiras e os missionários estrangeiros. Muitas lideranças brasileiras passaram a ressentir-se das formas de tutela dos norte-americanos: autoritarismo, incompreensão dos hábitos nacionais e demonstração de superioridade étnica (os brasileiros eram tratados como "nativos", por exemplo). A primeira das grandes denominações a experimentar uma divisão, como fruto de conflitos desta natureza, foi a Igreja Presbiteriana. Os conflitos com os missionários, somados à polêmica interna quanto à possibilidade de "crentes" integrarem a maçonaria, geraram tensões que resultaram na fundação, em 1903, da Igreja Presbiteriana Independente. Os presbiterianos experimentariam outras cisões no decorrer do século XX.

O divisionismo era fonte de outro problema: o institucionalismo excessivo. Havia um rito de ingresso rigoroso para os convertidos. Para integrar o livro de membros (fruto da necessidade de auto-identificação por causa da concorrência entre as várias denominações), os convertidos eram observados por um período (para oferecerem evidências de que houve uma conversão à nova fé) e depois submetidos a exames de experiência e conhecimentos religiosos. Muitas pessoas eram reprovadas, e as aprovadas deveriam assumir compromissos formais perante a igreja reunida de adotar um comportamento diante da sociedade em geral que demonstrasse sua nova opção religiosa. A congregação então passava a exercer o papel de vigilância por meio de uma rigorosa disciplina. "O ingresso numa igreja protestante significa o rompimento com a cultura, às vezes até com laços familiares."[75]

Nas áreas rurais, a convivência de familiares e vizinhos normalmente dava-se nos domingos e feriados e no trabalho dos mutirões comunitários. Havia, nesses dias, muita festa com bailes, jogos de competição, bebida alcoólica – práticas repudiadas pelos protestantes, que deveriam repelir o ócio, não guardar os feriados santos, reservar o domingo para o culto, não ingerir álcool, não dançar ou cantar cânticos populares (símbolos do profano). Dessa forma, os protestantes se afastavam da convivência comunitária. "A ética surge como normas do provisório, como modo de vida da espera e da recusa, da desqualificação do mundo."[76] Esse modo de ser e viver afastava os protestantes do universo em que viviam: terminavam tornando-se grupos pequenos e fechados. Para os católicos, os protestantes eram "os de fora", e vice-versa.

Outro fator crítico enfrentado pelos primeiros evangélicos era o racionalismo. Apesar de ter encontrado espaço entre a população pobre e analfabeta das áreas rurais brasileiras, eles parecem não se ter adaptado à nova realidade e mantiveram uma prática intelectual que lhe era própria nos Estados Unidos. Trata-se de uma visão que, como já afirmado, repudiava o "intelectualismo" – no sentido de todo discurso elaborado que visasse a substituir a Palavra, difundida por ela mesma –, mas não a influência racionalista – que afastava a emoção e o desejo por meio de um controle ampliado sobre a subjetividade. Nesse sentido, o culto protestante era discursivo e racional: nas palavras de Antônio Gouvêa de Mendonça, "mais uma aula do que um encontro com o sagrado".[77] Não incluía o gesto e a imagem. O pequeno espaço para a emoção era reservado para o momento dos cânticos, que também eram discursos. Por isso, participar de um culto protestante exigia um certo domínio da linguagem.

Outra manifestação de crise deu-se na relação igreja e sociedade brasileira pois, ao apresentar-se como negação das expressões culturais autóctones e exigir dos fiéis um comportamento diferenciado das normas de conduta vigentes, os primeiros evangélicos afastaram muitos simpatizantes e possíveis adeptos e criou barreiras com a sociedade em geral, especialmente com os jovens.

Nova face da crise deu-se pela própria identidade rural, já que o êxodo para as grandes cidades, paralelamente à forte urbanização de muitas regiões a partir dos anos 30, provocou profundas mudanças na vida do campo e dos migrantes, que passavam a viver nas cidades[78]. As igrejas protestantes foram as primeiras a enfrentar o esvaziamento, pois os adeptos, contaminados pela ética da ascensão social, teriam sido os primeiros a migrar para as cidades. Muitas fecharam e outras se tornaram pequenas congregações.

No entanto, os protestantes que mudavam de vida não renegavam a fé; pelo contrário, imbuídos de um espírito missionário, levavam consigo o desejo de construir novas comunidades e realizar novas conversões. Porém, a crise se dava em virtude da falta de propostas ou projetos coerentes com as transformações sociopolíticas e culturais que o século XX estava trazendo com o processo de industrialização e urbanização e com novas formas de pensar teológico. Os protestantes fundavam comunidades urbanas, mas transplantavam para elas as características e rituais do mundo rural, como por exemplo, a realização de atividades durante toda a semana, a condenação do uso de calças compridas pelas mulheres, a recriminação de cabelos compridos e barbas para os homens, o controle da vida particular de cada pessoa pelo pastor ou por lideranças leigas.

Essa postura chegava a aproximar novos adeptos, mas em números inexpressivos, o que demarcava um nível de rejeição da sociedade brasileira àquela proposta que se tornou incapaz de acompanhar as transformações que ela experimentava. Os primeiros evangélicos permaneciam fiéis aos símbolos de fé das "igrejas-mães", que nos Estados Unidos já estavam ajustadas às mudanças sociais que o século XX impunha.

A relação crítica entre igreja e sociedade determinou um afastamento das igrejas evangélicas dos movimentos sociais, tornando quase nula a presença protestante na política e na vida comunitária e cultural do País. A inadequação da proposta teológica do protestantismo impôs uma paralisação e mesmo uma diminuição numérica, que se agravariam após os anos 60 com as transformações ocorridas no interior da Igreja Católica Romana. A abertura proporcionada pelo Concílio Vaticano II (1962-1965), fruto de movimentos internos em todo o mundo por muitas décadas, levou o catolicismo a assumir linhas muito próximas das propostas da Reforma do século XVI, o que enfraqueceu a pregação polêmica evangélica. Outro fator gerador da crise foi o crescimento do pentecostalismo após os anos 30, alcançando maior expressão na década de 1950.

III. As recentes transformações no cenário religioso evangélico

Os anos 80 inauguraram uma nova etapa no processo de construção da cultura evangélica brasileira com significativas transformações no cenário religioso evangélico. A abertura política alcançada pelo povo brasileiro na passagem dos anos 70 para 80 representou também uma conquista no interior das igrejas evangélicas históricas. Em 1982 foi criado o primeiro conselho de igrejas do Brasil, o Conselho Nacional das Igrejas Cristãs (Conic), que congregou as principais integrantes igrejas evangélicas históricas (menos a Congregacional e a Batista) e a Igreja Católica, fruto do trabalho dos grupos ecumênicos que atuavam desde os anos 50.

Foi possível constatar a presença evangélica, por meio de igrejas, grupos ou indivíduos, nos movimentos sociais e populares, partidos de esquerda e sindicatos. Ao mesmo tempo, o aumento do peso social dos protestantes inaugurou sua presença forte na política partidária a ponto de se formar uma "bancada evangélica" no Congresso Nacional, fato inédito no cenário protestante e que deu novos contornos à sua identidade, construída com base na separação igreja-mundo.

No entanto, estas expressões de engajamento social ainda não davam às igrejas evangélicas históricas a sintonia que as aproximasse das culturas populares. O abismo que as separava das manifestações culturais brasileiras desde sua chegada ao Brasil, aumentado pelas crises experimentadas em toda a sua história, ainda era um fato. Um fenômeno dos anos 80 reconfigurou todo esse processo: o surgimento e o crescimento de novas formas de pentecostalismo. Elas desencadearam o desenvolvimento de um novo modo de ser protestante no Brasil e delinearam uma nova cultura, com reflexos intensos nas igrejas evangélicas históricas.

O avanço do capitalismo globalizado

A queda do Muro de Berlim – forte símbolo da divisão do mundo nos dois sistemas sociopolíticos e econômicos de poder, o capitalismo e o socialismo –, em 1989, provocou a explosão de movimentos que levaram à derrocada do modelo de socialismo imposto pela União Soviética, principalmente depois do término da Segunda Guerra Mundial. Esse acontecimento não só delineou um novo mapa-múndi – divisão e extinção de países e criação de outros – como provocou um espírito de rendição mundial à vitória do capitalismo liberal como "o" sistema sociopolítico e econômico. O pensador naturalizado norte-americano Francis Fukuyama, intérprete de Hegel, chegou a afirmar que se havia alcançado o "fim da História" – tudo já tinha sido realizado com o capitalismo sendo absolutizado, como "força final do governo humano".

A partir de então, os países capitalistas mais ricos do planeta passaram a liderar a implementação de políticas de ajuste à nova ordem mundial. A doutrina alimentadora do sistema capitalista – o liberalismo – assumiu novos contornos diante dos novos tempos – daí o uso da expressão "neoliberalismo" usada para definir a nova face do sistema liberal, a doutrina que embasa e fomenta o desenvolvimento do capitalismo globalizado.

As políticas do capitalismo globalizado configuraram-se basicamente no ajuste político-econômico ao livre mercado. Elas passaram a ser implementadas nos países ricos e pobres, fortemente a partir dos anos 90, sob a idéia de que o mundo experimentava um processo de globalização. São bases das políticas do capital globalizadas: abertura total para o mercado mundial, sem restrições (importações e exportações), e estímulo ao consumo; investimentos em aparatos tecnológicos, especialmente no campo da informatização; eliminação da presença do Estado na economia, reduzindo, ao máximo, o número de empresas estatais, favorecendo a iniciativa privada em todos os segmentos sociais.[79]

Esse contexto histórico vem sendo marcado pela estratégia de se levar às últimas conseqüências o princípio da "maximização da acumulação do capital", o que significa o desenvolvimento das forças de produção de forma intensa e extensa e das relações de produção em escala mundial. Passam a ser desenvolvidas relações, processos e estruturas de dominação política e de apropriação econômica em nível global, ultrapassando-se territórios, fronteiras, nações e nacionalidades. Consagram-se as estruturas mundiais de poder cujas funções são assumidas por organizações multilaterais e corporações transnacionais.

A base da análise deste contexto é realizá-la pelo prisma da geo-história, isto é, "as realidades locais, provinciais, nacionais, regionais e mundiais vistas como espaciais e temporais".[80] Implica compreender relações, processos e estruturas sociais, econômicos, políticos e culturais em sua dinâmica geo-histórica. Os fatos interpretados pelos seus próprios desdobramentos, uns nos outros, concretizam-se em "realidades locais, provinciais, nacionais, regionais e mundiais, envolvendo continentes, ilhas e arquipélagos, produzindo configurações e movimentos das economias-mundo, sempre em moldes geo-históricos".[81] Dessa forma, para que o livre mercado pudesse se expandir e se consolidar como força mundial, as fronteiras nacionais foram relativizadas, perdendo a importância política, e o Estado foi debilitado.

Com a globalização, é preciso repensar o conceito de Estado-Nação, já que as possibilidades de projetos de capitalismo ou socialismo nacionais ficam limitadas ou mesmo anuladas diante desse processo de mundialização econômica. O princípio de soberania do Estado-nação, na verdade, está sendo recriado. O emblema Estado-nação passa a ser "ficção".[82] A mudança de conceito do Estado-Nação reflete na identidade do indivíduo, que antes se espelhava em valores culturais predominantes de sua realidade imediata e específica no tempo e no espaço, e hoje recebe uma carga de padrões, valores, ideais, signos e símbolos que circulam mundialmente. Segundo Octavio Ianni,

> no horizonte da sociedade global, são outras e novas as condições sociais e econômicas, políticas e culturais nas quais se envolve e desenvolve o indivíduo, o sujeito é outro que passa a ser elo de múltiplas redes de comunicação, interpretação, divertimento, aflição, evasão. Cada indivíduo pode ser um feixe de articulações locais, nacionais, regionais e mundiais, cujos movimentos e centros de emissão estão dispersos e desterritorializados mundo afora. Seu modo de ser, compreendendo ações, relações, reflexões e fantasias, passa a ser cada vez mais povoado pelos signos espalhados pela aldeia global – o ser humano torna-se cidadão-mundo.[83]

Para o cidadão-mundo, o espaço do mercado e do consumo torna-se, assim, lugar no qual são engendrados e partilhados padrões de cultura. Neles, em escala mundializada, materializam-se as forças socialmente hegemônicas.

Na sociedade global são outros os laços. O contrato social e o indivíduo se ampliam pela simultaneidade, instantaneidade, desterritorialização dos sentidos, novos e recriados. O cidadão-mundo, que Ianni menciona, é um cidadão-consumidor. Aliás, o próprio conceito de cidadania apresenta um outro sentido. Ser cidadão significa ter o direito de consumir os bens produzidos. "A cidadania vigente, efetiva, indiscutível é a da mercadoria."[84] Para o pesquisador, ao contrário do que a ideologia hegemônica quer fazer pensar, a essência da cidadania "está expressa na moeda global, o dólar, e cujo idioma é o inglês, a vulgata de todo mundo".

Em virtude da complexidade do processo, a cidadania é colocada em perigo. Segundo Ianni, ser cidadão implica ter autoconsciência e esta só acontece em condições nas quais o indivíduo possa elaborar, criar, renovar, dar sentido para realizar-se como sujeito e, desta forma, realizar a tão propalada cidadania. No novo contexto, o perigo está no fato de que são poucas as pessoas que reúnem condições para se informarem e posicionarem diante dos acontecimentos mundiais, relacionando-os às implicações locais, regionais, nacionais e continentais.[85] "O consumo se desvenda, assim, como uma instituição formadora de valores e orientadora de conduta.(...) O espaço do mercado e do consumo torna-se, assim, lugar no qual são engendrados e partilhados padrões de cultura."[86]

Com a revolução tecnológica, estratégia determinante para a disseminação dessa nova doutrina, houve um deslocamento do eixo central de acumulação de capital: da propriedade privada para a apropriação do conhecimento técnico e científico, ou propriedade intelectual. A informação passa a ter espaço privilegiado, bem como os canais de comunicação. Cerca de 10% da economia mundial passa a ser centrada na informação e na comunicação, e a previsão é de que, no século XXI, a indústria da comunicação e informação seja a maior do mundo. A competição entre grandes corporações de comunicação e informação para servir aos maiores segmentos do mercado mundial assume agora a necessidade de controlar até os mercados mais remotos para vender seus produtos. As atividades de consultoria de marketing ganham cada vez mais espaço no mundo do trabalho.

Como conseqüência desse processo, explicitam-se a escalada do desemprego e a construção de um novo conceito de trabalho, diante da desvalorização da mão-de-obra convencional, em função da automação e da especialização técnica e em detrimento das políticas sociais públicas. Soma-se a tudo isso a radicalização da situação de miséria das populações pobres (denominada exclusão sistêmica). De acordo com a lógica de mercado, para se estar incluído no atual sistema é necessário que o indivíduo seja capaz de consumir e tenha um mínimo de domínio dos aparatos tecnológicos, o que deixa de fora um enorme contingente de massas humanas, que, excluídas, "não têm salvação" e são destinadas à própria busca de sobrevivência ou mesmo passíveis de eliminação pela morte. Com isso, individualismo e competição transformam-se em palavras de ordem do atual sistema.

A hegemonia pentecostal

O surgimento de um significativo número de igrejas pentecostais a partir dos anos 80, com ampla adesão de pessoas das mais diferentes camadas sociais, estimulou uma série de investigações no campo pastoral e teológico e também nas universidades, gerando estudos especialmente no campo da sociologia da religião. O fenômeno, por suas características peculiares, passou a ser denominado neopentecostalismo[87] e é aqui referido como Pentecostalismo Independente.

O Pentecostalismo Independente é assim denominado por distinguir-se do Pentecostalismo de Missão. Ambos têm ênfase na dimensão mística e emocional da expressão religiosa, no entanto, enquanto o de Missão tem raízes fora do

Brasil e é baseado em um corpo de doutrinas calcadas no batismo do Espírito Santo, na busca de santificação e na ética restritiva de costumes, herdadas, na maioria, de trabalho missionário, o Pentecostalismo Independente é caracterizado pelo surgimento de um sem-número de igrejas autônomas, organizadas em torno de líderes, e baseia-se nas propostas de cura, de exorcismo e de prosperidade sem enfatizar a necessidade de restrições de cunho moral e cultural para se alcançar a bênção divina. Além disso, como já descrito anteriormente, reprocessa os traços da matriz religiosa brasileira, adicionando-lhe valores – o que é de Deus e o que é do Diabo – norteados por uma interpretação dos textos da Bíblia e na valorização da utilização de símbolos e representações icônicas.

Quem mais simboliza a força desse movimento é a Igreja Universal do Reino de Deus, que cresce em número de adeptos e em acumulação de capital, chegando a ser proprietária de veículos de comunicação social nos diferentes formatos (imprensa especializada e secular, emissoras de rádios, redes de televisão em canais abertos e fechados, gravadora).[88] Entretanto, nos anos 90, o movimento pentecostal independente levou ao surgimento de outro tipo de igrejas, que também destacam as propostas de cura e de prosperidade mas privilegiam a busca de adeptos da classe média e de faixa etária jovem e a música como recurso de comunicação. São elas as Comunidades (Evangélica, da Graça) e a Igreja Renascer em Cristo[89] – este grupo é aqui denominado Pentecostalismo Independente de Renovação.

Essa presença pentecostal é percebida na vida do País principalmente de duas formas: um alto investimento em espaços na mídia (compra de rádios, jornais e canais e redes de TV, aumento do número de programas nos canais seculares) e presença no Poder Público, destacando-se, por exemplo, a contribuição para o estabelecimento de uma "bancada evangélica" a partir do Congresso Constituinte de 1986, fornecendo o maior número de deputados. O confronto da Igreja Universal do Reino de Deus com a Igreja Católica e com os cultos afro-brasileiros e os episódios envolvendo acúmulo de patrimônio do bispo Edir Macedo, líder da Igreja Universal, na virada dos anos 80 para os 90, tiveram ampla cobertura da imprensa secular, o que popularizou a discussão sobre o crescimento pentecostal.[90]

O crescimento pentecostal passou a exercer uma influência decisiva sobre o modo de ser das demais igrejas evangélicas, inicialmente perplexas diante do fenômeno. Em primeiro lugar, ele provocou incômodo em relação a um aspecto que marcou as igrejas históricas no Brasil – a estagnação e o não-crescimento numérico significativo – e promoveu uma espécie de motivação para a concorrência e busca do aumento do número de adeptos. A influência se concretizou de maneira especial no reforço aos grupos chamados "avivalistas" ou "de renovação carismática". Esses grupos, a partir da similaridade de propostas e posturas com o pentecostalismo, passaram a conquistar espaços importantes na prática religiosa das igrejas históricas e a abrir espaço para que elas alcançassem algum crescimento numérico.[91]

O crescimento numérico

Os dados do censo do Instituto Brasileiro de Geografia e Estatística (IBGE) de 2000 revelaram o que já vinha sendo dito e alardeado pelos grupos evangélicos brasileiros: o Brasil está deixando de ser um país predominantemente católico. Os números demonstram um crescimento significativo de evangélicos do ramo pentecostal mas também do ramo histórico. Pesquisadores têm concluído que esse aumento não é um processo que ocorre de modo natural, mas é fruto de um projeto de expansão dos evangélicos no Brasil, aliado ao fato de que os grupos atuam separadamente, de modo desarticulado em "acirrada competição".[92]

A Amazônia e o Nordeste têm sido pólos de crescimento evangélico, especialmente entre indígenas (batistas) e área de resistência do catolicismo (pentecostais). As periferias das regiões metropolitanas também se destacam na ampliação do número de evangélicos. A tabela a seguir mostra os níveis desse crescimento em relação ao catolicismo e a outras religiões[93]:

Anos	População total	Católicos	Evangélicos de Missão	Evangélicos Pentecostais	Evangélicos Total	Outras religiões	Sem religião
1970	93.470.306	85.775.047 91,80%	----	----	4.833.106 5,20%	2.157.229 2,50%	704.924 0,80%
1980	119.009.778	105.860.063 89,00%	4.022.330 3,40%	3.863.320 3,20%	7.885.650 6,60%	3.310.980 3,10%	1.953.085 1,60%
1990	146.814.061	122.365.302 83,30%	4.338.165 3,00%	8.768.929 6,00%	13.157.094 9,00%	4.345.588 3,60%	6.946.077 4,70%
2000	169.870.803	125.517.222 73,90%	8.477.068 5,00%	17.975.106 10,60%	26.452.174 15,60%	5.409.218 3,20%	12.492.189 7,40%

O quadro aponta um amplo crescimento dos evangélicos em geral, na casa dos 6,6 pontos percentuais, em relação ao censo de 1990, e dos 10,4 pontos percentuais em relação ao censo de 1970, que ainda não distinguia os evangélicos de missão dos pentecostais. Com a distinção ocorrida no censo de 1980, percebe-se que os pentecostais não aparecem como minoria entre os evangélicos: os índices revelavam equilíbrio de força numérica – 3,4% de evangélicos de missão e 3,2% de pentecostais. A supremacia numérica dos pentecostais começou a se tornar visível com o censo de 1980, que registrou 3% de evangélicos de missão e 6% de evangélicos pentecostais. Essa diferença foi mantida no censo de 2000 com os índices de população, que são de 5% para os evangélicos de missão e de 10,6 para os pentecostais, mas os pentecostais revelam taxa de crescimento superior: 4,6% contra 2% dos evangélicos de missão. O crescimento evangélico traz reflexos no catolicismo – há decréscimo de 8,4 pontos percentuais. As análises indicam que essa diminuição deve-se, primordialmente, à incapacidade de a Igreja Católica acompanhar as transformações que acontecem no cenário religioso brasileiro, fruto de sua própria organização, muito institucionalizada. Já o crescimento dos evangélicos, além das explicações descritas acima, justifica-se também pela feição político-religiosa do plano de expansão das igrejas, conforme se pode observar com a formação da "bancada evangélica" no Congresso Nacional e o lançamento de Anthony Garotinho como candidato evangélico à Presidência da República no pleito de 2002.

De acordo com estudiosos do fenômeno, essa diversificação religiosa não é exclusividade do Brasil, pois se verifica em outras partes do mundo, incluindo regiões ricas como Estados Unidos e Europa. O pluralismo religioso tem-se revelado, portanto, uma das características do mundo atual, com o aparecimento de novos movimentos religiosos ao lado das religiões tradicionais, ao mesmo tempo em que a secularização ganha espaço.

A religião de mercado e o mercado da religião

Paralelamente a esse processo descrito, surgem no Brasil duas correntes religiosas denominadas "Teologia da Prosperidade" e "Guerra Espiritual", que dão base à pregação neopentecostal e também captam ampla receptividade entre as igrejas históricas. Aqui, é um fator sociopolítico e econômico que possibilita o sucesso dessas formas religiosas: as políticas neoliberais – novas manifestações do capitalismo.

Todo esse processo interfere no cenário religioso e provoca mudanças das quais essas correntes são um exemplo forte. Na lógica de exclusão, que caracteriza a política neoliberal, prega-se a inclusão social com promessas de prosperidade material ("Vida na Bênção"), condicionada à fidelidade material e espiritual a Deus. Nesse caso, os vencedores da grande competição social por um espaço no sistema seriam os "escolhidos de Deus" e a acumulação de bens materiais interpretada como as bênçãos para os "filhos do Rei" (ou "Príncipes"). Na mesma direção, prega-se que é necessário "destruir o mal" que impede que a sociedade alcance as bênçãos da prosperidade, por isso, os "filhos do Rei" devem invocar todo o poder que lhes é de direito para estabelecer uma guerra contra as "potestades do mal" representadas, no imaginário evangélico, principalmente pela Igreja Católica Romana, os cultos afro-brasileiros e os promotores da Nova Era. Os estudiosos dessas correntes teológicas indicam que elas são resultado do chamado "movimento da confissão positiva".[94]

A pregação sobre o direito a reinar com Deus e desfrutar das suas riquezas e do seu poder parece responder à necessidade de aumento da auto-estima dos membros das igrejas tradicionais, inferiorizados pelo crescimento pentecostal e vitimados pelas políticas neoliberais excludentes implantadas no País. Por outro lado, a "confissão positiva" carrega elementos da matriz religiosa brasileira: concebem-se pobreza, doença, as agruras da vida, qualquer sofrimento do cristão como resultado de um fracasso – concretização da falta de fé ou de vida em pecado. Individualismo e competição também se tornam palavras de ordem, no que diz respeito a pessoas ou a grupos.

Um exemplo pode ser tomado da prática de igrejas evangélicas que intensificaram, nas últimas décadas, o estabelecimento de alvos para as diversas ações eclesiais, principalmente para o crescimento numérico da membresia e a aquisição de patrimônio. Uma visita a páginas da Internet de diferentes igrejas, em âmbito nacional ou local, torna possível visualizar uma amplitude de referências a esta nova postura. Os exemplos a seguir, colhidos em 2006, são ilustrativos.

CARTÕES VISA ENTIDADES RELIGIOSAS
Convenção Batista Brasileira
Bradesco Visa
Nacional
Convenção Batista Brasileira
Bradesco Visa
International
Cartão Batista Visa[95]

O Cartão de Crédito Batista foi desenvolvido com o objetivo de contribuir para os projetos batistas definidos pelo Fundo Novas Fronteiras. Peça o seu agora – Renda mínima de R$400,00

ALVOS DE FÉ:

ÁREA DE ADORAÇÃO: 1. 90% dos membros presentes regularmente aos cultos dominicais. 2. 80% das famílias realizando sistematicamente culto doméstico. 3. Realizar um culto com crianças, no santuário, uma vez por semestre. 4. 50% dos membros freqüentando o culto de oração às sextas e o estudo bíblico às quartas. (...) ÁREA DE EVANGELISMO 1. Organizar até o fim deste ano 3 células em lares. 2. Chegar ao ano 2003 com a Igreja totalmente envolvida em células. 3. Aquisição de som apropriado para evangelismo em público. 4. Aquisição de Kombis para o trabalho de evangelismo. 5. Aquisição de um terreno para a Frente Missionária em Riacho Grande. 6. Terminar a construção do templo da Congregação. 7. Realizar cultos evangelísticos com apoio da Igreja nas frentes missionárias. 8. Receber como membros 72 pessoas em 1998. 9. Atingir a média de 2% ao mês de almas para Cristo. ÁREA DE EDUCAÇÃO CRISTÃ 1. 80% dos membros matriculados na E.B.D. (...) ESTATÍSTICA DESAFIADORA PARA A IGREJA: 300 membros em Janeiro de 1998. 372 membros em Janeiro de 1999. 461 membros em Janeiro de 2000. 571 membros em Janeiro de 2001. 708 membros em Janeiro de 2002. 877 membros em Janeiro de 2003.[96]

Observam-se pelo menos duas conseqüências desta postura no cenário religioso evangélico no Brasil. Uma delas diz respeito ao corpo pastoral. A eficiência passa a ser um valor a ser buscado pelos líderes das diferentes igrejas à luz do que ocorre no mercado secular. Neste, um funcionário é estimulado a mostrar resultados, isto é, colaborar com a empresa para que ela atinja os objetivos de maior lucratividade com o menor custo possível. Nas igrejas, um pastor eficiente deve liderar uma comunidade que apresente resultados: crescimento do número de membros e aumento de patrimônio da igreja e dos seus membros. Às lideranças em escala hierárquica superior, cabe a tarefa de cobrar o alcance desses objetivos, estabelecendo alvos numéricos a serem atingidos pelos pastores e igrejas – isso estimula a busca de reconhecimento e, conseqüentemente, a competição.[97]

Outra alteração no modo de ser das igrejas evangélicas é o investimento em atividades sociais, ênfase nunca tão intensa entre esse grupo quanto nas últimas décadas. É um movimento próprio das políticas neoliberais que prevêem a ação dos governos e empresas por meio de programas sociais que amenizem os efeitos da exclusão social (daí um significativo número de programas sociais, fundações, etc.). As intervenções estão sob o rótulo "Responsabilidade Social", cujo propósito primeiro é o chamado "marketing social", ou a conquista de um maior número de consumidores por meio de "boas ações", sem discutir ou interferir nas causas estruturais ou políticas que geram a necessidade dessas intervenções.

Da mesma forma, as igrejas investem em trabalhos sociais desprovidos de análise crítica em relação ao funcionamento da sociedade e de atuação perante as causas dos efeitos que eles visam a atingir. Além disso, na mesma linha das empresas, as igrejas utilizam-se da ação social como proselitismo, para conquistar maior número de consumidores/adeptos, ou como marketing institucional – para construir imagem positiva com o grande público.⁹⁸ Nessa linha, um sem-número de ofertas de consultorias de marketing especializadas no cenário religioso estão à disposição das igrejas para contribuir no estabelecimento de estratégias a fim de alcançar os resultados previstos. Basta uma breve visita às páginas de busca na Internet para se conseguir uma ampla lista desses grupos de consultoria.

Marketing Religioso já se consolidou como disciplina curricular de diversos cursos de teologia evangélicos (e também católicos) e de cursos especializados em administração e marketing aplicado à religião tanto no nível de graduação quanto de pós-graduação. Há um significativo número de publicações que embasam os conteúdos oferecidos. Uma das referências é o norte-americano George Barna, presidente do Barna Research Group, empresa de marketing da Califórnia/EUA, e autor do livro *Marketing the Church*, traduzido no Brasil com o título *O marketing na Igreja: o que nunca lhe disseram sobre o crescimento da Igreja*.⁹⁹

Um dos indícios da força desta corrente tem sido a adoção de uma linguagem mercadológica nos discursos das igrejas. O planejamento estratégico da Convenção Batista Nacional, publicado na página eletrônica da organização, em 2003, é um exemplo ilustrativo¹⁰⁰:

NEGÓCIO

A Convenção Batista Nacional tem como negócio fomentar a unidade e o cumprimento da missão da Igreja no poder do Espírito Santo.

VISÃO

Como agência facilitadora no cumprimento da missão integral da Igreja no poder do Espírito Santo, a Convenção Batista Nacional deseja ser reconhecida nacional e internacionalmente, realizando projetos extraordinários.

MISSÃO

A Convenção Batista Nacional tem como missão ser facilitadora da Igreja, contribuindo para que ela cumpra seus objetivos, de modo a transformar a sociedade através do cumprimento da missão integral no poder do Espírito Santo: ação missionária, responsabilidade social e discipulado, e educação de qualidade.

OBJETIVOS

- Promover o cumprimento da missão integral da Igreja, estimulando-a e lhe dando suporte para elaboração e implementação de projetos missionários, sociais, etc.;

- Promover a identidade denominacional;

- Promover a unidade doutrinária;
- Promover a qualidade de ensino teológico, cristão e secular;
- Captar recursos para consecução de seus projetos;
- Estimular a unidade, integração e cooperação, através de uma comunicação efetiva;
- Produzir literatura de qualidade que atenda às necessidades das igrejas.

Outra conseqüência desse processo foi o surgimento de um mercado voltado para os evangélicos, o qual, ao longo dos anos de presença dos evangélicos no Brasil, já era forte no campo editorial, mas sua expansão deu-se principalmente por meio do mercado fonográfico[101]. Foi esse nicho que impulsionou nos anos 80 o sucesso das "rádios evangélicas", em especial as FMs, com significativo alcance nas áreas metropolitanas. A essa conjuntura soma-se o considerável aumento do número de produtos comercializados para os evangélicos. É possível encontrar produtos os mais variados, como roupas, cosméticos, doces, com marcas formadas por slogans de apelo religioso, versículos bíblicos ou, simplesmente, o nome de Jesus.[102]

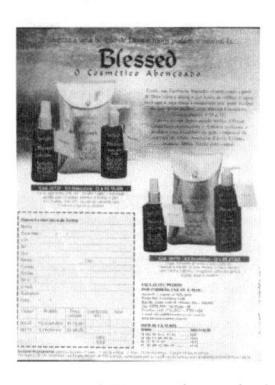

Ultimato, n. 272, set./out. de 2001

Os grandes magazines também descobriram os consumidores evangélicos. Se, no passado, para um adepto ou simpatizante buscar artigos evangélicos, como camisetas, discos ou livros, o caminho era procurar as tradicionais "livrarias/lojas evangélicas", hoje ele pode ir a qualquer grande magazine ou rede de supermercados para encontrá-los. Importa também destacar que o mercado evangélico passa a representar uma fonte alternativa de renda e de trabalho para o crescente número de desempregados vinculados às igrejas.

Matéria do jornal *O Estado de S. Paulo* indicou:

A palavra de Deus começa a ser uma boa fonte de negócios no Brasil. Calcula-se que o rebanho de evangélicos no País já supere 35 milhões de pessoas com necessidades de consumo iguais às que têm qualquer outro simples mortal. (...) Levantamento da Associação Brasileira de Editores Cristãos (Abec) mostra que, a cada ano, 2,5 milhões de pessoas se tornam evangélicas no País. Somente para a leitura de publicações com essa orientação religiosa, o mercado potencial brasileiro é de 15,3 milhões de consumidores. Em 1995, foram lançados no País, 282 títulos de Bíblias [sic], livros, jornais, revistas e outras obras que, somadas às 621 reimpressões feitas no ano passado, elevaram esse tipo de produção literária a 903 títulos.

No mundo fonográfico, há numerosas empresas brasileiras que começam a prosperar. A Bom Pastor, uma editora que também grava e distribui obras musicais, vende mais de 1 milhão de discos por ano.[103]

Não foram só os grandes magazines que atentaram para esta nova realidade. Como mostra a reportagem de *O Estado de S. Paulo*, as grandes empresas despertaram para ela. Dois exemplos são ilustrativos: o lançamento do celular "Fiel" da Ericsson – "O celular para quem acredita no poder da palavra" e toca até oito hinos diferentes ao receber chamadas; e a parceria Livrarias Siciliano-Universal Produções. O celular da Ericsson, desenhado inicialmente para os membros da Assembléia de Deus, a maior denominação evangélica do Brasil, com estimativa de 16 milhões de membros, oferece serviços como a "caixa de promessas eletrônica" (serviços de mensagens temáticas via SMS e portal de voz), além da distribuição de cartões de recarga de pré-pago veiculando mensagens bíblicas.

Outro exemplo é a parceria entre a Siciliano e a Editora Gráfica Universal, da Igreja Universal do Reino de Deus, para comercialização de literatura evangélica. A Siciliano, uma das maiores redes de livrarias do País, passou a abrir suas estantes para comercializar títulos de autores evangélicos. A idéia surgiu na Bienal do Livro realizada no Rio de Janeiro em maio de 2003, quando observou o grande sucesso de público do estande da Universal, conforme declarou à imprensa o gerente de vendas da rede, José Eduardo Xavier. Nos quatro sábados do mês de julho de 2003, inaugurando a parceria, autores da Universal com sucesso de vendas como Marcelo Crivella (bispo e senador) e Netal Furuchum tiveram encontros com o público em livrarias Siciliano.[104]

Gravadoras importantes na indústria fonográfica no Brasil já estão abrindo espaço para o segmento evangélico, como a Top Tape que criou o selo "Top Music". Além de discos, a Top Music já inaugurou uma livraria evangélica na cidade do Rio de Janeiro, a Encontro das Letras. A gravadora Som Livre passou a produzir, a partir de 2003, discos de cantores evangélicos.

As vendas de instrumentos musicais também são ampliadas por conta do mercado evangélico, conforme publicou o jornal *Folha de S. Paulo*:

> Os evangélicos estão impulsionando as vendas de instrumentos musicais. Segundo lojistas, eles representam 30% do movimento mensal, mas, dependendo da especialização, o percentual pode chegar a 90%, como na Braz Instrumentos Musicais.
>
> Na WM Instrumentos Musicais, que está no mercado há oito anos, a venda para evangélicos varia de 30% a 40% do total, de acordo com Maurício Zago, 33, sócio.
>
> Os fabricantes do setor também reconhecem o potencial de compra do grupo de religiosos. Nelson Eduardo Weingrill, 36, diretor da Weril, diz que os mercados mais importantes para sua empresa são os evangélicos e as bandas de cidades pequenas. A Weril fabrica instrumentos de sopro e está há 86 anos no mercado. Exporta 40% da produção.
>
> O aumento das importações é um dos termômetros do crescimento do mercado. Segundo dados da Abemúsica (Associação Brasileira da Música), as importações de instrumentos saltaram de US$ 11,3 milhões em 92 para US$ 54,6 milhões em 95. José Dias, 42, proprietário da Dawer, que importa teclados, afirma que suas compras estão em 600 unidades por mês. Segundo ele, as importações têm aumentado entre 20% e 25% a cada ano. Ela afirma que os produtos mais vendidos nas duas lojas e no instituto são violões e teclados. "Cada empresa tem que procurar um segmento para atuar." A Braz Instrumentos Musicais é especializada em sopro, mas também vende artigos de corda e percussão,

entre mais de 60 itens.O faturamento mensal é de R$ 35 mil/mês. "Trabalhamos muito com religiosos. As vendas para evangélicos chegam a 90% do total", afirma Adão Braz, 26, sócio.[105]

Este despertar das empresas para o segmento evangélico respalda-se nos números. A revista *Veja*, em 2002, após a divulgação dos dados do censo brasileiro que indicou o crescimento da população evangélica, publicou reportagem especial que afirmou: "Somando tudo – de CDs a bares e instituições de ensino –, o mercado impulsionado pelos protestantes movimenta três bilhões de reais por ano e gera pelo menos dois milhões de empregos."[106]

Na esteira do mercado fonográfico, cresce o mercado de grifes evangélicas com produtos oferecidos por vários famosos/as cantores/as *gospel*, com suas próprias grifes. "Marinha" é a grife de roupas e acessórios infantis da cantora *gospel* Mara Maravilha e o perfume "Aline Barros" é um dos produtos da cantora *gospel* "para mulheres modernas e delicadas, com notas doces e envolventes que proporcionam um frescor imediato".

Esses levantamentos retratam a visibilidade alcançada pelos evangélicos nas últimas décadas e ampliada com a maior presença deles na mídia, conseqüência de todo o processo acima descrito. Isso se configura na atualidade como um aspecto destacado na promoção e nas transformações no cenário religioso evangélico brasileiro.

A ampliação da presença na mídia

A presença dos evangélicos na mídia não é novidade. A investigação sobre a intensa inserção de grupos religiosos nos meios de comunicação social, em especial no contexto norte-americano dos 1970, determinou a busca de conceitos e terminologias que sintetizassem o fenômeno em curso. De acordo com a pesquisa de Hugo Assmann, solicitada nos anos 80 pela *World Association for Christian Communication* (WACC) e publicada pela Editora Vozes – única obra extensa produzida no Brasil sobre o tema –, os termos mais utilizados para explicar a veiculação de programas religiosos pelos meios de comunicação social eletrônicos (TV e rádio) são: Igreja Eletrônica, Religião Comercial, Marketing da Fé, Messianismo Eletrônico e Assembléia Eletrônica. Cada um deles teria sido aplicado por estudiosos a partir da ênfase em um determinado aspecto relacionado à programação religiosa nos meios.[107]

Assmann optou pelo termo "Igreja Eletrônica" para analisar os resultados de sua pesquisa sobre o impacto da veiculação de programas religiosos pela TV e pelo rádio na América Latina. Esta mesma escolha é feita pela maioria dos autores de artigos que abordam o tema e de acadêmicos que utilizam a nomenclatura em dissertações e teses.

A análise de Hugo Assmann contemplou a atuação dos principais televangelistas dos anos 70 e 80: Oral Roberts, Jerry Falwell, Jim Bakker, Robert Schüller, Paul Crouch, Robert Tilton, Bill Bright, Rex Humbard, Jimmy Sweaggart e Pat Robertson. Destes apenas os três últimos fizeram sucesso no Brasil, com programas em horários comercializados com a TV Tupi, o SBT, a Rede Record e a Rede Bandeirantes, com a venda de publicações e com a realização de concentrações "evangelísticas" em estádios de futebol.

O eixo salvação-milagres-coleta de fundos era comum a todos, bem como o viés fundamentalista da interpretação bíblica, mas as ênfases na pregação variavam. Rex Humbard centrava a mensagem na família: a dele participava dos programas e cantava em conjunto – a música era destaque na programação. Ele não era explícito quanto a posições político-ideológicas e pregava a prosperidade econômico-financeira como bênção divina.

Jimmy Sweaggart também aproveitava seu dom musical: tinha muitos discos gravados e os apresentava nos programas. Explorava também a retórica com longas pregações carregadas de intensa expressão corporal e emocional. Havia espaço na programação para cursos bíblicos e aulas doutrinárias, quando atacava fortemente as igrejas cristãs. Adepto da Nova Direita Religiosa pregava contra o comunismo e foi financiador da campanha dos "contras" que lutaram para derrotar o governo sandinista na Nicarágua. Pat Robertson foi o que teve menor presença no Brasil. Seu programa religioso era, na maior parte, de entretenimento e de variedades, com forte ênfase na política neoconservadora norte-americana – um exemplo foi a campanha aberta pró-Ronald Reagan.

O fenômeno da intensa presença de evangelistas norte-americanos na televisão foi experimentado no Brasil no final dos anos 70 e durante os anos 80.

A programação era exportada para todo o mundo e penetrou na América Latina com ampla aceitação do público. Os televangelistas compravam horários na grade das emissoras e retransmitiam os programas com dublagem.

Diferente dos grupos norte-americanos, a presença dos evangélicos brasileiros nos meios de comunicação sempre foi mais intensa no rádio – pela facilidade de aquisição de concessões ou de compra de espaços na grade das programações. Não são muitos os estudos sobre esta presença no rádio.[108] Os pentecostais foram os que mais investiram nesse meio: a Igreja Brasil para Cristo, a Igreja Deus é Amor e a Igreja Universal do Reino de Deus. Inicialmente, compravam horários nas grades das rádios AM, as mais populares, de maior público, e transmitiam seus programas por meio de centenas de emissoras. Outras igrejas evangélicas do ramo histórico de missão também buscavam espaço nessa mídia, porém com menor incidência.

Havia evangélicos proprietários de emissoras AM que as transformaram em rádios religiosas de tempo integral. As primeiras foram: Rádio Copacabana (desde os anos 50), Rádio Boas-Novas e Rádio Relógio, no Rio de Janeiro. Outras tinham programação quase totalmente evangelística: Rádio Tupi, Rádio Mulher, Rádio Clube de Santo André, Rádio ABC e Gazeta, em São Paulo. O mesmo dava-se em outras metrópoles brasileiras. A ênfase da programação era as curas e o exorcismo. A exacerbação desse modelo levou a Igreja Metodista no Rio de Janeiro, nos anos 80, por exemplo, a retirar um programa que veiculava na Rádio Copacabana.[109]

Na TV, os primeiros televangelistas evangélicos brasileiros foram R. R. Soares, Nilson Amaral Fanini, Edir Macedo e Roberto MacAllister. Nilson Fanini, pastor batista, ascendeu nos anos de 1970 com o programa "Reencontro", veiculado pela TV Educativa do Rio de Janeiro, retransmitido em todo o País, com versão radiofônica. O programa televisivo viajou para outros países como África do Sul, Paraguai e Estados Unidos (Miami). A imagem de Fanini era reforçada nas concentrações "evangelísticas" que ele realizava em estádios de futebol.

"Reencontro" era um programa de variedades com apresentações musicais, entrevistas e pregações. O apelo à "salvação em Cristo" era enfatizado com bases fundamentalistas e individualistas. A amizade com altos escalões do governo militar (Fanini foi aluno da Escola Superior de Guerra) rendeu ao pastor, em 1983, a concessão por 15 anos do Canal 13 do Rio de Janeiro (o da extinta TV Rio), oferecida pelo presidente João Batista Figueiredo.[110] O ousado projeto de Fanini de gerenciar o que seria o primeiro canal de TV evangélico, a TV Ebenezer, foi frustrado e sua programação nem chegou a estrear. Após a tentativa malsucedida, o pastor Fanini afastou-se da mídia, o que não o impediu de continuar em destaque no meio evangélico, em especial o batista:

é presidente da Convenção Batista Nacional e pastor de uma das maiores congregações batistas do Brasil: a 1ª Igreja Batista de Niterói/RJ.

R. R. Soares, o pastor-líder e fundador da Igreja Internacional da Graça de Deus, é o evangélico que está há mais tempo no ar: desde os anos 70. Após passar por diferentes emissoras, dirige sua própria rede de TV desde 1999 – a Rede Internacional de Televisão (RIT), com oito emissoras e 62 retransmissoras (dados de 2006)[111]. Em 2003, passou a transmitir programa diário de uma hora, veiculado em horário nobre na Rede Bandeirantes comprado pela Igreja Internacional da Graça, o "Show da Fé", além de possuir horário diário matutino na mesma emissora[112]. A ampliação da presença da Igreja Internacional da Graça de Deus na mídia inclui ainda a propriedade de emissoras de rádio (nas faixas AM e FM), da Graça Editorial, da Graça Music (gravadora), da *Revista Graça* e da *Revista Graça Teen*. O portal On Grace (www.ongrace.com.br) é veículo de disseminação destes produtos.

R. R. Soares apresenta-se como missionário, sempre com trajes formais (de terno), e o formato do seu programa é o de um culto com ênfase na cura, no sucesso econômico-financeiro e nas longas pregações. É dado espaço para depoimentos sobre curas e outras "bênçãos" alcançadas pelos adeptos, na maior parte das vezes durante o próprio programa. Há tradução simultânea para a linguagem gestual a fim de atingir os surdos-mudos. A coleta de ofertas para o programa, a venda de publicações e o convite para participar de cultos na Igreja da Graça são outros ingredientes da programação, que recentemente vem-se rendendo ao mercado evangélico, e cedendo espaço à apresentação de cantores em evidência nas principais gravadoras *gospel*.

Edir Macedo, o líder maior da Igreja Universal do Reino de Deus (IURD), após os escândalos financeiros nos quais esteve envolvido na segunda metade dos anos 80 e que chegaram a provocar sua prisão, tem presença bastante restrita na mídia, a despeito de todo o império de comunicação construído pelo seu grupo. Dados do Sistema de Controle de Radiodifusão (Anatel), de 2005, indicavam a IURD como proprietária de 10 emissoras de televisão, distribuídas a três redes de TV (a Rede Record, a terceira rede de canal aberto do País, a Rede Mulher e a Rede Família), com 32 afiliadas, e de 30 de rádio (dentre elas 56 FM operam em rede: a Rede Aleluia). Ela só perde em número de concessões próprias de TV para as Organizações Globo (com 20 emissoras) e o Sistema Brasileiro de TV (SBT, com 11 emissoras).[113] Para ampliar este império, a Universal criou duas empresas para disputar as novas concessões que estão sendo oferecidas pelo governo em concorrências públicas. A IURD tem também programações diárias em diferentes horários e emissoras de TV, como a CNT e a Gazeta.

A IURD é ainda proprietária da Universal Produções, na qual estão integradas: a gravadora Line Records, a Editora Universal, uma produtora de vídeos e CD-ROMs, o jornal *Folha Universal* (com tiragem de 1 milhão e 500 mil exemplares), a *Revista Éster* (voltada para o público feminino) e a *Revista Plenitude*. O portal Arca Universal (http://www.arcauniversal.com.br) torna possível o acesso *on-line* a toda esta produção. Aliada a estes produtos está a Fundação ABC, braço social da igreja.

Roberto McAllister, fundador da Igreja Pentecostal de Nova Vida, já nos anos 60 apresentava os programas Ponto de Contato (TV Rio) e Coisas da Vida (TV Tupi), nos quais entrevistava pessoas para colher relatos de experiências com Deus. Sem muitos investimentos com meios de comunicação, a única aquisição registrada pela Igreja de Nova Vida é a Rádio Relógio Federal AM.

Um grupo com espaço consolidado no rádio é a Igreja Pentecostal Deus é Amor, liderada por Davi Miranda. A presença nessa mídia tem sido marca da igreja desde os anos 70, com espaços próprios ou comprados para retransmissão de cultos e do tradicional programa "Voz da Libertação", produzido em estúdio montado na sede da igreja, localizada próxima ao centro da cidade de São Paulo. O investimento tem sido feito em emissoras da faixa AM, já que o público-alvo da Igreja Deus é Amor é a população de baixa renda: a retransmissão dos programas, feita em 500 emissoras nos anos de 1980, chegou em 2000 a mais de oito mil emissoras.

A Igreja Deus é Amor tem ampliado a propriedade de mídia: de três emissoras de rádio na década de 1980, saltou, em 2003, para cerca de 20 emissoras. Dados daquele ano indicam que 11 empresas em nome de pastores e adeptos estão registradas na concorrência de 649 concessões de rádios FM espalhadas pelo País – o equivalente a 40% das concorrências de rádios FM colocadas à venda pelo governo nos últimos cinco anos.[114] A igreja também possui duas gravadoras, a Voz da Libertação e a Reviver Records, e as revistas *Expressão Jovem* e *Ide*. A ação social é realizada por meio da Fundação Reviver. Outro veículo de comunicação é a página eletrônica da igreja (www.ipda.org).

A partir de 1986 um novo grupo evangélico que ganhou expressiva presença na mídia foi a Igreja Renascer em Cristo, que possuía, em 2003, 17 emissoras de rádio (em rede na faixa FM – a Rede Manchete Gospel), a Rede Gospel de TV – UHF, a Manchete-SAT (que retransmite a programação de rádio e TV para todo o Brasil), a gravadora Gospel Records, a editora Publicações Gamaliel (também produtora de CD-ROMs), a revista *Gospel* e o portal IGospel (http://www.igospel.com.br). A Igreja Renascer tem também a Fundação Renascer, responsável pelos projetos sociais do grupo. Destacam-se neste segmento o casal Sonia e Estevan Ernandes (profissional da área de marketing), fundadores da igreja, respectivamente, bispa e apóstolo.[115]

Uma igreja do ramo de renovação ou carismático que conquistou reconhecimento entre os evangélicos por meio da presença na mídia é a Batista da

Lagoinha (bairro da cidade de Belo Horizonte/MG). Excluída da Convenção Batista Brasileira nos anos 70, juntamente com outras 31 igrejas batistas, por conta do movimento de renovação com bases pentecostais que experimentava, a Igreja Batista da Lagoinha estabeleceu-se como independente e orgulha-se de ter alcançado, nos anos 2000, uma membresia de mais 25 mil pessoas.

A presença na mídia foi consolidada com a atuação do Ministério Diante do Trono, um dos 100 grupos de trabalho da igreja voltado para a produção musical. O Ministério, ancorado pela família Valadão, que também lidera a igreja, possui expressiva discografia com produção independente[116], produz DVDs e vídeos das apresentações realizadas na igreja e em espaços públicos, edita livros, tudo com a marca "Diante do Trono", que é comercializada em lojas da igreja e também por meio do Portal Lagoinha (www.lagoinha.com). Além do espaço comprado na programação da Rede TV com o Programa Diante do Trono, a Igreja Batista da Lagoinha avançou e adquiriu o próprio canal de TV em julho de 2002: o canal 21 de Belo Horizonte, Rede Super *Gospel*, também transmitido em UHF pelo canal 23, atingindo mais 35 cidades daquela região metropolitana.[117]

A Rede Boas Novas de Rádio e TV (RBN), adquirida pelo pastor Samuel Câmara, da Assembléia de Deus de Belém/PA, também tem conquistado espaço no País. Iniciada em 1993, apresenta-se como uma rede de comunicação totalmente dedicada ao mundo evangélico e tornou-se a maior rede voltada para o segmento. A RBN Rádio alcança quatro estados do Brasil e almeja chegar a mais três, o que faz por meio de seis emissoras e um canal de satélite, o Jesus SAT Rádio. A programação de TV é gerada em três núcleos de produção (Manaus/AM, Belém/PA e Rio de Janeiro/RJ). A rede cobre dez estados.

Vários proprietários de rádios com programação exclusivamente evangélica são políticos ligados a alguma igreja (deputados federais, estaduais e senadores) que conseguem as concessões com base nos vínculos com a Câmara Federal. Um empresário de comunicação de destaque no meio evangélico, por exemplo, é o deputado federal reeleito pelo PFL em 2006 para o sétimo mandato, Arolde de Oliveira. Ele é detentor do Grupo Arolde, que agrega a gravadora MK Publicitá, líder no mercado fonográfico *gospel*, a Rádio El Shaddai 93 FM (Rio de Janeiro), a MK Editora, a revista *Enfoque Gospel*, o programa Conexão *Gospel*, veiculado pela Rede TV, aos domingos, com uma hora de duração, e o portal Elnet (www.elnet.com.br).

Outro político evangélico influente no rádio é o ex-deputado federal Francisco Silva. Ele adquiriu em 1986 a Rádio Melodia FM, localizada na cidade de Petrópolis, transformando-a na primeira rádio FM brasileira 100% evangélica. A Rádio Melodia FM está, há alguns anos, entre as cinco emissoras do Brasil em média de ouvintes por minuto.[118] A partir dela, Francisco Silva ampliou suas propriedades para nove emissoras de rádio FM, que operam por meio da Rede Melodia em estados de norte a sul do Brasil. O Portal Melodia (www.melodia.com.br) é um veículo de comunicação suporte.

Tentar um levantamento da presença evangélica na mídia brasileira, em especial no rádio, que vá além destes grandes grupos acima citados, é depararse com uma tarefa de difícil empreendimento. Não há estatística da Associação Brasileira de Emissoras de Rádio e de TV (Abert) e nem levantamento preciso é possível diante deste universo. Um extenso número de emissoras de rádio e de publicações impressas está nas mãos de diferentes indivíduos e grupos evangélicos. Além de espaços comprados há a prática do arrendamento de rádios.[119] Algumas igrejas se dedicam também à produção de CDs de música evangélica, como é o caso das Comunidades (Evangélica e da Graça), com produção independente, da Assembléia de Deus, com a gravadora Patmos, e da Igreja Batista, com as gravações produzidas pela editora Juerp. As igrejas históricas também encontraram na internet um veículo para alcance de maior público: todas possuem portais ou páginas eletrônicas.[120]

A busca de inculturação no mundo urbano

Um dos maiores fenômenos sociais do século XX em todo o mundo, o crescimento urbano atingiu no Brasil do ano 2000 a taxa de 81,25%. Muito tem sido estudado sobre o fenômeno tanto no campo da sociologia e da antropologia quanto no da arquitetura e do urbanismo. Como fenômeno, a urbanização contemporânea representa não só a ampliação de cidades e o surgimento de metrópoles e megalópoles, mas também a criação de novas estruturas, funções e modos de vida. A atenção dos estudos tem-se voltado para as transformações da própria concepção do urbano e da cidade neste contexto. Há quem questione o próprio conceito de cidade, indagando-se a respeito da defasagem dele perante a complexidade desse mundo urbano contemporâneo.[121]

Os estudos da religião e os teológicos não estão desatentos ao fenômeno; pelo contrário, seu impacto sobre as formas e a experiência religiosa tem sido abordado por um significativo número de estudiosos. Uma das análises tem apontado para os efeitos na degradação da vida: déficit de moradia, de emprego, colapso nos sistemas básicos de abastecimento de água e luz, de esgotamento, de transporte, altos índices de poluição do ar e do som, de criminalidade. Estes efeitos têm produzido, segundo os analistas, anticidades.[122]

Outro tipo de análise dedica-se ao estudo dos efeitos da pós-modernidade e da globalização sobre as cidades, que as identifica como sociedades pós-industriais. Nelas há a ruptura com os modelos urbanos modernos, em especial no que se refere às formas de comunicação e interação social, resultado de um salto tecnológico proporcionado em especial pela computação.[123]

Tanto uma quanto outra abordagem se encontram na avaliação das conseqüências do fenômeno contemporâneo da urbanização sobre a cultura urbana.[124] A degradação da vida e a formação das sociedades pós-industriais no mundo urbano contemporâneo delineiam um novo modo de vida nas cidades, que pode ser sistematizado nas seguintes características: surgimento de "nãolugares", surgimento das tribos urbanas, predomínio de novas tecnologias de comunicação e do audiovisual, pluralismo étnico (migrações), segregação, privatização da vida coletiva, individualismo e fuga de contatos face a face, confinamento em ambientes e redes sociais restritas, consumo permanente de bens e investimento privado em espaços culturais e de lazer.[125]

As igrejas evangélicas no Brasil experimentaram as primeiras conseqüências da urbanização no início da primeira metade do século XX, como já mencionado anteriormente. Inseridas fortemente no mundo rural, as práticas religiosas da cultura protestante histórica foram forçosamente adaptadas ao mundo urbano com os movimentos migratórios dos anos 50.

A dificuldade na adaptação é observada ainda hoje, quando as igrejas do PHM ainda insistem em manter práticas criadas a partir da vivência rural, como o estabelecimento do horário de reuniões e cultos. No contexto rural era possível estabelecer dois horários de programação aos domingos: o primeiro bem cedo, pela manhã, com culto e Escola Dominical (catequese), e o segundo no final do dia para o culto principal. Também era possível estabelecer programações em dias úteis, pela manhã e à noite (reuniões e estudos bíblicos eram agendados). Após investirem presença na cidade, as igrejas mantiveram as mesmas práticas e até hoje vivem a crise do esvaziamento das programações em dias úteis e nas manhãs de domingo. A prática da vinculação formal a uma igreja local e do compromisso concretizado na presença nas atividades dessa comunidade intensifica a crise.

Há dificuldade de as igrejas históricas assimilarem que a dinâmica urbana, das longas distâncias, do transitar permanente, das múltiplas atividades seculares, dos vários turnos, torna impossível para uma grande parcela de sua membresia que tem o domingo como único dia de descanso (desconsiderada aqui a larga população das cidades que trabalha em plantões – de transportes, de portarias, para segurança, em postos médicos, em companhia, etc.) acordar cedo e dedicar toda a manhã a um compromisso. Também não é fácil assimilar que é impossível para boa parte dos freqüentadores, cuja atividade formal em dias úteis seja apenas a de vínculo empregatício, deixar o local de trabalho às

18h, ter acesso ao transporte público e, na maioria dos casos, cruzar a cidade para estar às 19h30 ou 20h na igreja. Essa situação não é enfrentada pelas igrejas pentecostais. Adaptadas à lógica urbana, boa parte delas está aberta durante 15 a 18 horas por dia, algumas por 24 horas. A programação varia entre cultos e reuniões de oração. As pessoas que freqüentam essas igrejas escolhem os horários que lhes são convenientes. Algumas "passam" pela igreja antes se dirigirem ao trabalho a fim de receberem bênção para o dia, outras o fazem após o trabalho. A pouca ênfase na vinculação formal e de compromisso com uma igreja local específica possibilita o trânsito e o acesso ao local mais próximo, na hora que convier. As igrejas pentecostais que buscam manter a tradição da programação com poucos horários respondem às demandas urbanas definindo apenas um horário aos domingos (à noite, na maioria dos casos) e um ou dois encontros vespertinos durante a semana, voltados para grupos específicos (casais, mulheres ou jovens). As noites de sábado são normalmente dedicadas a encontros musicais, festas e festivais destinados preferencialmente aos jovens.

A definição dos horários é apenas uma ilustração de como práticas pentecostais contemporâneas buscam responder às demandas do mundo urbano. A pouca ênfase na vinculação formal a uma comunidade, a facilitação do trânsito religioso e a pregação individualista são outras características da inculturação da religião ao urbano, que se agregam a elementos já analisados aqui, como a oferta de bens religiosos para consumo e a espetacularização proporcionada pelo acesso à tecnologia e à mídia. A pregação da prosperidade e da guerra espiritual, a oferta de cura para doenças e de exorcismo do mal são alívios diante da degradação da vida promovida pela explosão urbana. O dualismo sagrado-profano, igreja-mundo, mantido na pregação evangélica, proporcionou a criação das tribos evangélicas – jovens que unem lazer e vivência religiosa, como nas noites de sábado – e dos espaços de consumo e lazer evangélico.[126]

Todo esse contexto revela como o cenário religioso evangélico no Brasil tem sofrido significativas transformações nas últimas duas décadas, o que gera novas formas culturais religiosas. A cultura *gospel* é uma delas. Nos capítulos a seguir, será possível estudar cada elemento que compõe essa formação cultural: a música, o consumo e o entretenimento.

CAPÍTULO 2

A EXPLOSÃO *GOSPEL* NO BRASIL

Gospel é uma expressão relacionada à música que se popularizou no Brasil no início dos anos 90. Isto está diretamente relacionada à Igreja Renascer em Cristo, que o transformou em marca de sua propriedade, utilizando-o em diversos produtos geridos pela igreja. A gravadora *Gospel* Records, a *Revista Gospel*, a TV *Gospel* (UHF-53), o curso pré-vestibular *Gospel*, na cidade de São Paulo, e o portal da internet I*Gospel* são os principais.[127]

São comuns as referências ao termo virem acompanhadas da palavra movimento – o movimento *gospel*, de ênfase musical, originado no final da década de 1980 e no início da de 90, com raízes no "Movimento de Jesus" (EUA) que influenciou na formação dos movimentos paraeclesiásticos de juventude dos anos 70 no Brasil. A palavra "movimento" justifica-se, de acordo com vários analistas e entusiastas, pelas novas práticas desencadeadas a partir da profissionalização de músicos, cantores e grupos musicais evangélicos ocorrida no período, aliada ao desenvolvimento da mídia evangélica no Brasil, ambos fundamentados numa teologia que enfatiza o valor superior do louvor e da adoração no culto.

Podem ser listados como conseqüências desse processo:

- O privilégio ao lugar da música na prática das igrejas como principal veículo de louvor e adoração, estes compreendidos como a razão de ser cristão e da sintonia com Deus.

- As propostas modernizadoras para o canto congregacional que acompanham a ênfase na música, como o uso de tecnologia (especialmente a projeção eletrônica de letras em vez de uso de impressos e a aparelhagem de som sofisticada).

- O desaparecimento dos conjuntos musicais evangélicos (formados principalmente por jovens), que se apresentavam em momentos especiais nos cultos, e o surgimento dos grupos ou ministérios de louvor e dos momentos de louvor no programa do culto (espaço reservado para cânticos coletivos ou não, liderados pelo ministério de louvor).

- A adoção de diferentes gêneros e estilos musicais populares (além do rock e das baladas românticas, já aceitos entre os evangélicos por algum tempo) como gêneros para o canto litúrgico, tais como o samba, o sertanejo o *axé music*, o frevo.
- A inserção de apresentação de danças ou expressões corporais no culto, ao som de músicas cantadas por artistas *gospel*. Há figurino e maquiagem próprios.
- O surgimento dos "louvorzões" – programações em que pessoas vão a igrejas para cantar e ouvir a apresentação de cantores e grupos de louvor. Este espaço é mais informal e o modelo é o de espetáculo musical e animação de auditório. Os louvorzões são utilizados como lazer para a juventude e também como atividade de evangelismo (busca de adeptos).
- As rádios evangélicas passam a ser um meio de comunicação predominante. Alguns ouvintes as sintonizam 24 horas. A música *gospel* disseminada pelas gravadoras especializadas é o repertório musical privilegiado. Alguns adeptos de igrejas evangélicas se recusam a ouvir outro tipo de música e consideram a música *gospel* "abençoada", "a serviço de Deus". Além do rádio e da produção fonográfica, há outras mídias que alimentam os membros das igrejas, referenciadas na produção musical: programas de clipes *gospel*, de variedades evangélicas, revistas *gospel*.
- Os artistas *gospel* passam a ser conhecidos, comentados e copiados nos moldes dos artistas "seculares".
- Os espetáculos *gospel* passam a ser programa de lazer, bem como os espaços *gospel* (bares, livrarias, etc.), onde estão liberados a expressão corporal por meio da dança e o consumo de bebidas como cerveja e vinho sem álcool.

O fenômeno, que passou a ser vivenciado em quase todas as igrejas evangélicas brasileiras, explodiu na virada do século XX para o XXI. A opção pela noção de explosão, já referida na introdução desta obra, busca exprimir as irrupções nascidas dentro do processo, os momentos ou circunstâncias, ou eventos, que mudam completamente a rota de acontecimentos.

O capítulo anterior já descreveu o processo das recentes transformações no campo religioso evangélico, o pano de fundo que permitiu a explosão do *gospel* e sua configuração, não apenas como um movimento musical, mas um modo de vida religioso. Este capítulo passa a descrever os aspectos que possibilitaram o desenvolvimento deste fenômeno cultural.

I. O movimento *gospel* no Brasil

O *gospel* no Brasil tem raízes que remontam aos anos 50 e 60, quando a primeira fase do crescimento pentecostal acompanhou o fenômeno da concentração populacional urbana brasileira, intimamente relacionado ao êxodo rural. Foi nesse período que os pentecostais romperam com a tradição da hinologia protestante[128]: introduziram ritmos e estilos mais populares nas canções, incluíram instrumentos de percussão e sopro no acompanhamento e compuseram pequenas canções com melodia e letra simples para serem cantadas nos cultos – algo muito próximo do que seria mais tarde popularizado entre os evangélicos como "corinhos".[129]

A não-aceitação das igrejas evangélicas históricas ao pentecostalismo se refletia na resistência em acompanhar o novo modo de cantar nos cultos e na manutenção do privilégio à hinódia tradicional. Mas foi a renovação musical empreendida pela prática das organizações paraeclesiásticas nos anos 50 e 60, com a introdução dos "corinhos", que veio a alterar esse quadro e abrir caminho para a popularização da música religiosa que atingiria todo o campo protestante a partir de então.[130]

São poucas as obras publicadas que descrevem ou analisam este processo – nenhuma de cunho acadêmico. A que apresenta uma pesquisa mais aprofundada é o livro *A Revolução da Música Gospel,* de Sandro Baggio[131]. O autor relata que o primeiro cantor evangélico a inserir o violão como instrumento musical litúrgico foi Luiz de Carvalho, que ousou utilizá-lo ainda nos anos 60 para acompanhar composições religiosas de sua autoria que continham ritmos populares. Foi o primeiro a gravar um LP evangélico no Brasil – chegou a gravar 70 discos, com ampla vendagem –, e apresentou-se em 22 países. Mas foi uma renovação religiosa ocorrida nos anos 70 nos EUA, segundo o autor – o Movimento de Jesus –, que reforçou o movimento de popularização da música evangélica iniciado com os pentecostais e as organizações paraeclesiásticas, e que determinou o nascedouro de um novo movimento musical entre os evangélicos no Brasil. Primeiramente, importa descrever os dois períodos indicados por Baggio como "molas propulsoras" do movimento *gospel* brasileiro.

O movimento de popularização da música evangélica dos anos 50 e 60

A primeira mudança significativa em termos musicais no campo protestante no Brasil desde a inserção da hinologia pelos missionários no século XIX foi a popularização dos "corinhos".[132] Inspirados nas composições populares, de melodia e letra simples e forte tom emocionalista, criadas nas reuniões avivalistas nos EUA a partir do século XIX, eles foram introduzidos no Brasil nos anos 50 por grupos pentecostais e instituições paraeclesiásticas cujo alvo para propagação da fé cristã eram jovens e adolescentes. Os pentecostais desenvolviam composições populares mais ligadas às raízes nacionais (a música sertaneja) e as paraeclesiásticas produziam versões em português de cânticos populares estadunidenses (marchas e baladas românticas).

As primeiras paraeclesiásticas do exterior a se estabelecerem no Brasil nos anos 50 e 60 vieram dos EUA: a Organização Palavra da Vida, Os Jovens da Verdade, a Mocidade Para Cristo e o Serviço de Evangelização para a América Latina (Sepal). Esses grupos realizavam retiros espirituais (os acampamentos), congressos, reuniões de estudo e campanhas em localidades, abrigando-se em igrejas. Alguns deles criaram Institutos Bíblicos ou Seminários Teológicos com vistas a formar líderes para atuação em suas frentes evangelísticas ou nas próprias igrejas locais.

O conteúdo da pregação não diferia muito daquele trazido ao Brasil pelos missionários no século XIX: apelo à conversão, à salvação individual, à teologia milenarista (Juízo Final iminente) e ao cultivo da piedade pessoal por meio da prática da oração, da leitura bíblica, do jejum e da negação de costumes considerados profanos como beber, fumar e dançar. No que era mais específico em relação à juventude pregava-se a pureza no relacionamento homem-mulher, evitando-se o sexo e as carícias mais íntimas antes do casamento; o testemunho no universo estudantil, como não colar; e a obediência aos pais, dentre outros temas.

Os líderes dessas organizações eram apresentados e vistos como cristãos-modelo, não apenas na conduta moral mas na aparência – o vestir, o corte do cabelo, a postura do corpo, eram baseados no padrão estadunidense –, e disseminavam uma beleza visual que deveria servir de modelo para os jovens que aspiravam a atingir aquele estágio de consagração e fidelidade a Deus.

De fácil melodia, versos curtos e ritmo animado, os corinhos entoados pelos jovens das organizações paraeclesiásticas encontraram ampla aceitação entre a juventude do PHM que participava dos eventos, e inseriram-se de forma bem-sucedida no cotidiano das comunidades. O conteúdo era fiel à tradição teológica da hinologia clássica protestante – a alteração dava-se na simplicidade das letras, como nos exemplos a seguir, de autoria desconhecida e domínio popular:

Põe tua mão
Põe tua mão na mão do meu Senhor da Galiléia,
Põe tua mão na mão do meu Senhor que acalma o mar
Meu Jesus que cuida de mim noite e dia sem cessar
Põe tua mão na mão do meu Senhor que acalma o mar!
[ao se cantar este corinho repetidamente a palavra "mão" era substituída pelas palavras "vida" e "igreja"]

Momentos
Há momentos que as palavras não resolvem
Mas o gesto de Jesus demonstra amor por nós.
Foi no Calvário que ele sem falar
Mostrou ao mundo inteiro o que é amar.
Aqui no mundo as desilusões são tantas
Mas existe uma esperança
É que ele vai voltar.

Santo Espírito
Santo Espírito enche a minha vida
Pois com Cristo eu quero brilhar.
Santo Espírito enche a minha vida
Usa-me as almas a salvar.
Aleluia, aleluia, aleluia dou ao Cristo Rei.

Jesus é Tudo
Jesus é tudo
Ele é a rosa, ele é o lírio, é a estrela,
Ele é a fonte de água viva,
É meu amigo, meu eterno salvador.
Oh, aleluia, louvá-lo-ei, pois ele quer e ele pode
Quebrar os laços que me amarram
E dar vitória para cada tentação.

Houve reação negativa das comunidades à nova experiência musical, em especial à tentativa de utilização de instrumentos considerados profanos, como o violão e o teclado. Nesse período, o uso deles nas reuniões públicas das igrejas do PHM foi praticamente proibido e restringia-se às reuniões específicas da juventude. Este quadro se alterou nos anos 70 pela influência do Movimento de Jesus e o surgimento dos conjuntos musicais jovens.

O Movimento de Jesus e a revolução musical jovem dos anos 70

O Movimento de Jesus foi fruto de uma estratégia de evangelismo realizada nas ruas no final dos anos 60, nos EUA, com vistas a atingir a juventude. A partir de algumas experiências, comunidades e movimentos de jovens cristãos começaram a surgir em diferentes cidades, bem como iniciativas até então inovadoras como um *nightclub* e um café aberto 24 horas para a juventude, de nome "His Place" [O Lugar D'Ele], no Sunset Strip. Um dos resultados desta iniciativa foi o alcance do movimento *hippie*. Muitos se converteram e foram batizados mas não queriam deixar de lado algumas das bases de seu estilo de vida, que consideravam compatíveis com a fé cristã: a busca de paz, amor, realidade e vida, a rejeição do consumismo capitalista, da hipocrisia religiosa e da cultura norte-americana. A dimensão contracultural passou a ser um componente do movimento religioso que se delineava.

A ampla adesão de jovens – grande parte oriundos desse movimento – ao cristianismo protestante nos EUA no final dos anos 60 provocou algumas conseqüências para aquele campo religioso: (1) igrejas tradicionais adotaram estilos mais informais nos cultos para incluir os novos convertidos e passaram a admitir até mesmo no seu *staff* pessoas provenientes do movimento *hippie*[133]; (2) novas igrejas e denominações cristãs surgiram, adequadas ao estilo *hippie* mais descontraído na aparência e na forma de cultuar; (3) o uso de diferentes formas de comunicação pelos *hippies* cristãos, como os jornais alternativos (meio comum daquele movimento) e as artes (teatro, pintura, desenho, caricatura), com fins conversionistas; (4) o surgimento da *Jesus Music* [Música de Jesus], uma combinação de rock e *gospel* que se tornou a base do movimento de avivamento da juventude, cuja teologia assumia bases pietistas com ênfase conversionista. Respondendo às reações negativas dos grupos tradicionalistas, cantores e compositores da *Jesus Music* diziam estar usando a música para combater os efeitos negativos do rock popular. E repetiam uma frase do reformador Martinho Lutero para fundamentar sua causa: "Por que o demônio deve ficar com os melhores tons?"[134]

Um dos efeitos desse processo foi a realização em larga escala de festivais de "Jesus Rock", com apoio de gravadoras que viram no movimento um filão para a indústria fonográfica, e o surgimento de cafés para jovens do movimento.[135] Outro desdobramento foi o aparecimento de teologias apocalípticas que apontavam o movimento de reavivamento da juventude como um prelúdio para o Juízo Final, e a necessidade de uma preparação para o arrebatamento dos santos, que seriam liberados do Dia do Julgamento. O livro *The Late Great*

Planet Earth [O Último Grande Planeta Terra], de Hal Lindsey, que tratava do tema, tornou-se *best-seller* e alimentou a formação de grupos como Children of God [Os Meninos de Deus] ou The Alamo Foundation [Fundação Álamo]. Estes levaram o movimento ao extremo ao criarem comunidades alternativas, inicialmente qualificadas como comunidades de compromisso, mas depois denunciadas como heréticas, por terem desenvolvido "desvios doutrinários" por meio de suas práticas.

Sobre o significado do Movimento de Jesus para os movimentos de juventude que enfatizam a música, Bob Fitts, pastor estadunidense e músico, escreveu:

> [Os anos 70 apresentaram ao mundo] jovens cheios de 'um novo sopro de Deus' e, como resultado, novos cânticos de louvor fluíam de seus lábios. As ruas (...) viviam cheias de milhares de jovens, que marchavam ao som de cânticos de louvor e adoração, o que gerou uma nova onda de músicas de louvor contemporânea, gravadas e distribuídas para todo o mundo através da Maranatha Music. [Este movimento] tem ajudado a entender melhor a relação entre avivamento e adoração, através de novos hinos de louvor e adoração".[136]

Vários líderes formados pelos grupos estadunidenses ligados ao Movimento de Jesus transformaram-se em missionários e espalharam-se por diferentes países para proclamar a fé cristã e o novo jeito de se estabelecer em unidades. Muitos vieram para o Brasil e implementaram essa nova forma de evangelizar nas ruas, praças e praias, por meio da informalidade e facilidade de adaptação inspiradas no movimento *hippie*. Faziam uso de apresentações teatrais, musicais, abordagens pessoais, versões das músicas originais no inglês eram preparadas em português e a guitarra e a bateria – instrumentos base para os gêneros musicais que esses grupos privilegiavam (o rock e a balada romântica) – passaram a ser utilizadas. Esse modo jovem de cultuar, cantar e pregar passou a influenciar fortemente a juventude protestante brasileira e ampliou a presença dos movimentos paraeclesiásticos já existentes no País, reforçando-os e abrindo espaço para outros.

A Organização Palavra da Vida, por exemplo, evitava a informalidade *hippie* na aparência, mas consolidou sua opção pelo uso da música como estratégia de comunicação nas campanhas evangelísticas e nas atividades dos retiros espirituais. Ela passou a gravar discos com composições dos seus líderes ou de jovens internos do Seminário Bíblico. Seguiram o mesmo caminho outras paraeclesiásticas como Jovens da Verdade e Mocidade para Cristo.

Nesse contexto surgiram os grupos musicais jovens brasileiros, que produziram canções mais elaboradas que os corinhos, não para cântico congregacional, mas para serem ouvidas, introjetadas. Os grupos ou conjuntos jovens de organizações paraeclesiásticas assumiram a missão de compor e apresentar as canções de conteúdo religioso para serem mensagens inseridas nos momentos de culto. Era a versão popular e jovem do clássico canto coral. Foram vários os grupos que nasceram nesse período, e entre os mais populares estão Vencedores por Cristo, Palavra da Vida, Grupo Elo, Comunidade S-8. A gravação de discos por meio de produção independente contribuiu com a popularização desses conjuntos jovens, ainda que a distribuição fosse restrita às poucas livrarias e lojas evangélicas. A força da divulgação concentrava-se nas apresentações em programações das igrejas locais e em campanhas evangelísticas, quando os discos eram vendidos. A consolidação dos grupos e de sua força musical fez com que a sua apresentação em igrejas locais incluísse a liderança de todo o programa, isto é, os conjuntos preparavam e coordenavam a liturgia, o que incluía a pregação da palavra e um apelo à conversão de participantes não-evangélicos.

As canções, mais elaboradas, possuíam letras mais extensas e melodias mais trabalhadas em comparação com os corinhos. Tendo por característica principal a apresentação para uma audiência, elas contavam com arranjos vocais e exigiam uso de outros instrumentos além do violão e do teclado, o que também impunha a necessidade de aparelhagem de som. O conteúdo teológico não se distanciava das bases pietistas da pregação evangélica no Brasil, como pode ser observado nos exemplos a seguir:

Nada melhor
(Flo Price. Versão brasileira: Carlos Osvaldo.
Gravação: Vencedores por Cristo)
(...)
Por todo mundo procurei
Verdade, amor com que sonhei.
Vazio achei ao meu redor,
Nada melhor.
(...)
Caminho estreito, eu vi a cruz
E no meu peito o céu em luz.
Meu sonho a paz achei enfim
Jesus em mim.

Calmo, sereno, tranqüilo
(Ivan Cláudio Pereira Borges
Gravação: Palavra da Vida)
Calmo, sereno, tranqüilo
Sinto descanso neste viver.
Isto devo a um amigo
E só por ele eu pude obter.
Ele é Jesus, meu amigo,
Meu senhor, meu salvador.
Só por ele eu ganhei
A vida eterna com Deus.
(...)

O grupo que mais se destacou no período foi o Vencedores por Cristo, fundado pelo pastor estadunidense Jaime Kemp, que atuava no Brasil pela Sepal. O modelo inicial era o de formar equipes de música durante o período das férias escolares e percorrer o País com apresentação em todo tipo de espaço. Depois da experiência evangelística, os jovens voltavam para suas igrejas de origem e estruturavam o seu próprio grupo musical ou repassavam as canções para grupos já existentes.[137] O conjunto, cuja atividade cresceu a ponto de transformar-se na Missão Vencedores por Cristo, ainda existe, e tornou-se marcadamente conhecido no meio protestante por suas composições caracterizadas por força poética e inovadora na inserção de ritmos brasileiros como a bossa-nova e o baião.[138]

Uma conseqüência deste processo vivenciado nos anos 70 foi a consolidação dos conjuntos jovens como modelo de participação da juventude nas igreja locais – era raro encontrar uma igreja evangélica que não o possuísse, e muitas possuíam mais de um. O repertório era o dos conjuntos-modelo Vencedores por Cristo, MPC, Elo, Palavra da Vida; alguns grupos arriscavam composições próprias. O padrão não se restringia somente às canções mas à forma de cantar – arranjos vocais, por exemplo – e de se apresentar – uso de uniforme, disposição cênica. Os conjuntos paraeclesiásticos "ditavam moda".[139] Os conjuntos jovens em pouco tempo tornaram-se a forma de articulação da juventude local, que se reunia não só para ensaiar as canções mas também para orar e estudar a Bíblia em preparação para as apresentações musicais; e freqüentemente realizava retiros espirituais para busca de maior consagração como jovens cristãos.

A abertura que as lideranças eclesiásticas ofereciam a esta renovação musical, uma postura oposta àquela assumida uma década antes diante da introdução de novos ritmos e instrumentos, merece ser questionada. Por que a abertura ao novo nesse momento? Por que a cessão de espaço aos jovens para interferir na tradição do culto protestante? Uma explicação pode ser encontrada não no cenário religioso exclusivamente, mas também no quadro sociopolítico brasileiro no período.

A modernização do jeito de ser evangélico e o processo de modernização do Brasil

Os poucos estudos que tratam do tema aqui em questão, tanto numa perspectiva crítica quanto de louvor a esse contexto de mudanças na musicalidade protestante dos anos 70 parecem concordar em um ponto: há uma revolução musical experimentada pelo campo religioso evangélico no período.

No entanto, o desafio aqui é de a análise não se restringir a aspectos meramente descritivos do processo (evocando-se a reflexão já desenvolvida neste trabalho em relação às "posturas complacentes" referentes a processos culturais em curso). Neste caso, é preciso reconhecer que a revolução musical evangélica dos anos 70 traz em si um estímulo não somente religioso mas sociopolítico: há uma questão de poder imbricada no processo.

O Brasil vivia, no período, o apogeu da ditadura militar: o AI-5 havia sido decretado, a censura era forte estratégia para garantia do poder militar, o Congresso Nacional havia sido fechado, direitos políticos cassados e lideranças de oposição presas. Ao mesmo tempo, a propaganda ideológica disseminava os ideais de um Brasil que caminhava a passos largos para o progresso e o desenvolvimento: "Este é um país que vai pra frente"; "Ninguém segura este país".

O alinhamento de lideranças evangélicas com os ideais da ditadura militar instalada no Brasil em 1964 e consolidada com o Ato Institucional nº 5, de 1968, havia provocado, no final dos anos 60, uma desarticulação sem precedentes dos movimentos de juventude protestantes. Fechamento de seminários teológicos, extinção de associações de juventude, destituição de lideranças de funções eclesiásticas, censura a veículos de comunicação oficiais da juventude e outras posturas deram o tom de um período que estabeleceria uma apatia entre os jovens evangélicos.

Esse vazio foi então preenchido nos anos 70 pelas organizações paraeclesiásticas que já tinham espaço entre jovens desde os anos 50 e pelos conjuntos jovens que surgiram como alternativa para a atuação da juventude. A idéia que passou a ser trabalhada foi que a juventude deveria estar dentro das igrejas e não fora dela, envolvida com movimentos ideológicos mundanos. Os conjuntos jovens e os retiros espirituais dos grupos paraeclesiásticos foram instrumentos para o estabelecimento desse novo ideal. Mas não só: as paraeclesiásticas e os conjuntos tinham inspiração no modelo estadunidense. Modernidade e beleza – elementos de atração da juventude – eram os componentes do novo processo. A eletrônica das aparelhagens de som e dos instrumentos, os gêneros musicais da moda adaptados à religiosidade e a aparência *clean* dos novos líderes traziam um novo formato para o jeito de ser jovem nas igrejas evangélicas.

A abertura das lideranças eclesiásticas a esse novo padrão modernizado representava uma alteração radical em relação às posturas repressivas dessa mesma liderança nas décadas anteriores. O que parece ocorrer é, na verdade, não uma simples concessão para garantir a juventude dentro das igrejas, mas seguir a corrente do próprio movimento sociocultural que o Brasil experimentava.

A inserção de novos ritmos e de novos instrumentos musicais no culto protestante, bem como de uma nova forma de atuação da juventude evangélica, não é garantia de nada: é um avanço na expressão cúltica protestante ou uma estratégia dos grupos eclesiásticos dominantes para "acalmar" a juventude? Ao se perguntar pelos sujeitos, é preciso indagar: na proposta discursiva dos conjuntos jovens tanto paraeclesiásticos quanto locais há alguma "alteração do dominante", ou seja, há uma ampliação dos discursos religiosos possíveis, ou nada mais é do que o mesmo numa versão "moderna" e popular? Como ler politicamente esta "contracultura" protestante da época?

Referindo-se à cultura, vale registrar que foi durante o governo dos militares que o País encontrou no Estado o seu maior patrocinador cultural. Gabriel Cohn estudou o processo e indica que ocorreu o "equacionamento da cultura adequado ao regime político que se procurava consolidar".[140] Paralelamente à censura e à intervenção em instituições culturais – o que poderia ser qualificado como operação de retaguarda, ou política de segurança – para o desenvolvimento de uma política nacional de cultura, essa política propunha a preservação de patrimônio cultural, o incentivo e o financiamento de produtos culturais que colocassem o Brasil no nível dos países desenvolvidos – o que poderia ser qualificado como operação de linha de frente, ou política de desenvolvimento/modernização.

A intenção não era outra senão o controle sobre o processo cultural diante da hegemonia cultural de esquerda no País e a instrumentalização da cultura para responder às demandas de participação popular e representatividade, em especial da população urbana. A partir deste princípio o Estado militar pós-AI-5 desenvolveu medidas como: (1) criação do Departamento de Assuntos Culturais (1972); (2) criação do Conselho Nacional de Direito Autoral (1973); (3) criação da Fundação Nacional de Arte (1975); (4) extinção do Instituto Nacional de Cinema e ampliação das atribuições da Empresa Brasileira de Filmes/

Embrafilme, criada em 1969 (1975); e (5) criação do Conselho Nacional de Cinema (1976).[141] A conseqüência dessa política foi a

> cooptação "culturalista" das massas ao invés de distributivismos ou de reformas de caráter nacional-populista. (...) A indústria da informação e da cultura seria o meio naturalmente adequado a esse projeto, donde a necessidade de se controlar os *mass-media*, expurgando-os de qualquer potencial virulência política.[142]

O monopólio das concessões de rádio e TV e o financiamento da produção cinematográfica consolidavam o controle do governo militar, ao mesmo tempo em que se estabelecia a idealizada modernização por meio da industrialização cultural. A modernização da televisão brasileira, com alta sofisticação tecnológica, e a ampla produção cinematográfica são os resultados mais marcantes desta política cultural.

No campo religioso evangélico, os reflexos desse processo eram experimentados. As demandas de participação dos jovens teriam resposta via abertura à modernização da cultura protestante que ocorria por meio dos conjuntos jovens e campanhas das paraeclesiásticas.[143] Tal modernização atingia uma instituição cara ao protestantismo: o culto. A sacralização de instrumentos musicais antes profanos, como as guitarras e a bateria, a cessão da pregação aos jovens modernos e a plena adoção de outros veículos de comunicação para a pregação da palavra, como o desenho e o drama, são marcas desse período.

Parafraseando Sodré, desenvolveu-se nas igrejas evangélicas uma cooptação culturalista da juventude em vez de repressão ou de reformas de caráter eclesiástico. A indústria da música foi o meio mais adequado a essa postura,[144] já que o núcleo da mensagem tradicional do protestantismo brasileiro estava preservado e o alinhamento com os ideais do Estado militar promovido. No que diz respeito ao discurso religioso, a teologia dos cânticos e das práticas da juventude nos anos 70 era a mesma da hinódia evangélica; em relação ao discurso sociopolítico, a própria mensagem religiosa com base no individualismo e na negação do mundo já reforçava uma alienação da juventude e da Igreja. Mais ainda, conforme Laan Mendes Barros desenvolve em pesquisa sobre a "canção de fé" nos anos 70, havia uma afinação com a propaganda do governo militar. Um exemplo que o pesquisador utiliza é a contracapa do quarto compacto do grupo Vencedores Por Cristo, de 1970. O título do texto ali veiculado era "Ninguém segura Vencedores por Cristo", à luz da propaganda governamental "Ninguém segura este país'.[145]

Um artigo no jornal oficial da Igreja Metodista, publicado em 1981, expõe uma abordagem crítica do período a qual corrobora a análise aqui desenvolvida:

A história recente diz que há um lapso, um silêncio, um vazio no recém-passado da atual geração jovem. Tanto faz creditar esse vazio a 1964/68 (externamente), ou aos "milagres" posteriores que produziram os "novos crentes" safra classe-média 70, rompendo a informalidade do modelo herdado/importado de igreja rural e familiar, gerando fornadas de clérigos na mentalidade consumista e cultivadora de posição social (internamente). Na verdade, Igreja e Estado trocaram figurinhas. Como resultado, na política ou nas paróquias, caducaram as lideranças. (...) Os jovens não deixaram de surgir, até por questão biológica. Mas sua entrada na adolescência foi pela vitrine dos escombros: censura nas telas; "Hair", no teatro; na música, "Help!"; Roberto Carlos e o Tropicalismo; na televisão, a Copa do Mundo e noticiários da Transamazônica; "Brasil, ame-o ou deixe-o", nos carros; nos bancos escolares, Educação Moral e Cívica... Era natural que surgissem os tais "conjuntos jovens" nas igrejas. Afinal, indiretamente, os conjuntos substituíam a falência e o esfacelamento das sociedades do velho modelo, não perturbavam a "ordem" vigente (na Igreja ou fora dela), constituíam ponto de encontro, justificativa para sair de casa – até viajar! – faziam seus próprios "estudos", eram "uma gracinha" para os mais velhos. Opção discutível? Talvez, mas essa foi a saída. Além da ação dos grupos paraeclesiásticos (ou interdenominacionais) predominantemente norte-americanos, que capitalizaram o descuido doutrinário e comunitário das igrejas locais para seus projetos instantâneos de vida encantada: você e Deus, Deus e você! Nem a salvação escapou do crediário.[146]

A compreensão deste fenômeno e sua imbricação nos cenários religioso e sociopolítico do período contribui com a análise das razões pelas quais outros movimentos de renovação musical não foram tão bem-sucedidos. Por exemplo, as iniciativas de vincular música evangélica às lutas do cotidiano e às expressões musicais populares. As primeiras iniciativas remontam a 1966, quando se tentou elaborar composições com letras relacionadas à vida cotidiana com ritmos populares brasileiros. Segundo Jaci Maraschin, um dos marcos desse processo foi a letra "Que estou fazendo?", do pastor presbiteriano João Dias de Araújo[147], escrita em 1966, e que ganhou música apenas em 1974, por Décio Lauretti.[148] Essas composições feitas no período respondiam aos movimentos por responsabilidade social da Igreja, impulsionados no interior do movimento ecumênico. Nesse momento se gestava a Teologia da Libertação na América Latina.

Várias reuniões sobre o tema "Música evangélica, realidade e cultura brasileira" foram realizadas, dentre elas um Simpósio da Associação dos Seminários Teológicos Evangélicos (ASTE), em São Paulo, em 1972, que agregou teólogos, professores de música e compositores. Fruto do processo foi a organização de um livro ecumênico de cânticos brasileiros intitulado *Nova Canção*. Editado pela Imprensa Metodista, o material foi organizado por uma missionária musicista presbiteriana radicada no Brasil, Nora Buyers, e reunia uma coletânea de 78 canções, originadas em diferentes denominações evangélicas. De acordo com estudiosos, foi o primeiro esforço de criação de uma coletânea de hinos brasileira e ecumênica.[149]

Sete anos depois do lançamento do *Nova Canção*, foi produzido pela ASTE um novo cancioneiro: *A canção do Senhor na Terra Brasileira*, organizado por Jaci Maraschin e Simei Monteiro. De cunho também ecumênico, com 31 canções, o cancioneiro foi resultado do simpósio da ASTE realizado em 1981 com o tema "Evangelização e Educação Teológica no Brasil". Um terceiro cancioneiro foi organizado por Jaci Maraschin e equipe editorial do Instituto Anglicano de Estudos Teológicos, em 1987: *Novo Canto da Terra*. A obra reuniu 201 canções, quase todas brasileiras.[150]

Ainda nos anos 70, a Imprensa Metodista lançou o selo "Liberdade Edições Musicais", que forneceu espaço para a divulgação de produções musicais evangélicas brasileiras na linha ecumênica.[151] No entanto, foi muito difícil para esse movimento da "MPB" ecumênica conquistar espaço nas igrejas locais. As músicas ficavam restritas a apresentações dos corais e grupos em encontros ecumênicos, onde eram também cantadas, ou em liturgias de congregações cujas lideranças eram simpatizantes do movimento.

As igrejas locais identificavam-se muito mais com as propostas dos grupos herdeiros do Movimento de Jesus, que traziam renovação musical no tocante a ritmos e melodias, mas, como já referido, preservavam o núcleo da mensagem tradicional do protestantismo brasileiro (pietismo, individualismo, negação do mundo, sectarismo, antiecumenismo) e alinhavam-se com os ideais do Estado militar.

II. A explosão *gospel* dos anos 90

Todo este processo que criou os corinhos dos anos 50 e 60, o Movimento de Jesus e a revolução musical jovem dos anos 70 faz parte da gênese do que é hoje denominado movimento *gospel*, cuja explosão acontece nos anos 1990, provocada principalmente pelas bandas de rock evangélico. As bandas, além do uso do rock e suas variações, como o *hard rock* ou o *metal rock*, inauguram uma nova linha de desenvolvimento da música evangélica, com novos estilos de apresentação (por meio de espetáculos e não cultos ou programas evangelísticos) e de elaboração de letras mais "irreverentes" (com o uso de linguagem mais coloquial) e exploração de temas mais relacionados ao cotidiano da juventude. O conteúdo religioso continuava preservando o núcleo da mensagem central evangélica, conversionista e negadora do mundo. Um exemplo pode ser tomado da composição "Baião", interpretada pela Banda Rebanhão, de autoria um de seus integrantes, Janires Magalhães:

Minha vida aqui era muito louca
Só faltei correr atrás de avião
Mas Jesus entrou no meu deserto
Inundou o meu coração,
Eu era magro que dava dó
Meu paletó listrado era de uma listra só
Mas Jesus entrou
No meu deserto
Inundou o meu coração
Sem Jesus Cristo é impossível
Se viver neste mundão
(...)
Se essas ruas, se essas ruas
Fossem minhas, eu pregava cartaz,
Eu comprava um spray
Escrevinhava nelas todas:
Jesus, The only way.
Jesus é o único caminho
Para quem quer morar no céu,
Quem quiser atalhar
Vai pro beleléu.

Os pioneiros do rock cristão

A Banda Rebanhão, formada no Rio de Janeiro em 1985, ficou conhecida como a precursora do rock *gospel* brasileiro pelo sucesso que alcançou. Gravou discos por gravadoras seculares como a Polygram (que havia criado nos anos 80 a "Série Evangélica Especial") e a Continental.[152] A banda não era vinculada a uma igreja – na linha dos conjuntos jovens dos anos 70, era integrada por músicos de diferentes denominações evangélicas. O sucesso do estilo irreverente (nas vestimentas, no som das guitarras e nas letras das músicas) não foi sinal de unanimidade. Grupos tradicionalistas negavam o uso do rock como expressão litúrgica, e entre eles, os mais fundamentalistas atribuíam às músicas um conteúdo demoníaco.[153]

Fomos acusados por um grupo de Campinas. Eles faziam palestras nas Igrejas – contra o Rock, falando de sua inspiração demoníaca – e afirmavam que nas músicas do Rebanhão havia mensagens subliminares demoníacas (...). Mas se disseram que Jesus era de Belial, o que não vão fazer com a gente?[154]

Apesar das reações e conflitos, num curto espaço de tempo muitas igrejas evangélicas e seus grupos de juventude trocavam o modelo "conjuntos jovens" pelas "bandas".

O Rebanhão estava se apresentando [em um evento evangelístico na Quinta da Boa Vista, no Rio de Janeiro] e tocando rock ao invés dos tradicionais hinos. Aquilo me marcou tremendamente porque eu percebi o poder que a música, especialmente o rock, tem para atrair a juventude.[155]

O "estilo Rebanhão" de "cantar para Deus" fez história não só pelo sucesso e adesão dos jovens, o que já havia acontecido nos anos 70 com os conjuntos musicais. Ele foi marcado pelo rompimento radical com o estilo tradicional musical evangélico. Radical aqui significa a adoção de ingredientes considerados "profanos" para a musicalidade religiosa evangélica: postura cênica, visual dos músicos, linguajar, apresentação no estilo espetáculo (a Rebanhão foi o primeiro grupo evangélico a se apresentar em casas de show, como o Canecão no Rio de Janeiro). O secular penetrava na performance da nova música evangélica.

Fomos mal interpretados por muitos, mas sempre buscamos respeitar com amor e explicar os motivos de fazermos um som "diferente". Deus vê o coração das pessoas. Não tínhamos a pretensão de ser nenhuma unanimidade nacional, mas sim cumprir o nosso papel, e vejo que tivemos frutos e é isso que importa.. (...) O rock cristão veio para se opor à cultura de Woodstock – Sexo, drogas e rock'roll – esse foi o ponto de contato para alcançar a geração [jovem]. (...) Creio que nossa maior contribuição foi quebrar barreiras culturais e espirituais ajudando a mudar o estereótipo de que o cristão é um cara fechado, carrancudo e chamar a atenção para o Evangelho.[156]

Este novo gênero, portanto, se estabeleceu, e foi um "gérmen" do que seria popularizado posteriormente como música *gospel* no Brasil. Na trilha do Rebanhão surgiram outros grupos de rock e cantores, que foram estimulados a desenvolver trabalhos com outros ritmos. A popularização e disseminação do termo *gospel* foi resultado da ação de um grupo específico: a Igreja Renascer em Cristo. As características da constituição dessa igreja tornaram-na veículo de uma nova expressão da religiosidade evangélica, que passou a ser modelo para grupos que integravam igrejas do ramo histórico e para novos grupos evangélicos que se formavam. A Renascer foi o segmento evangélico determinante para a consolidação do movimento *gospel*.

A popularização do termo *gospel*

A Igreja Renascer em Cristo foi fundada em 1986 pelo casal Estevan e Sonia Ernandes.[157] Ambos nasceram em famílias que vivenciavam uma fé evangélica. Estevan vinha de tradição pentecostal – da Igreja Pentecostal da Bíblia no Brasil – e Sonia, da Igreja Presbiteriana Independente, onde foi diaconisa aos 15 anos. O casal se conheceu em uma das programações da Igreja Pentecostal da Bíblia, onde Estevan tocava saxofone. Além de iniciação musical, ele teve formação universitária incompleta em Administração de Empresas, e trabalhado por 12 anos em grandes empresas como a Xerox e a Itautec, como gerente de marketing. Durante um período de crise no casamento, Estevan e Sonia Ernandes passaram a freqüentar a Igreja Cristã Evangélica Independente de Indianópolis (conhecida como Igreja Cristo Salva), uma igreja pentecostal fundada em 1975 por Cássio Colombo, um ex-empresário convertido após falência financeira, que se tornou então pastor, conhecido como "Tio Cássio".

O contato com a Igreja Cristo Salva foi determinante para que Estevan e Sonia Ernandes delineassem uma nova forma de organização eclesiástica. Nascida de reuniões com jovens às segundas-feiras, em espaço informal, com programação baseada em "testemunhos" de experiências religiosas e música, a Igreja Cristo Salva alcançou crescimento rápido a ponto de reunir adeptos "famosos" como o piloto de Fórmula 1 Alex Dias Ribeiro, um dos fundadores da paraeclesiástica "Atletas de Cristo", responsável pela popularização do nome "Cristo Salva".[158] Nas pregações, já se observavam introduções do que seria popularizado pelos neopentecostais nos anos 80 e 90 – as teologias da prosperidade e da guerra espiritual.

Após atuação destacada na Igreja Cristo Salva, o casal Estevan e Sonia Ernandes seguiu o modelo de "Tio Cássio" e começou a organizar reuniões de estudo bíblico com jovens em sua casa. Com o crescimento do grupo, elas foram transferidas para uma pizzaria.

O sucesso do grupo e o desejo de ampliar a atuação com jovens levaram o casal Ernandes a fundar a Igreja Renascer em Cristo, em 1986. Muitos dos freqüentadores, além dos jovens convertidos à doutrina evangélica pentecostal, provinham de outras igrejas evangélicas, inclusive da Igreja Cristo Salva, em busca de espaço de expressão maior para a juventude. A diferença estava no maior tempo dedicado à parte musical nas programações da igreja. Amplo espaço era concedido aos freqüentadores que buscavam expressão religiosa por meio da música. Estevan Ernandes passou a organizar os jovens em bandas, para que se apresentassem nos cultos, e a organização obedecia ao critério do gênero musical: rock, jazz, *reagge*, *rap*, *funk*, samba e pagode. Aqui reside a novidade da proposta da Renascer em Cristo – ela abriu espaço litúrgico para popularização de gêneros musicais até então rejeitados pelos demais segmentos evangélicos. O sucesso da proposta atraiu aos cultos da Renascer muitos jovens freqüentadores de outras igrejas evangélicas e suas famílias.

A conversão de um músico, então dependente químico, e sua adesão à Igreja Renascer despertou no casal Hernandes um projeto evangelístico voltado para jovens, em especial os dependentes químicos, no início dos anos 90. Em programação desenvolvida por Estevan Hernandes, as várias bandas formadas para tocar nos cultos da igreja passaram a se apresentar em espaço aberto – o estacionamento de um antigo cinema na Av. Lins de Vasconcelos, em São Paulo, nas noites de segunda-feira. Entre os grupos estavam as bandas Katsbarnéia (fundada por Brother Simeon, o músico convertido), Atos II (depois denominada Kadosh), Oficina G3, Resgate – hoje grupos musicais destacados em vendagem de CDs, com cifras até superioras às das mais conhecidas bandas de rock do País.[159]

O projeto musical da Igreja Renascer em Cristo estava em sintonia com o processo de profissionalização de grupos evangélicos, agora denominados "bandas", e de solistas, que renasciam após o predomínio dos conjuntos jovens desde os anos 70. Nomes posteriormente destacados, como a Banda Catedral e a cantora Aline Barros, começaram a transformar a música religiosa evangélica, introduzindo o estilo pop. No final dos anos 80 se realizaram os primeiros shows de música evangélica brasileira em casas de espetáculo como Canecão (no Rio de Janeiro) e Dama Xoc (em São Paulo), promovidos por empresários do mercado fonográfico.[160] Foi nesse período que se consolidou o sucesso da Rádio Melodia FM, no Rio de Janeiro, a primeira FM com programação 100% religiosa no Brasil. Nesse contexto Estevan Ernandes uniu-se ao publicitário Antonio Carlos Abbud, membro da Igreja Renascer, e criou a gravadora *Gospel* Records em 1990. O primeiro disco com o selo saiu no mesmo ano da fundação: o LP da Banda Rebanhão, na época a banda de rock evangélico mais prestigiada, com um histórico de quase uma década, que havia gravado discos pelo selo Poligram. Em 18 meses foram dez discos gravados, que incluíam intérpretes internacionais. No mesmo ano, a Renascer adquiriu sua primeira rádio, a *Imprensa* de São Paulo, por arrendamento, que passou a se chamar *Imprensa Gospel*.

O sucesso levou ao registro dos direitos sobre a marca *"Gospel"*, que se associou a outros empreendimentos de mídia da Igreja Renascer: a revista

Gospel, a Editora Gospel, a TV Gospel (UHF-53), a Rede Manchete Gospel de Rádio, integrante do sistema Gospel SAT, o portal da internet IGospel, o Canal Gospel Ligaki (um sistema de atendimento telefônico 24h) e Gospel Cards. Além da mídia, a marca está também associada a uma grife de roupas, a Gospel Wear, ao curso pré-vestibular Gospel, na cidade de São Paulo, e ao cartão de crédito Gospel Card Bradesco.[161]

Paralelamente a esse processo, o casal Ernandes fortaleceu a presença pública da Igreja Renascer em Cristo: desde 1989 foram adquiridas propriedades para funcionar como templos em diferentes locais da cidade de São Paulo e criada a Fundação Renascer (1990), o braço filantrópico da igreja. Estevan Ernandes, o único pastor da Igreja nos primeiros anos, passou a ser auxiliado por outros pastores que ele nomeou a partir do crescimento do número de templos. Em 1994, após realizar um curso de apostolado nos Estados Unidos, Estevan Ernandes foi consagrado bispo. Posteriormente criou um conselho de bispos, dando o título a lideranças de destaque, dentre elas a esposa Sonia Hernandes e Antonio Carlos Abbud. No ano seguinte, o conselho de bispos deu o título de apóstolo e líder maior da Igreja Renascer a Estevan Ernandes.

Além dos templos, da Fundação Renascer, das estações de rádio e TV, da editora e de outros produtos de mídia, a Igreja Renascer expandiu sua atuação, no final dos anos 90, em outras frentes: criou a Escola de Profetas, um centro de treinamento de líderes para a igreja; criou a Associação Renascer de Empresários e Profissionais Evangélicos (Arepe), que funciona como apoio e consultoria para empresários e profissionais do mundo dos negócios vinculados à igreja, mas também de outras igrejas evangélicas; organizou megaeventos como o SOS da Vida (festival *gospel* realizado anualmente a partir de 1992) e a Marcha para Jesus (caminhada pública, animada por bandas e cantores *gospel*, com vistas a reunir evangélicos e simpatizantes nas principais cidades do país, realizada anualmente a partir de 1993).

A estratégia de expansão da Renascer, diferente daquelas clássicas proselitistas das igrejas evangélicas no Brasil, por meio da música, da mídia e dos empreendimentos financeiros, baseia-se no princípio de que

> a mudança de perfil [do segmento evangélico] confrontada com os dados do último censo que aponta 35 milhões de evangélicos (que cresce 7% ao ano) no Brasil determina o desaparecimento do clichê do evangélico conservador, isolado nas periferias das grandes cidades, avultando agora pessoas modernas, que vestem roupas da moda, freqüentam shoppings, divertem-se e consomem música.[162]

O *gospel*, portanto, foi introduzido no campo evangélico por Estevan Hernandes e sua Igreja como um produto ancorado pela música e disseminado por meio de estratégias de marketing, habilmente elaboradas por esse líder religioso portador de formação e experiência nessa área. É possível elencar algumas estratégias determinantes:

(1) Evangelismo – voltado para jovens, realizado às segundas-feiras à noite primeiramente num estacionamento, depois em dependências do que teria sido um cinema, que se tornou posteriormente a primeira sede da Renascer, tinha programação 100% musical, com a promoção de novas bandas criadas entre o próprio público que freqüentava o programa. Promoção da "Terça *Gospel*" na danceteria paulistana "Dama Xoc".[163] Aqui também se estabelece a dimensão do entretenimento relacionada à programação religiosa.

(2) Investimento em mídia para disseminação da música e de produtos com a marca *gospel* – criação da *Gospel* Records e da Rádio Imprensa *Gospel*.

(3) Realização dos megaeventos – edições consecutivas anuais do SOS da Vida (a 15ª foi realizada em 2 novembro de 2006), inicialmente em São Paulo, depois em outras capitais do Brasil, com shows de bandas e cantores *gospel* nacionais e internacionais, com estrutura de mais de dois mil profissionais. A Marcha para Jesus, realizada anualmente, desde 1993 (a 14ª edição foi realizada em maio de 2006 e reuniu, de acordo com a imprensa, cerca de três milhões de pessoas). Diversas cidades do Brasil, tanto no interior quanto nos grandes centros, reuniram milhares de pessoas, dentre elas autoridades eclesiásticas e seculares.

A descrição aqui exposta corrobora a idéia de que Igreja Renascer em Cristo é a grande responsável pela explosão *gospel* no Brasil, completando uma trajetória de popularização da música religiosa evangélica iniciada nos anos 50. É a segunda revolução musical no cenário religioso evangélico.

No entanto, os demais elementos descritos neste capítulo – a mídia, o mercado e o entretenimento – indicam que o *gospel* não se restringe a um movimento musical; ele tem, sim, na música um elemento forte, articulador, mas é muito mais do que isso. O que ocorreu nos anos 90 no Brasil foi uma explosão do *gospel* como um movimento cultural religioso, de um modo de ser evangélico, com efeitos na prática religiosa e no comportamento cotidiano. Passou-se a experimentar vivências religiosas combinadas em contextos socioculturais os mais variados, o que torna possível uma unanimidade evangélica não-planejada sem precedentes na história do protestantismo no Brasil. Essas vivências são expressas por meio da música, do consumo e do entretenimento, aspectos que serão estudados em capítulos posteriores.

CAPÍTULO 3

O PODER SAGRADO DA MÚSICA NA CULTURA *GOSPEL*

Um dos elementos que configura o *gospel* como fenômeno cultural é a música, conforme abordado nos capítulos anteriores deste livro. A música dá sentido a esse modo de vida religioso não como simples expressão litúrgica, mas como mediação do sagrado. Na cultura religiosa *gospel*, por meio da música pode-se chegar a Deus e até mesmo pode-se tornar como Deus.

Duas formas de expressão musical configuram o modo de vida *gospel*. À primeira vista podem parecer distintas e até antagônicas, no entanto, convergem nos aspectos que lhes dão sentido e identidade. São elas: a expressão musical dos artistas *gospel* e a dos ministérios de louvor e adoração. Analisar essas expressões na sua totalidade é difícil, senão impossível empreitada, em vista do extenso número de cantores e grupos musicais e de CDs produzidos para um mercado em plena ascensão.[164] Importa, mais do que isto, compreender o lugar da música na expressão cultural *gospel*.

O lugar de destaque da música nas práticas religiosas é inquestionável. Foi na idade antiga que se construiu a crença de que apesar de o "caráter físico da música" se basear na mecânica e se explicar pela matemática, a origem dela estaria nos céus, "onde quer que reinem deuses, sejam eles um ou muitos".[165] A partir daí emergiu a concepção de que

> a música libera, no mundo material, uma energia fundamental, superfísica, que vem de fora, do mundo da experiência cotidiana (...) capaz de manter a civilização em consonância com os céus (...) A música desempenhava um papel de mediação entre o céu e a terra – como um 'canal de comunicação' entre o homem e Deus, entre Deus e o homem.[166]

Muitos estudos referentes à música na cultura religiosa cristã estão sendo realizados. Eles têm em comum, além do reconhecimento do papel significativo da música no culto, a constatação de que a origem dos cânticos litúrgicos é muito antiga e de que não é possível precisar quando foram introduzidos na Igreja Cristã.[167] Na pesquisa sobre as origens, o cântico litúrgico aparece como instrumento de louvor a Deus. Ao longo da história, diversos formatos foram experimentados tais como os salmos, os hinos clássicos e os cânticos populares (como os *carols*, da Inglaterra), estes transformados em hinos evangelísticos no Brasil, por exemplo, cujo objetivo era a conversão pela emoção. Por meio da música litúrgica, os cristãos buscaram comunicação com Deus, comunicação de Deus para com eles, comunicação entre eles e comunicação entre eles e os incrédulos.

Essa função social da música no cristianismo foi objeto de estudos de Hegel, que concluiu que ela "atua sobre" a sensibilidade da congregação reunida, não para liberar os espíritos para sentimentos, mas para produzir uma emoção coletiva uniforme. A música religiosa cristã visa à criação de um estado de espírito definido, para que os adeptos atuem em consonância com esse estado de espírito. Nesse caso, ela procura produzir sentimentos e não expressá-los. Aqui é possível afirmar que o "conteúdo" desse tipo de música está não apenas nela própria mas fora: é a síntese dos sons que se movem com os ouvintes/cantantes que se movem. Igual sentido pode ser encontrado na música composta para estimular a dança e as marchas militares. A natureza de cada uma delas é socialmente determinada.[168]

Para referendar essa noção, estudiosos relatam que, nos primórdios de sua criação, a música buscava evocar emoções coletivas, atuar como estímulo ao trabalho, ao gozo sexual e à guerra. Ela servia para colocar as pessoas em um estado diferente e não para simplesmente refletir os fenômenos do mundo exterior. Eram sons organizados para produzir efeitos sobre as pessoas, produzir emoções coletivas, "igualar emocionalmente as pessoas" por um certo período de tempo. "De todas as artes, a música é a que dispõe de maior capacidade de nublar a inteligência, de embriagar, de criar uma obediência cega e, naturalmente, de provocar ânsias de morrer."[169]

A afirmação acima emerge de estudos no campo da sociologia e da psicologia que indicam que a música tem influência sobre indivíduos e seus corpos, no plano físico e das emoções, e no grupo social. Acordes, ritmos, tonalidades, intensidades têm efeito direto sobre células e órgãos e indireto sobre as emoções, que, por sua vez, influem em numerosos processos corporais.[170] As pessoas se interessam em ouvir música, em primeiro lugar, porque ela as faz sentir alguma coisa. Este sentir está diretamente relacionado não só ao ouvir mas também ao compor e ao executar a obra musical. A natureza de uma música está vinculada ao estado mental e emocional do compositor e/ou do executante. "A essência deste estado nos penetra, tendendo a moldar e aperfeiçoar nossa consciência em harmonia consigo mesma."[171]

No plano coletivo, dos grupos sociais, "ao codificar esta ou aquela visão do mundo, a música, até certo ponto, deve estar meramente reagindo à cultura dentro da qual já se encontra".[172] De acordo com essa corrente de pensamento, deve-se, portanto, afirmar que a música é um fenômeno de natureza social. Apesar de ela resultar da organização de sons, reconhece-se que a própria organização desses sons corresponde à organização da sociedade no período histórico relacionado.[173] Ernst Fischer, que estudou a música ao pesquisar a necessidade da arte, afirma isto: "A experiência de um compositor nunca é puramente musical, mas pessoal e social, isto é, condicionada pelo período histórico em que ele vive e que o afeta de muitas maneiras."[174]

O fenômeno *gospel* é cultural e, portanto, sócio-histórico. Estudá-lo como constituidor de uma cultura e o lugar da música nessa cultura é compreender o contexto sócio-histórico e religioso no qual emerge. Este foi o desafio que se impôs à análise desenvolvida neste capítulo.

I. O poder dos artistas *gospel*: instrumentos de Deus

A categoria "cantores evangélicos" não é novidade no cenário religioso evangélico. No capítulo anterior já foi mencionado o nome de Luiz de Carvalho como um dos primeiros solistas brasileiros, pioneiro na gravação de discos que ganharam vários prêmios de vendagem nos anos 60. Seguiram os passos dele, Oséas de Paula e Shirley Carvalhaes, entre outros.

A novidade surgiu com a consolidação do movimento *gospel*, por meio do mercado, e a profissionalização do trabalho musical evangélico, facilitada pelo desenvolvimento das gravadoras e das rádios especializadas. Esses ingredientes combinados promoveram a criação de uma nova categoria para classificar os cantores e os grupos musicais dessa nova fase: os "artistas". Esse é um componente novo no cenário evangélico dos anos 90, que até então se referia aos músicos e intérpretes como "cantores", "conjuntos" e "grupos musicais", não "artistas".

Esta nova categoria é reflexo do movimento crescente do mercado evangélico: os artistas *gospel*, como qualquer outro, possuem uma carreira, gravam discos, apresentam espetáculos, cobram cachê, recebem prêmios, possuem fãs-clubes e ditam moda. No entanto, para eles e seu público, um aspecto distingue o mercado religioso do secular: esses artistas e suas músicas são mediadores do sagrado, ou, na linguagem popularizada no cenário evangélico, são "instrumentos de Deus".

A cantora *gospel* recordista em vendagem de discos, Cassiane, é um desses "instrumentos de Deus". Ela é a grande estrela da maior gravadora *gospel* do país, a MK Publicitá, com mais de três milhões de discos comercializados.[175]

O CD "Com muito louvor" lançado em 1999, vendeu 750 mil cópias. Em 2006, lançou o DVD e o CD ao vivo "Cassiane – 25 anos Com Muito Louvor", celebrando 25 anos de carreira.

O que explica o sucesso de uma pentecostal (Assembléia de Deus) de 30 anos, originária de uma família empobrecida da Baixada Fluminense (RJ), que se apresenta visualmente e se comporta de acordo com essas raízes? Cassiane o atribui a Deus: "Se eu falasse que não queria sucesso, estaria sendo hipócrita. Quero que o trabalho que Deus me deu para executar cause reconhecimento." Ela avalia que o êxito também ocorre pelo fato de não se "fechar em um só ritmo": "Canto forró, pop, flamenco, romântico e música estilo adoração."[176]

Aline Barros é outro "instrumento de Deus", em versão *pop*, que possui a própria gravadora e já vendeu mais de um milhão de CDs. Jovem, na faixa dos 20 anos, com atributos físicos que respondem às demandas do mercado, alcançou o sucesso quando, aos 16 anos, gravou uma faixa-solo em um dos CDs independentes da "Comunidade", "Consagração". Essa música ficou nove meses em primeiro lugar na "parada *gospel*" das rádios evangélicas e ganhou clipe veiculado em programas *gospel* de TV.

O sucesso a levou a um CD solo, "Sem Limites", gravado em 1995 em produção independente, que alcançou a marca de mais de 500 mil cópias vendidas. A "consagração" de Aline Barros permitiu que a família criasse nesse mesmo ano um selo próprio, a AB Records, que reeditou trabalhos anteriores da cantora e lançou outros artistas. Em 1998, foi produzido o primeiro CD da cantora pela AB Records com músicas inéditas, "Voz do Coração", que trazia a faixa "Fico Feliz" – um sucesso que explodiu nas rádios e nos cultos das igrejas.[177]

O sucesso de público e vendas de Aline Barros chamou a atenção da mídia secular, na qual a partir de 1999, ganhou projeção com matérias publicadas em jornais e revistas religiosos e seculares. Na TV, a cantora apresentou-se nos programas Xuxa Park, Raul Gil, Eliana, Super Pop (Luciana Gimenez), Gilberto Barros, Hebe Camargo, entre outros. Foi a única artista do segmento *gospel* a participar do evento beneficente "Criança Esperança", da TV Globo, e também a primeira a convidar músicos de gravações profissionais para tocar, arranjar e produzir seus álbuns, como Ricardo Feghali e Cleberson Hosth, integrantes do grupo Roupa Nova. Por isso Aline Barros ficou conhecida no cenário evangélico como "a primeira artista *gospel* a abrir portas nos principais veículos de comunicação do país".[178]

A cantora ultrapassou as fronteiras do Brasil e tornou-se a primeira cantora brasileira de música *gospel* a produzir um CD voltado para o mercado internacional, com o disco "Mas de Ti" gravado ao vivo em espanhol, em 2000, pelo selo *gospel* estadunidense Integrity Music, cujo sucesso já rendeu uma segunda gravação ao vivo em 2003, "El Poder de Tu Amor". A terceira gravação em espanhol, também pela Integrity Music, aconteceu 2005 com o CD que leva o nome da cantora, "Aline". Essas produções figuraram na lista dos CDs de louvor e adoração mais vendidos nos Estados Unidos. A carreira internacional levou Aline Barros a se apresentar, além de Miami, na Venezuela, na Espanha, em Londres e na Coréia.[179]

A cantora alcançou ainda mais destaque internacional ao receber, por duas vezes, o Prêmio Grammy Latino de Melhor Álbum de Música Cristã, em língua portuguesa, com os discos "Fruto de Amor", pela AB Records (em 2004), e "Aline Barros e Cia", produção voltada para o público infantil, da MK Publicitá (2006). Ao receber o prêmio Aline Barros declarou:

> Este prêmio representa (...) um novo tempo para a igreja do Senhor Jesus no Brasil e para a música evangélica brasileira. E sei que Deus vai fazer muito mais. O momento que a igreja está vivendo é muito especial. Esse prêmio é prova da fidelidade do Senhor para o Povo de Deus. Esse prêmio é para o povo brasileiro, é para a Igreja do Senhor no Brasil!" [180]

Aline Barros já havia figurado na lista de outras indicações do Prêmio Grammy: em 2005, pelo álbum "Som de Adoradores", da AB Records; e, em 2006, em outra categoria, Melhor Álbum de Música Cristã em Espanhol, com "Aline". A concessão do Grammy para "Aline Barros e Cia", em 2006, marcou a primeira vez que a categoria de Melhor Álbum de Música Cristã em Língua Portuguesa premia um CD infantil.

Importa destacar que, além do gênero pop que a consagrou, Aline Barros sempre investiu no público infantil, tendo lançado os CDs "Bom é ser Criança" (1999), e "Bom é ser Criança, vol. II" (2002), ambos pela AB Records, com sucesso de vendas. Outro trabalho que ampliou o alcance de público de Aline Barros foram os CDs "Canções de Natal" (1999) e "Mensagem de Paz" (2001, com cinco mensagens narradas pelo apresentador de TV Cid Moreira, uma canção inédita por ela mesma e outros seis sucessos com trechos enfatizados pelo apresentador). Ao avaliar a fama, a cantora afirma: "Eu não escolhi cantar, foi Deus quem me escolheu."[181]

Um artista *gospel* bem-sucedido em vendagem de discos e público é Kleber Lucas. Cantor que compõe as próprias músicas que canta, um negro de 35 anos, de origem empobrecida da periferia de Niterói/RJ, Kleber Lucas vinculou-se ao protestantismo aos 17 anos por meio da Igreja da Nova Vida, onde aprendeu a cantar e a tocar instrumentos musicais. Um ano depois se transferiu para a Comunidade Evangélica de Goiânia, onde estudou violão, guitarra e teologia, e se formou pastor daquela igreja, alguns anos depois. Em Goiânia participou dos cinco primeiros discos da Comunidade Evangélica, hoje "Ministério Koinonia de Louvor", na qual cantava, compunha e atuava como "ministro de louvor". Em 1994, lançou sua carreira-solo e, em 1997 foi contratado pela gravadora MK Publicitá. Retornou ao Rio de Janeiro e aderiu à Igreja Sara a Nossa Terra, uma dissidência da Comunidade Evangélica de Goiânia.[182]

O primeiro CD de Kleber Lucas, "Meu Maior Prazer" (1999), vendeu mais de 100 mil cópias, o que lhe rendeu o prêmio de "cantor-revelação da música *gospel*". Depois disto lançou mais quatro CDs (2000, 2001, 2003 e 2005). Em 2006, lançou o CD "Propósito", com músicas que marcaram sua carreira. Suas músicas são sempre premiadas por vendagem e são facilmente disseminadas pelas igrejas e entoadas como parte das liturgias. Cantou em Portugal, na Espanha e na Itália, e tem viagens ao exterior agendadas a cada três meses.[183] Sobre o sucesso e a fama, Kleber Lucas avalia: "Tenho visto Deus confirmando o meu chamado. (...) Eu acredito que Deus me levantou para um propósito específico."[184]

Dentre os grupos musicais, o que alcança o maior desempenho em vendas e público é o Oficina G3, formado na Igreja Cristo Salva, na cidade de São Paulo, em 1985, com o gênero *gospel* rock.[185] No início, no caminho do que foi experimentado pelos demais grupos de rock evangélico, houve reação negativa da parte das igrejas já que o estilo era idêntico ao dos grupos de rock "profanos". O apoio recebido por Estevan Ernandes, que convidou o grupo para os shows de *gospel* rock que a Igreja Renascer em Cristo organizava nas noites de segunda-feira no início dos anos 90, contribuiu para a aceitação dele entre a juventude de variadas igrejas. Esse fato, aliado à composição de músicas de letras simples que podem ser introduzidas em liturgias e programações musicais das igrejas, promoveu a consolidação do grupo, que lançou cinco discos independentes.

A banda revelou o nível do sucesso em 1999, quando gravou "Oficina G3 Acústico Ao Vivo", em show na casa de espetáculos paulistana Olympia, com megaprodução e público de cerca de quatro mil pessoas na platéia. No ano seguinte, o Oficina G3 foi contratado pela gravadora MK Publicitá e lançou o CD "O Tempo", que permaneceu na lista dos mais vendidos do mercado fonográfico *gospel* até o final de 2002, quando foi produzido o novo trabalho "Humanos", que alcançou sucesso nas primeiras semanas. As duas produções venderam mais de 200 mil cópias, cada. Em 2005 foi lançada a terceira produção pela MK, "Além do que os Olhos Podem Ver", realizada sob tensões após a saída do vocalista PG. Antes de fechar o primeiro trimestre de vendas, 50 mil cópias do CD já haviam sido vendidas.

Nos espetáculos do grupo, geralmente realizados em clubes e em casas especializadas, os integrantes falam de Deus e fazem orações. Há um fã-clube da banda com cerca de quatro mil filiados, e os músicos recebem centenas de correios eletrônicos por mês.[186] Esse sucesso rendeu ao Oficina G3 centenas de espetáculos pelo Brasil e uma carreira internacional com apresentações na Argentina, no Uruguai, no Paraguai e nos Estados Unidos. Além disso, a banda tem conquistado espaço na mídia secular.

Uma das maiores exposições para o público secular foi a apresentação no Rock in Rio III, realizado em 2001. Incluído na programação da Tenda Brasil no dia 12 de janeiro, primeiro dia do festival de rock de dimensões internacionais, o Oficina G3 apresentou cinco canções do CD "O Tempo" e apareceu com destaque na cobertura de todas as TVs como a banda que abriu o Rock in Rio III. A mídia secular abriu outras portas para o grupo. O clipe da música "O Tempo" foi veiculado pela MTV, no programa Disk MTV, em 2002, e em outubro do ano seguinte o guitarrista Juninho Afram foi capa da revista especializada *Guitar Class*, juntamente com o guitarrista Kiko Loureiro, da Banda Angra.[187] Sobre esse processo, os integrantes da banda afirmam:

> Esperamos que as barreiras tanto no meio evangélico, como no secular, continuem caindo. (...) Quero esclarecer que a Oficina G3 não é influenciado por ninguém, nem no meio *gospel*, pois posso afirmar que as músicas do G3 são frutos dados pelo Espírito Santo. (...) Jamais se esqueçam que Ele é o autor da obra, e somos apenas instrumentos.[188]

Do mundo antes, de Deus agora, mas sempre artistas

Além dos artistas nascidos do movimento *gospel*, o mercado da música evangélica tem também atraído aqueles oriundos do mercado fonográfico secular. Um dos primeiros a seguir a trilha, por exemplo, foi o cantor Nelson Ned, seguido de outros famosos como Mara Maravilha, Baby Consuelo e Wanderley Cardoso. Além deles, outros de menor projeção como Carmem Silva, Tony Domito, Rafael Ilha (Ex-Grupo Polegar), Nill, Vaguinho (ex-pagodeiro), Salgadinho (ex-pagodeiro) e Rodolfo (ex-Banda Raimundos, de *hard-rock*) converteram-se à fé evangélica. Alguns gravaram CDs de música religiosa, outros realizam programações *gospel* pelo País.

Várias reportagens e artigos têm sido publicados, em revistas religiosas e seculares, sobre o tema que já é considerado um fenômeno.[189] A conversão de famosos (cantores, atores, modelos, personagens da mídia) à fé evangélica vem sendo analisada e debatida também em fóruns de páginas eletrônicas na internet vinculados a igrejas e grupos evangélicos e em programas de debates em rádios evangélicas. O público evangélico parece assistir a essas adesões com certa desconfiança. Está sob avaliação justamente o fato de serem artistas que entraram em uma trajetória de declínio no mercado da música ou tiveram problemas com a exposição na mídia, aqueles que procuram os grupos evangélicos em ascensão. O histórico alimenta a dúvida.

Lançado em 1960, Nelson Ned teve carreira de sucesso ancorada na boa voz. Nos anos 80 chegou ao auge da popularidade e consolidou carreira internacional com shows no México, Estados Unidos e diversos países da Europa e da África. Foi o primeiro cantor latino-americano a vender um milhão de discos nos Estados Unidos; gravou o último CD "profano" em 1992. Problemas com dependência química o levaram a uma fase de decadência e à conversão à fé evangélica, que aconteceu em 1993. A partir daí passou a gravar CDs *gospel*. Além de sucesso no Brasil, Nelson Ned apresenta-se no exterior, principalmente em igrejas. Uma das gravações de maior projeção foi a do "clássico" corinho "Segura na mão de Deus".

Mara Maravilha inseriu-se no mercado por intermédio do empresário Sílvio Santos, nos anos 80, como cantora e apresentadora de programas infantis. A ampla exposição na mídia a levou ao sucesso no Brasil e em países da América Latina. No auge da carreira enfrentou problemas: saúde, finanças, depressão. Ficou afastada da TV e não realizava mais espetáculos, quando conheceu a Igreja Universal do Reino de Deus e passou por um processo de conversão religiosa, em 1995. A partir de então retomou a carreira de cantora, pela Line Records, e de apresentadora na Rede Record, com o programa *Gospel* Line; tornou-se empresária, tendo criado a própria gravadora, a Maravilha Records, e a *griffe* de roupas infantis Marinha Maravilha.

Foram 13 CDs lançados até 2006, em dez anos de carreira *gospel*: cinco dirigidos ao público infantil e oito para adultos (sete pela Maravilha Records e seis pela Line Records – o primeiro deles, "Abra o seu coração", premiado com o Disco de Platina e o segundo, "Deus de Maravilhas", como o melhor CD *gospel* do ano de 2002). Com a agenda cheia e apresentações pelo Brasil e exterior, Mara Maravilha também lançou em 2002 o livro "As maravilhas que Deus tem feito por mim", pela Editora Universal. "Sempre batalhei pelos meus sonhos. Agora, dou tudo de mim para que os sonhos de Deus para a minha vida sejam realizados. É para o Senhor que dedico o meu trabalho", afirma a cantora.[190]

A fama alcançada com lançamentos e apresentações no exterior deram a Mara Maravilha, em 2006, a indicação para o Prêmio Grammy da Música Latina para Melhor Álbum de Música Cristã em Língua Portuguesa pelo CD "Jóia Rara".

Uma das mais controvertidas conversões à fé evangélica é a de Baby do Brasil (ex-Baby Consuelo). Com a carreira em declínio – em 1997 não conseguiu vender mais do que 20 mil cópias do seu CD – aderiu à Igreja Sara a Nossa Terra, em 1999. Um ano depois fundou a própria igreja, o Ministério do Espírito Santo de Deus em Nome do Senhor Jesus Cristo, que se reúne na cidade de São Paulo e do qual é pastora. Baby Consuelo lançou o primeiro CD *gospel* em 2000, "Exclusivo de Deus", pela Nancel Produções, e já possui uma própria empresa *gospel*, a Baby do Brasil Produções. A polêmica gira em torno do estilo exótico/psicodélico que marcou a trajetória da cantora, o qual ela se recusa a abandonar na nova fase. Sobre sua conversão narra: "Vi Jesus na minha frente, feliz, rindo para mim. Ele era lindo, forte, maravilhoso, um gato!"

Baby do Brasil se apresenta como "popstora" e busca adeptos entre punks, skatistas e gays: "Cada um segue o seu chamado. Meu ministério é trazer aquelas pessoas que não se adaptam a nenhum sistema religioso." Os relatos sobre os cultos descrevem a pastora vestida e penteada de forma exótica, empunhando guitarra e pregando como se estivesse cantando, com as frases ritmadas, interrompidas por solos de guitarra e baixo. Ela refere-se à Bíblia como "Manual do Fabricante" e afirma que "no céu não tem lugar para bunda-mole, só casca-grossa".[191]

Wanderley Cardoso é outra aquisição da fonografia *gospel*. Ídolo na Jovem Guarda, com mais de um milhão de cópias vendidas do disco com a música "O Bom Rapaz", com o passar dos anos não conseguia nem mesmo fazer apresentações em clubes de periferia. O último CD lançado nessa fase, em 2000, vendeu cinco mil cópias. A situação levou o cantor à depressão, à dependência química e à tentativa de suicídio. Em 2001, chegou, por intermédio de um amigo, à Igreja Sara a Nossa Terra, onde foi recebido como ídolo, o que ajudou a levantar sua auto-estima e estimular sua adesão à fé evangélica.

Os convites para falar em grupos e reuniões evangélicas sobre sua conversão e participações em programas de TV foram apenas o início da volta do cantor à cena. Em 2002, a Top *Gospel* o convidou para lançar um disco com músicas *gospel*; o resultado foi o CD "Agora Sou Feliz", que já vendeu mais de 200 mil cópias e lhe rendeu o prêmio de "Revelação Masculina" no Troféu Talento 2003[192], e um novo CD naquele ano, "Você merece ser feliz", também pela Top *Gospel*. Além desses trabalhos, Wanderley Cardoso foi convidado a participar de diversos programas de entrevistas na TV e também de uma novela da Rede SBT, "Jamais te esquecerei", interpretando o personagem Adamastor, um cantor fracassado e ex-alcoólatra. Atualmente, a agenda de apresentações de Wanderley Cardoso está cheia com apresentações no Brasil e no exterior, incluindo palestras para grupos evangélicos.

Outra recente adesão à fé evangélica é a do grupo vocal Fat Family. Os irmãos da família Cipriano reconhecem que passavam por momento difícil na carreira, quando a caçula se converteu no final de 2002. Essa conversão iniciou um processo que se tornou coletivo: os demais, incluindo esposas e filhos, tornaram-se membros da Comunidade do Evangelho Pleno, de São Paulo – apenas o irmão mais velho optou pela Assembléia de Deus. Os integrantes do grupo dizem-se hoje "mais fortalecidos e cheios de fé" e à espera de "novas possibilidades", dentre elas a gravação de um CD de músicas *gospel*. Um dos irmãos afirma: "Nosso empresário, produtor e divulgador agora é Jesus."[193]

O grupo, que continua gravando canções pop "profanas", quando entrevistado em 2006, afirmou que o fato de não ter lançado um CD evangélico não ocorreu por falta de oportunidades.

> Na área profissional, que, no nosso caso, é a área musical, a mudança está sendo mais lenta. E isso não está ocorrendo por falta de oportunidades. Se nós quiséssemos gravar um CD agora, certamente faríamos. Mas sentimos que este ainda não é o momento. Só podemos dizer que o Senhor está no controle e Ele irá decidir o momento certo.[194]

Os cantores afirmam também que, em suas apresentações, pregam o Evangelho:

> Na verdade, quem fala é o Espírito Santo de Deus. Isso porque nós temos um repertório antes das apresentações e procuramos até encaixar os momentos em que vamos falar da Palavra. Então pensamos: 'vamos pregar aqui e ali'. Mas é só chegar na hora que muda tudo. E tudo sai de uma forma tão espontânea, que é algo impressionante. Até porque, quando você programa alguma coisa, pode ficar forçado. E, se for assim, não vai passar de uma pregação vazia.[195]

Há ainda os artistas que fazem sucesso no mercado por terem no "currículo" elementos que lhes tornam celebridades. Assíria Nascimento, esposa do ex-jogador de futebol Pelé, é um desses casos. Ela já era freqüentadora da Igreja Batista da Liberdade, quando lançou o primeiro CD de músicas *gospel* pela Warner, em 2000. Seu currículo abriu portas para que se apresentasse não só em programas de TV *gospel* mas também em seculares de grande audiência, como "Hebe Carmargo", "Domingo Legal" e "Domingão do Faustão", boa parte das vezes acompanhada pelo marido.

O sucesso de Assíria Nascimento rendeu-lhe um contrato com a maior gravadora *gospel* do Brasil, a MK Publicitá, e dois discos gravados (um em 2001, outro em 2002). O quarto trabalho marca outro momento da cantora: ele foi totalmente capitaneado pelo célebre marido e sai por uma das maiores gravadoras brasileiras, a Som Livre. A gravadora fez contato direto com Pelé e propôs o contrato que representaria a primeira produção da Som Livre no gênero *gospel* brasileiro. A produção e a gravação do CD "Novo Tempo" foram conduzidas pelo grupo Roupa Nova e incluem uma faixa com participação especial de Pelé.

O amplo mercado *gospel* latino deu espaço a Assíria Nascimento, que gravou o primeiro primeiro álbum em espanhol "Brillas", lançado no mercado em 2004, sob o selo Hosanna Music! Nesse CD a cantora mais uma vez interpreta uma das canções com o esposo.[196] Em vista de todo o sucesso, ela afirma: "Cantar é um ministério na minha vida mas o meu principal ministério é a minha casa."[197]

Outro exemplo de celebridade que se tornou artista *gospel* bem-sucedido é o político evangélico Magno Malta. Pastor batista e deputado federal pelo PTB/ES em 1998, tornou-se conhecido por ter liderado a Comissão Parlamentar de Inquérito sobre o narcotráfico em 1999, que obteve ampla cobertura da mídia. No encerramento dos trabalhos, o deputado publicou dois livros: *Deus tem um trato comigo*, biografia romanceada que conta sua trajetória até a CPI do Narcotráfico, e *E agora, Doutor?*, relato da experiência milagrosa que o autor teve quando descobriu que tinha um tumor na medula. Em 2002 candidatou-se a senador pelo PL/ES e foi eleito com mais de 800 mil votos.

Antes desse conhecimento maior, Magno Malta já era vocalista do grupo de pagode *gospel* "Tempero do Mundo", fundado em 1994, acompanhado pelas duas filhas e por Jorginho Cavaco, músico e percussionista. Em 1998, a banda lançou o primeiro CD, pelo selo próprio MKM, "Tempero do mundo", depois de algum tempo de resistência entre os evangélicos, quando ainda não havia muitos grupos *gospel* com esse ritmo musical.

Com a fama do deputado líder da CPI, o grupo tornou-se mais conhecido após aparecer em programas de televisão como "Jô Soares", "Sem Censura", "Note & Anote", "Programa do Ratinho" e "Festa do Malandro". A partir daí, recebeu várias solicitações de shows e apresentações por todo o Brasil. Em 2001, lançou o disco "Pra Deus", com a música "Comédia", muito executada nas emissoras evangélicas de todo o País.[198] Em 2003, Magno Malta assinou contrato com a Central *Gospel*, do pastor da Assembléia de Deus Silas Malafaia, e consolidou sua carreira-solo, com o CD "Meu País". Em 2004, o senador tornou-se artista exclusivo da gravadora MK, a maior do segmento no País, e cedeu à gravadora os direitos para relançar o álbum "Tempero do Mundo".

Um trabalho da Banda Tempero do Mundo não é *gospel*: "Magno Malta e Tempero do Mundo e amigos cantam o Amor", com participação especial de famosos como Bezerra da Silva, Zezé di Camargo, Netinho de Paula e Salgadinho, pela gravadora Unimar Music. O cantor justificou: "Quero falar de amor em ritmo de samba. Sempre gravei músicas de conteúdo religioso, mas tinha o sonho de cantar samba e pagode."[199] Mas a MK retomou a ênfase *gospel* do cantor, contratou o grupo em 2005, e produziu a versão *religiosa* desse CD com outras músicas e diferentes convidados. É um novo "Tempero do Mundo e Amigos", com releituras em forma de samba para sucessos de artistas contratados da MK, com participações especiais de Alda Célia, Eshylla, Fernanda Brum, Marina de Oliveira, Cassiane e Aline Barros, todas cantando pagode.[200]

Sobre esse movimento crescente de adesões de artistas e famosos do mercado secular à fé evangélica, há apoios e condenações. No campo secular, as reportagens sobre o tema revelam o tom de crítica, como o título da matéria publicada na revista *Época*, "Carreiras salvas pela fé". O autor do livro *Eu Não Sou Cachorro, Não*, Paulo Araújo, que estudou a perseguição à música brega nos tempos da ditadura, opinou, nessa matéria, que a religião só é procurada pelos que estão no limbo. "Vou acreditar quando um artista de ponta, no auge do sucesso, aparecer dizendo que virou evangélico. Nesses casos, a religião serve para abrir um nicho de mercado", declarou Araújo.[201]

Dentre os evangélicos, alguns acreditam na sinceridade dos novos adeptos e acham que a fama serve de projeção para a fé evangélica. Outros condenam o que avaliam ser "utilização" dos evangélicos, que são público fiel e apóiam os que são "irmãos" para fracassados saírem do ostracismo. Os altos cachês cobrados para as apresentações são um dos maiores exemplos que fundamentam a suspeita. Os depoimentos a seguir, divulgados logo após a publicação da matéria da revista *Época*, em uma das páginas eletrônicas mais visitadas por evangélicos na internet, revelam como os evangélicos ficam divididos em relação às conversões de ex-famosos:

> Glória a Deus que pessoas deste meio têm-se achegado aos pés da Cruz. Acho, sim, que eles devem continuar aparecendo, agora como homem e mulher totalmente renovados pelo poder do Espírito Santo e dar bom testemunho, pois outras pessoas precisam ouvir a palavra de Deus. *Madalena Anário da Silva*
>
> Eu acho que alguns querem aparecer. Porque hoje, para alguns, ser crente é moda e não é assim. Acho que até agora a única artista que se converteu de verdade foi Mara Maravilha. Ela é um exemplo. *João Eduardo Lima Porto*
>
> Eu acho que um artista que se converte ao evangelho deve usar a sua influência nos meios de comunicação a serviço do Senhor. *Thais de Lima Sá dos Santos*

Acho que antes e após sua conversão, o artista deve ser acompanhado pelo Pastor de sua igreja, pois ainda precisam de muita mudança no caráter, pessoas que recebem aplausos e dão autógrafos. *Laércio Araújo*

Acho o Nelson Ned espetacular. Ele tem dado testemunho de que realmente Cristo mudou seu viver! A Mara Maravilha também, não deixou de aparecer na mídia e sempre que pode, fala da "paixão" que tem por Deus. *Renato Franco*

O artista tem que saber que ele serve um Deus de verdade, que esse Deus tudo vê em nossas vidas e nos corações. Se estes artistas têm somente esta profissão eles não podem deixar de trabalhar, mas que mantenham o seu comportamento em Cristo Jesus. *Maria Aparecida da Silva Franco*[202]

Ritmos para todos os gostos

Peter Burke, no estudo já citado no capítulo 1, descreve a estratégia dos reformadores da cultura popular européia da fase inicial da Reforma Protestante que, em busca de êxito, passaram a oferecer aos fiéis algo para substituir as festas, as canções, as imagens tradicionais que buscavam abolir. Eles tentaram criar uma nova cultura popular. Um exemplo foi a popularização da Bíblia: Lutero foi o primeiro a traduzi-la e publicá-la em uma língua vulgar – o alemão (1534). Peter Burke indica que as publicações da Bíblia em várias línguas, num curto espaço de tempo, significou um grande acontecimento cultural e influenciou largamente a linguagem e a literatura dos países que a disseminavam.[203] Burke cita outro de exemplo de Lutero, que foi a organização de uma coletânea de hinos "'para dar aos jovens... algo que os afaste das badalas de amor e versos carnais, e ensine-lhes algo de valor em lugar destes'".[204] Lutero escreveu 37 hinos, o que foi seguido por outros pastores na Alemanha. Ao compor, eles empregavam o método do que Lutero denominou contrafação, que tinha o sentido de transposição ou substituição, como nos casos em que as melodias dos hinos eram canções populares adaptadas.

Esta estratégia, baseada no dualismo sagrado *vs.* profano; igreja *vs.* mundo, é mais profundamente trabalhada na teologia dos movimentos pietista e fundamentalista, a partir do século XVII. O dualismo, herança do catolicismo da Idade Média, tornou-se então mais expressivo, com a pregação de que a reforma interior ou moral dependia desta separação/isolamento: "crentes" não se misturam.

Isso pode ser identificado no século XIX no Brasil, com a prática dos missionários brasileiros ao organizarem sua coletânea de hinos. O primeiro hinário protestante brasileiro foi organizado pelo casal congregacional Robert e Sarah Kalley, o *Salmos e Hinos*, ainda utilizado por muitas denominações tradicionais. O trabalho foi uma adaptação para o português da hinologia alemã, anteriormente traduzida e adaptada para o inglês.[205] A hinologia herdada dos norte-americanos seguia a estratégia semelhante à da contrafação, utilizando a melodia de canções populares, como a do cantado hino "Glória, glória, aleluia, vencendo vem Jesus", e até mesmo de hinos nacionais, como "Oração pela Pátria", por exemplo, que tem a melodia do hino nacional britânico.

Os missionários que aportaram no Brasil, com sua prática sectária que rompeu com as diferentes expressões culturais do País, foram capazes de traduzir e adaptar os hinos no formato original e ignoraram mesmo a estratégia luterana de utilizar melodias populares, no caso brasileiras. A postura pode ser percebida na história do protestantismo brasileiro até os anos 50 e 60, quando as tentativas de renovação das igrejas e de aproximação das manifestações populares propiciaram a criação de cancioneiros protestantes alternativos aos hinários, com melodias e ritmos da tradição mais popular, como o samba, as marchas, o forró, o xaxado, e letras que buscavam uma abordagem menos abstrata e mais próxima do cotidiano e das lutas populares.[206]

Com os anos 70, a chamada "Idade das Trevas" vivida pelas igrejas, esses ritmos foram sepultados e os cancioneiros arquivados; o rock e as baladas românticas trazidas pelos grupos norte-americanos, em especial visando ao alcance dos jovens, ocuparam o espaço da música alternativa aos tradicionais hinários. Como já descrito, surgiram, com força, os conjuntos jovens, estimulados pelo modelo norte-americano, nas congregações locais, e expressões mais destacadas no plano regional e nacional. Com eles elaborou-se uma primeira discografia que escapava aos padrões tradicionais protestantes no tocante à produção e ao ritmo (a ênfase era no rock e nas baladas românticas), mas mantinha o conteúdo teológico pietista e fundamentalista. A circulação era restrita ao público jovem protestante, patrocinada pelas poucas gravadoras especializadas.

A estreita abertura observada nos anos 80 permitiu que fossem retomadas as canções que tentavam se aproximar da tradição popular e surgiram novos cancioneiros, festivais de música, alguns grupos musicais ecumênicos, projetos experimentais de música protestante popular.[207] No entanto, essas experiências não foram eficazes o suficiente para ocupar espaço nas igrejas, em especial na liturgia (os cultos protestantes são um espaço privilegiado de disseminação de canções não inseridas nos hinários tradicionais), e mantiveram-se como expressões alternativas minoritárias, cantadas e apresentadas em reuniões ecumênicas ou de grupos alternativos no interior das igrejas.

Vale lembrar que o movimento pentecostal trilhou um caminho inverso: a música tornou-se um veículo privilegiado de comunicação com o popular. Fenômeno urbano, cuja força se manifestou a partir dos anos 50 ao aproximar-se dos migrantes do campo, o pentecostalismo abriu espaço para o instrumental popular (violão, pandeiro, bateria, triângulo, sanfona, acordeão), o que possibilitou uma identificação forte dos setores mais populares das cidades com a proposta religiosa. Esse ramo do protestantismo também buscou espaço midiático via discografia, neste caso, semelhante aos grupos dos históricos de missão, com distribuição restrita a esse segmento e a simpatizantes dos outros setores protestantes.

Historicamente, os ritmos consagrados no repertório musical evangélico são aqueles mais tradicionais e bem aceitos entre os adeptos: as baladas românticas, o rock, o pop e o sertanejo, este mais desenvolvido entre os pentecostais. O movimento *gospel* assimilou a tendência e os apresenta na lista das músicas mais tocadas e mais vendidas. No entanto, o movimento abriu espaço para outros ritmos – até então rejeitados pelos evangélicos – também populares mas associados pelos religiosos a grupos marginalizados, como o *rap*, o *funk*, o *hip-hop*, o forró, o *reggae*; e ao Carnaval e à malandragem, como o samba, o padoge, o *axé-music*. As igrejas, nos anos 90, assistiram ao surgimento de um número extenso de grupos musicais de todos esses ritmos que não encontravam espaço no cenário musical evangélico para apreciação e muito menos para uso litúrgico. Os pioneiros foram as bandas de rap Rara e Kadoshi, de São Paulo, e o grupo de funk Yehoshua, no Rio de Janeiro. Este último se diferencia das demais por ter surgido não em uma igreja neopentecostal, mas em uma das igrejas do protestantismo histórico de missão – a Metodista.

A justificativa dada pelos grupos para a opção musical é a constatação de "que a igreja tem uma linguagem que o povo não entende (...) [e que] precisa adequar a [sua] comunicação a uma linguagem que as pessoas vão entender".[208] Estabeleceram, portanto, a meta de evangelizar um grupo específico e a música como estratégia. No caso do grupo Yehoshua, originado no subúrbio, a construção da identidade musical foi facilitada pelo fato de dois integrantes serem ex-funkeiros convertidos e terem domínio das técnicas gestuais, sonoras e visuais.

O sucesso da banda Kadoshi, lançada pela Igreja Renascer em Cristo, e do Yehoshua, os levou a gravar discos, respectivamente, pela *Gospel* Records e pela MK Publicitá. Isso abriu caminho para novos grupos e a inspiração para outros ritmos, e surgiram grupos de samba e pagode como o Pra God, do Rio de Janeiro, o Só Pra te Abençoar, de Brasília, e o Divina Inspiração, de São Paulo, que se tornou notório por ter sido fundado pelos jogadores de futebol Marcelinho e Amaral. Também foram criados grupos de reggae como o

Rhemajireh, do Rio de Janeiro, de axé-music, como a Banda Cedrus, de Ceilândia, e de grupos de punk-rock, como a banda Militantes, de São Paulo. O Movimento Hip Hop *Gospel* (MHHG), em São Paulo, fundado pelo cantor de rap *gospel* Isaías Jr., criador do Provérbio X, que reúne grupos como o Relato Bíblico, o Verdade Relatada, JCMCs, Eddie Blue e Verso Sagrado, inclui-se também entre os muitos exemplos.

Em todos eles a batida e o estilo de cantar e dançar são os mesmos dos grupos "seculares", a diferença está nas letras – chamam à conversão e ao apego a Jesus Cristo, exaltam o nome de Deus e censuram fortemente os palavrões.[209] Os cantores e grupos não fazem tanto sucesso quanto aqueles dos ritmos com maior aceitação, mas têm conquistado espaço nas gravadoras e em espetáculos religiosos.

No que diz respeito ao uso desses gêneros na liturgia, ainda há dificuldades, mas muitas igrejas estão criando os próprios grupos, que encontram mais facilidade para liderar e promover eventos e programações alternativas nas diferentes comunidades religiosas.

O fato é que a explosão *gospel* tornou possível o surgimento de uma diversidade de categorias e gêneros que encheram as estantes de ofertas de CDs *gospel* nas lojas e os sites da internet. Uma pesquisa em um dos maiores portais de vendas pela internet, o "Submarino", no item CDs *Gospel* apresenta 15 gêneros diferentes na categoria *Gospel* Nacional: Louvor e Adoração, Black Music, Pop, Pop Rock, Dance, Rap/Funk, Hinos, Infantil, Instrumental, Pagode, Pentecostal, Popular, Reggae, Sertanejo, Vocal.[210]

Muitos nomes mas um só discurso

O número de artistas *gospel* não pára de crescer, originados das igrejas ou do mercado secular. Os artistas selecionados para a descrição deste capítulo são uma proporção mínima da lista que compõe o cast das gravadoras e dos produtores musicais. Há outros que emergiram do movimento *gospel* e que merecem ser mencionados, pois também estão na lista dos mais vendidos, possuem fãs-clubes e contratos com grandes gravadoras *gospel*: Fernanda Brum, Elaine de Jesus, Cristina Mel, J. Neto, o grupo Voices e as bandas Resgate e Fruto Sagrado.

É importante destacar que há também um amplo mercado no Brasil para o *gospel* internacional. A gravadora e distribuidora Bom Pastor afirma que entre 30% e 40% das suas vendas são de discos internacionais. Os cantores e grupos internacionais mais famosos são os estadunidenses Ron Kenoly (campeão nas vendas), Amy Grant, a banda de *hard-rock* Petra, e o latino Marcos Witt, um dos ganhadores do Grammy Latino. Há gravadoras especializadas para distribuição das produções internacionais no Brasil – as maiores são BV Music e a Integrity Music. O sucesso desse empreendimento tem feito surgirem cantores e grupos brasileiros que cantam em inglês, como o paulistano Kades Singers, do *cast* da Line Records.

Outro movimento crescente é a abertura da mídia secular ao *gospel*. Além das gravadoras que criam selos ou braços *gospel*, como a Top *Gospel* da Top Tape, a categoria já é incluída em publicações especializadas da indústria fonográfica, como a *Revista do Nopem*, instituto que divulga índices de vendagem e público das gravadoras. Mais um sinal dessa abertura da mídia secular é o recém-criado Grammy Latino, versão latina da clássica premiação do mercado fonográfico estadunidense, cuja quarta edição foi realizada em 2003. A premiação de 2002 inseriu a categoria "Música Cristã", como reconhecimento pelo crescimento do segmento entre o público de língua latina.[211]

Além dos artistas lançados pelas gravadoras *gospel* alcançarem visibilidade em programações de rádio e TV seculares (como o caso de Aline Barros e Oficina G3, já estudados), há, com a abertura da mídia secular, o caso dos cantores que têm alcançado projeção antes mesmo de serem lançados pela mídia evangélica. O Programa Raul Gil, recordista de público nas tardes de sábado pela Rede Record e voltado para lançar novos cantores, saiu na frente nesse processo. Desde 2001, tem dado chance a que cantores *gospel* tomem parte entre os candidatos à carreira artística. A interpretação de que o espaço existe nesse programa porque integra a grade de uma rede de propriedade de evangélicos (a Igreja Universal do Reino de Deus) pode ser logo descartada, já que em 2003 o programa "Sabadaço", apresentado por Gilberto Barros nas tardes de sábado e concorrente de Raul Gil, inseriu na seção "Novos Talentos", com proposta idêntica à de Raul Gil, uma categoria "A mais bela voz *gospel*" (cantor, cantora e grupo). A cada sábado, três novos talentos eram julgados por um júri secular, formado por compositores e cantores.

Nessa nova etapa do *gospel* na mídia secular, dois nomes de sucesso despontaram depois de se apresentarem no Programa Raul Gil: Robinson Monteiro e Jamily. O primeiro, um rapaz de olhos verdes, na faixa dos trinta anos, participou pela primeira vez em 2001, cantando músicas românticas. O sucesso fez com que os produtores garantissem sua permanência no ar por 17 sábados até que a gravadora Warner oferecesse-lhe um contrato. Ele foi considerado a maior revelação do Programa Raul Gil nos últimos tempos. Seu CD "Anjo" vendeu um milhão de cópias em dois meses. Nascido em família batista, já tinha um CD *gospel* gravado antes da fama. Indagado sobre o fato de ter começado uma carreira *gospel* e hoje estar voltado para o público secular, Robinson Monteiro afirma:

Fico honrado porque sou o primeiro cantor evangélico a conseguir ter dois públicos a meu favor. O meu show é praticamente um culto: abro com músicas que fizeram parte da minha história no Programa Raul Gil, depois canto músicas do meu CD e encerro com músicas *gospel*, agradecendo a Deus pelo momento e pelas pessoas terem ido ao show. A Igreja sabe que não é só uma carreira, mas um ministério. Minha preocupação quando fui gravar um CD popular foi de não ter no repertório músicas que falassem de outros deuses, de prostituição, de sexo, de drogas. Consagrei essas músicas a Deus e tudo o que sai da minha boca é para a honra e glória do Senhor.[212]

Jamily é uma adolescente negra, de origem empobrecida, que cantava em igrejas desde os três anos de idade. Em 2002, a mãe insistiu em viajar do Rio de Janeiro para fazer sua inscrição no programa. Foi selecionada para apresentar-se e ficou por 16 semanas. Jamily conquistou os telespectadores e os executivos da Line Records (gravadora da Igreja Universal do Reino de Deus, proprietária da rede de TV) e em julho de 2002, foi lançada no mercado com o CD "Tempo de Vencer", com baladas românticas e pop para adolescentes.[213] Uma das músicas do CD – "Por amor" – foi incluída na trilha de uma das novelas da Record, "Joana, a Virgem" (outra abertura da mídia secular ao *gospel*).[214] A faixa-título "Tempo de Vencer", que figurou na lista das mais tocadas em rádios evangélicas, é uma versão de música da cantora estadunidense Whitney Houston e tem a participação do companheiro de programa, Robinson Monteiro.

Jamily recebeu o Troféu Talento 2003 em quatro categorias: revelação feminina, música do ano, melhor versão ("Tempo de Vencer") e melhor dueto; em 2005, venceu na categoria CD Pop. Sobre a premiação, a artista declarou:

> É importante porque além de divulgar o trabalho do artista exalta ainda mais o nome de Jesus. É um prêmio muito importante para o cantor *gospel*. É o sonho de todo artista *gospel* concorrer ao Troféu Talento, e ainda mais eu, com meu primeiro CD, com tão pouco tempo de ministério e já concorrendo com nomes consagrados da música *gospel*, e com nove indicações. É a mão de Deus escrevendo mais um de seus milagres na minha vida.[215]

Os discursos de Jamily e Robinson Monteiro são o verbalizado por 100% dos artistas *gospel* – os que alcançaram sucesso, os que o recuperaram, os que possuem contratos com grandes gravadoras do segmento ou possuem suas próprias e os que buscam alcançar: "somos instrumentos de Deus", "temos um ministério". Este é o aspecto que interessa aqui: compreender como se dá a explosão *gospel* por meio desse tipo de expressão musical para identificar os elementos que compõem a cultura *gospel*. E para tanto é preciso atentar para o discurso que lhe dá sentido.

Aqui reside uma das razões da explosão desse tipo de cultura, que possibilita a alguns dos nomes citados anteriormente alcance de público muitas vezes superior ao de artistas consagrados da música brasileira: a sintonia entre a proposta dos artistas e as demandas do público, o que será retomado adiante.

II. O poder dos ministérios de louvor e adoração: um novo avivamento

Outra expressão musical que configura a cultura *gospel* são os ministérios de louvor e adoração. Num caminho diferente daquele seguido pelos artistas *gospel*, lançados por gravadoras, que constroem uma carreira a partir da dinâmica do mercado fonográfico (contratos, espetáculos, exposição na mídia), os cantores que se expressam por meio desses ministérios denominam-se "adoradores". A origem deles é a mesma dos artistas, a explosão *gospel* dos anos 90, com uma diferença: o eixo condutor. Se o eixo condutor dos artistas é o mercado que se expande na trilha do movimento musical, o dos ministérios de louvor e adoração é o movimento de avivamento que se expande na trilha do movimento pentecostal.

O avivamento é compreendido como o processo de renovação da Igreja promovido pelo "derramento do Espírito Santo", ou seja, por uma experiência mística com o divino que transforma o jeito de ser e de cultuar de uma determinada comunidade.

> ... é aquele curto período de tempo em que o Espírito Santo de Deus atua maciçamente no meio de um grupo de crentes de um determinado lugar, levando-o a buscar a Deus de forma intensa, deixando de lado a rotina, a frieza e a inércia, e usando-o de maneira fora do comum para o engrandecimento do seu reino. O avivamento em si pode durar pouco tempo, mas os efeitos que ele produz podem durar muito tempo.[216]

Historicamente, os movimentos de avivamento tiveram início com a Reforma Protestante nos séculos XV e XVI, a partir das ações de John Wycliffe, John Huss, Martinho Lutero, João Calvino e John Knox, os quais inspiraram outros na Europa, como o movimento moravo, com o conde Nicolau von Zinzendorf, no século XVIII e o movimento wesleyano, no mesmo século, com John e Charles Wesley e George Whitefield. Nos Estados Unidos, eles ocorreram nas colônias americanas entre 1725 e 1760, com Theodore

Fredinghuysen e Jonathan Edwards, e no século XIX, com Charles Finney e D. L. Moody. Como já estudado no Capítulo 2 deste trabalho, o cenário evangélico no Brasil já havia vivido um forte avivamento nos anos 60, que gerou divisão nas igrejas históricas. O Movimento de Jesus nos Estados Unidos, descrito no Capítulo 3, representou outra experiência semelhante, transplantada para o Brasil por meio das organizações paraeclesiásticas, mas sem a forte dimensão pentecostal, que é marca do avivamento que emergiu nos anos 80.

Os reflexos nas igrejas históricas desse avivamento contemporâneo, diferentemente daquele dos anos 60, provocaram não divisão, mas incorporação. A busca do crescimento numérico e da visibilidade, alcançados pelos pentecostais, levou grupos do protestantismo histórico a incorporarem aspectos da religiosidade pentecostal em sua liturgia e em sua prática pastoral: este movimento é denominado, portanto, avivamento.

O avivamento contemporâneo brasileiro é parte de um processo globalizado, inspirado por experiências de grupos religiosos cristãos em diversas partes do mundo. Há o avivamento coreano, por exemplo, originado do internacional "Movimento do Crescimento de Igrejas"; há o mais recente movimento dos caçadores de Deus [God Chasers], iniciado pelo pastor estadunidense Tommy Tenney, baseado no poder da oração e da busca individual pelo divino, cuja teologia é disseminada em uma coletânea de livros, que são *best-sellers* no mundo inteiro. A marca da experiência brasileira, porém, baseia-se na música como veículo para se chegar a Deus. Nesse sentido, nomes de destaque surgiram: Adhemar de Campos, Alda Célia, Asaph Borba, Bené Gomes, Gerson Ortega, Soraya Moraes, Ludmila Ferber, Guilherme Kerr Neto, Jorge Camargo, Ronaldo Bezerra, David Quinlan, Bob Fitts, Mike Shea, Michael Coleman, Paul Wilbur. Dentre os grupos musicais sobressaem-se o Ministério de Louvor Diante do Trono, o Ministério de Louvor da Igreja Renascer em Cristo, o Ministério Koinonia, o Ministério de Adoração Profética e as Comunidades Evangélicas de Goiânia, da Vila da Penha, da Zona Sul e de Nilópolis.

Esses cantores e grupos compõem, cantam, gravam e vendem CDs, cujas músicas são tocadas nas rádios evangélicas e cantadas na liturgia das igrejas. O que marca a diferença desse tipo de expressão musical *gospel* é o fato de os cantores insistirem em serem classificados como adoradores e não artistas; eles se apresentam como ministros e ministérios de louvor e adoração. O uso do termo, com embasamento bíblico[217], transforma os músicos e cantores em pessoas com autoridade. Por isso, as lideranças do movimento não apenas compõem e cantam mas escrevem, realizam palestras e pregam em cultos. Com isso, elas introduziram no cenário evangélico, por meio de uma forte estratégia de disseminação – mídia (discos, vídeos e publicações impressas) e programas (congressos, palestras, cursos e seminários) –, um novo discurso e um novo papel para a música e os músicos, cujo eixo central é o avivamento por meio do louvor e da adoração, o que será analisado a seguir.

Ministros levitas e não artistas

Uma das marcas da expressão musical *gospel* "louvor e adoração" é o fato de os cantores insistirem que não são artistas, mas adoradores. Na compreensão desses grupos, a adoração é o elemento central no relacionamento com Deus; é a adoração que Deus espera da Igreja e é por meio dela que a Igreja é avivada pelo Espírito Santo e recebe poder para representar Deus na terra: vencer o mal e abençoar pessoas. E essa adoração não deve se refletir apenas no culto, mas no comportamento das pessoas.

Para dar base a essa premissa, os pensadores do movimento buscam teologias avivalistas como a do estadunidense Tommy Tenney. Adhemar de Campos, por exemplo, cantor e compositor, vice-presidente da Associação de Músicos Cristãos, escreve:

> "A adoração é mais importante que a pregação, porque a pregação é para o homem, mas a adoração é para Deus" (Rev. Tommy Tenney).
> O momento do culto é o momento da grande celebração ao Senhor.
> É quando a congregação se reúne para celebrar o milagre da ressurreição de Jesus, da nova vida em Cristo, da comunhão no Espírito e das conquistas espirituais.[218]

Ronaldo Bezerra, cantor e compositor, um dos líderes da Comunidade da Graça, instrui:

> "A adoração é mais importante que a pregação, porque a pregação é para o homem, mas a adoração é para Deus" (Rev. Tommy Tenney). Essa frase expressa a importância do louvor no meio da Igreja do Senhor. Mas para que esse louvor seja uma real adoração ao Pai, é necessária uma "preparação" do líder de louvor.[219]

"Adoradores-mestres" como Marcos Witt, um cantor *gospel* mexicano, ganhador do Prêmio Grammy Latino 2003, na categoria "Música Cristã", também são teólogos do movimento. Ele escreve:

> Adorar a Deus não é apenas cantar hinos afirmando que Cristo precisa assumir o trono da nossa vida. É isso, sim, permitir que ele realmente o faça na prática e na vida diária. Poderíamos dizer, como já o dissemos em várias ocasiões, que a adoração é um *modo de viver*.[220]

Por isso, os "ministros" do louvor e da adoração são todos vinculados a uma igreja como membros ou como pastores fundadores. O objetivo de sua atuação, dizem, não é vender discos, mas contribuir com o seu trabalho para o "mover de Deus" nas igrejas, formando uma geração de adoradores. Várias canções refletem esse propósito, como no exemplo a seguir:

Verdadeiro Adorador
(Adhemar de Campos)
Pai, eu sei que os teus olhos
Estão sobre a terra a procurar
Alguém que te adore em espírito
Alguém que te adore em verdade
Pai, como achaste a Davi
Vem e derrama sobre mim
O óleo precioso da unção
E me faz segundo o teu coração
Ache em mim verdadeiro adorador
(...)

Ser um "verdadeiro adorador" significa não adotar a terminologia "artistas" para definirem seu engajamento no movimento *gospel*. Os adoradores são "ministros", representantes de Deus. A carreira artística, dizem, é incompatível com o propósito de Deus, conforme a orientação de um líder de louvor reproduzida abaixo.

> Muitos músicos chamados "cristãos" têm imitado modelos do mundo, querem ser conhecidos como artistas e pop stars! Imitam artistas seculares, são orgulhosos, soberbos, exigentes e egoístas. Buscam plataforma e visibilidade, querem ser reconhecidos, se consideram estrelas e querem "brilhar"!
> Se nos encaixamos neste modelo, devemos saber o que a Bíblia nos declara: "Eis que sois menos do que nada..." (Is.41:24). Ao Senhor pertence o louvor e todo o reconhecimento: "... o louvor, e a glória, e a sabedoria, e as ações de graça, e a honra, e o poder, e a força sejam ao nosso Deus pelos séculos dos séculos. Amém." (Ap.7:12). (...) O Pai está a procura de verdadeiros adoradores! (Jo.4:23). O músico que é um verdadeiro adorador não é "estrela" e nem "pop star", e também não tem nenhum tipo de compromisso com este tipo de glória, mas é um salmista, ministro do altar, é conhecido como um verdadeiro servo e homem de Deus! (II Cr.29:11). É aquele músico que além de executar a

sua arte, é consagrado a Deus e separado para Ele; e com certeza, sabe a respeito da necessidade que há da unção do Espírito Santo em sua vida, assim como em sua música.[221]

Para os líderes do movimento de louvor e adoração, os adoradores que "ministram a música" em locais de reunião e cultos devem assumir não o mero papel de músicos mas o status de "levitas". Não foi possível, a esta pesquisa, precisar onde e com quem se originou o uso do termo "levita" para denominar os músicos e cantores. O que se pode constatar é que sua disseminação se deu com a explosão *gospel* – nos escritos e palestras de louvor e adoração, na publicação de material especializado como a revista *O Levita*, vendida nas bancas, ou em páginas eletrônicas.

Segundo o *Dicionário Enciclopédico da Bíblia*[222] a palavra é de origem hebraica e derivada do nome próprio "Levi", terceiro filho de Jacó, que passou designar uma tribo que se tornou responsável pelo culto, exercendo funções sacerdotais. A tradição passou a determinar que todo levita, membro da tribo sacerdotal, seria descendente de Levi. Coube aos levitas carregar a Arca da Aliança, "cuidar do serviço de Deus e abençoar o povo em seu nome". Não receberam terra na partilha entre as tribos, eram visitadores que cuidavam da itinerância do santuário (a arca) e até mesmo lidavam com medicina popular e ajudavam a curar pessoas doentes nas tribos que percorriam. Eram pessoas pobres; não recebiam pelo trabalho.

Após a construção do Templo de Jerusalém, para onde a arca foi transportada – e com isso o santuário deixa de ser itinerante –, uma nova concepção de culto foi construída. Surgiu a figura dos sacerdotes do templo e a construção de uma compreensão de que este seria o único sacerdócio legítimo. A partir daí, aos levitas foram atribuídas funções tidas como inferiores: passaram a atuar no templo como administradores, porteiros, faxineiros e músicos.

Na teologia *gospel* pode-se encontrar uma detalhada justificativa religiosa para a nova significação do termo a fim de enfatizar o papel de destaque da adoração. Para isso, reporta-se aos levitas como um grupo de pessoas separadas para levar e cuidar da Arca da Aliança e posteriormente servir no templo construído pelo rei Salomão. Para isso são "separados", "santificados". Essa fundamentação bíblica indica que os levitas também eram separados para o serviço no templo como músicos, porteiros e responsáveis pelo patrimônio e que os "mais destacados" eram os que estavam "à frente participando da música", em especial a partir do tempo do Rei Davi.[223]

Essa opção pelo modelo de culto do "Antigo Testamento" se reflete nas músicas dos compositores *gospel*, que enfatizam, principalmente, a realeza de

Deus, seu poder, soberania, majestade e domínio, como nos trechos a seguir, de duas das canções mais tocadas nas rádios evangélicas:

Sala do Trono
(Alda Célia)
(...)
Pai eu quero te adorar
(...)
Não apenas no átrio, ou no santo lugar
Eu quero te entronizar
Entre o querubins
Oh, leva-me à sala do trono
Pelo novo e vivo caminho
Pelo sangue de Jesus
Eterno sumo sacerdote
(...)

Reina o Senhor
(Asaph Borba)
Reina o Senhor,
Tremam os povos
Reina o Senhor,
Tremam os povos
Ele está entronizado
Acima do querubins
O Senhor é grande em Sião
E sobremodo elevado
Acima de todos os povos
(...)

O estilo "adoradores" também tem atraído a adesão de pessoas do meio artístico secular, convertidas à fé evangélica. Alguns são ex-famosos como o cantor Dudu França, outros quase famosos como Sarah Sheeva, filha da cantora Baby do Brasil, integrante do grupo SNZ. Convertidos à fé evangélica e ao movimento de louvor e adoração, acreditam que suas canções são "ungidas". Um dos curiosos movimentos de conversão ao movimento de louvor e adoração vem do ex-baterista da banda *gospel* Virtud, Clóvis Ribeiro: converteu-se de artista *gospel*, do *cast* da gravadora *Gospel* Records, a adorador. Ele diz que "de músico profissional passou a ser um caçador de Deus", depois de participar de um congresso de adoração em 2001. [224]

Saem os conjuntos jovens, entram os ministérios de louvor

Uma das características da explosão *gospel* dos anos 90 foi a extinção dos conjuntos jovens, que tiveram o seu auge nos anos 80, conforme já estudado no Capítulo 3 deste trabalho. Com a ênfase no avivamento e na formação de adoradores, trabalhada pela expressão musical do louvor e da adoração, os conjuntos deram lugar aos ministérios de louvor. Quem alavancou o processo nos anos 90 foram as Comunidades Evangélicas e da Graça, seguidas pela Igreja Renascer em Cristo, todas de linha pentecostal.

As duas primeiras, desde o início de sua existência nos anos 70, em Goiânia e São Paulo, e os principais desdobramentos no Rio de Janeiro, com as Comunidades da Vila da Penha, da Zona Sul e de Nilópolis, centraram suas atividades na música. Com o apoio de nomes de destaque entre os evangélicos como Asaph Borba e Bené Gomes, na Comunidade Evangélica, e Adhemar de Campos e Ronaldo Bezerra, na Comunidade da Graça, foram criados os primeiros ministérios de louvor, que passaram a disseminar suas músicas e seu estilo "adoradores" por meio da gravação de discos, com produção independente. As Comunidades Evangélicas orgulham-se de ter "revelado" cantores atualmente consagrados no cenário evangélico como Kleber Lucas, Aline Barros, Ludmila Ferber, Fernanda Brum e de produzir resultados com suas canções entre os evangélicos:

> Um músico, ou cantor, ou até mesmo o compositor é mais do que alguém que produz canções. Para nós é um ministro que toca nos céus, traz o mesmo à terra, atrai a presença de Deus. (...) A música que o Senhor tem colocado em nossos corações tem abençoado o povo evangélico espalhado pelo Brasil de tal forma que já atravessou nossas fronteiras chegando a outras nações, e tudo isto é fruto de uma promessa do Senhor, de que essa obra alcançaria as nações da Terra. (...)

> Este é o poder da música ungida que o Espírito Santo de Deus tem gerado no Ministério de Música da igreja local e que tem possibilitado ao espírito humano, em cada canto do país, a oportunidade de se quebrantar, arrepender-se e colocar-se de joelhos diante de Jesus Cristo!! (...)

> Praticamente em todos os lugares em que essas canções são propagadas, compungem-se os corações e como conseqüência dessa audição, os sinais e maravilhas se manifestam. Várias ligações telefônicas relatam o mover do Espírito Santo em igrejas conhecidas por seu tradicionalismo.

> Inúmeras correspondências que nos chegam dão conta do que acontece com várias pessoas que ao ouvir as nossas músicas, são impactadas pelas manifestações do poder de Deus, que através do louvor ministra-

do, são curadas, restauradas, libertas e têm suas vidas totalmente transformadas de uma maneira surpreendente.[225]

Essa interpretação do papel da música na liturgia da igreja cristã levou as Comunidades Evangélicas a criarem um estilo de "ministração de louvor" no culto, em que o músico e cantor tem papel especial. Ele pode e deve pregar mensagens ("ministrar") e fazer orações – o seu status de "adorador", de alguém que "toca nos céus, traz o mesmo à terra, atrai a presença de Deus", lhe permite isto. Esse estilo foi consolidado como modelo para os ministérios de louvor que se implementavam nas igrejas, estimulados pelas canções de melodia simples, ritmo contagiante e letras apelativas, próprias de um tempo cujas teologias predominantes são as da Prosperidade e da Guerra Espiritual. Os trechos a seguir, de canções bastante popularizadas pelas rádios evangélicas, ilustram isso:

Na Casa de Meu Pai
(Comunidade Evangélica de Nilópolis)
Na casa de meu Pai
Há unção e há poder!
O cego enxerga
O coxo anda
O morto se levanta
Para adorar a Deus
(...)

Tudo o que Jesus conquistou
(Ministério Koinonia – Comunidade Evangélica de Goiânia)
Tudo o que Jesus conquistou na cruz
É direito nosso é nossa herança
Todas as bênçãos de Deus para nós
Tomamos posse, é nossa herança
(...)

Nosso general
(Adhemar de Campos)
Pelo Senhor marchamos sim,
seu exército poderoso é
Sua glória será vista em toda terra
Vamos cantar o canto da vitória
Glória a Deus! Vencemos a batalha
Toda arma contra nós perecerá

O nosso general é Cristo
Seguimos os seus passos
Nenhum inimigo nos resistirá.

(...)

Liderado pela bispa Sonia Ernandes, da Igreja Renascer em Cristo, o ministério de louvor Renascer Praise desenvolveu uma nova versão do estilo "louvor e adoração": estabeleceu a realização de megaeventos para gravação e lançamento de CDs, com palco, cenografia e tecnologia de última geração. Além das músicas, a bispa Sonia Ernandes prega mensagens e faz orações, o que cria a característica de um culto. Em 14 anos de existência completados em 2006, foram 13 CDs produzidos, dos quais dois gravados em estúdio, sete ao vivo e uma versão em espanhol, todos pela *Gospel* Records. Em 2000, o Renascer Praise esteve em Israel, onde gravou ao vivo um CD e o primeiro DVD *gospel* do Brasil.

Como os ministérios de louvor das Comunidades, o Renascer Praise compõe músicas de corte popular para serem cantadas nas igrejas, como o trecho reproduzido a seguir:

Plano melhor
(Renascer Praise)
É só esperar acontecer
É só continuar e não deixar
Que as lágrimas embacem o olhar
E não deixar que a tristeza,
tire a força do caminhar
Continuar, olhando nos seus olhos
enxergando a verdade
E nada e ninguém pode impedir
Jesus, plano melhor nunca chega atrasado
(...)

De todos os grupos que surgiram nos anos 90, o que maior destaque alcançou nos últimos anos é Ministério de Louvor Diante do Trono (DT), da Igreja Batista da Lagoinha (bairro da cidade de Belo Horizonte/MG). Um dos últimos a surgir no cenário *gospel*, o DT elaborou uma síntese dos estilos desenvolvidos pelas Comunidades e pelo Renascer Praise e em poucos anos já havia conquistado o auge do sucesso de público e vendagem de CDs.

O "modelo" Diante do Trono

Conforme já estudado no Capítulo 1, a Igreja Batista da Lagoinha inclui-se no ramo carismático, originada de cisão com a Convenção Batista Brasileira nos anos 70. É uma igreja independente que experimentou um forte crescimento numérico nos anos 90, após adotar estratégias do Movimento de Crescimento de Igrejas. Seguindo a tradição das igrejas batistas, a Igreja da Lagoinha possuía um significativo grupo de músicos e a música era elemento de destaque na liturgia.

O DT surgiu após experiência mística vivida pela filha de um dos pastores da Igreja da Lagoinha, Ana Paula Valadão Bessa, ao participar de congresso de avivamento nos Estados Unidos, no ano de 1997. Ela montou um grupo seleto com músicos e cantores do ministério de louvor já existente na igreja e juntos gravaram em 1998, ao vivo, na Igreja da Lagoinha, o CD intitulado "Diante do Trono". O sucesso da gravação consolidou o grupo que foi denominado título do CD: Ministério de Louvor Diante do Trono.[226]

O DT gravou, mais uma vez ao vivo, em 1999, o segundo CD, "Exaltado", ano em que iniciou viagens pelo Brasil, projetando-se e alcançando aceitação nacional. Nessas apresentações, procurava ressaltar sua característica de ministério de louvor: mostrava as canções dos discos gravados, entremeadas por pequenos sermões ("ministrações") e orações. Introduzia também nos eventos dançarinos que interpretavam as mensagens das canções.

A gravação do terceiro CD, "Águas Purificadoras", em 2000, foi realizada em evento ao ar livre, nos moldes das apresentações realizadas pelo Brasil. A expectativa de 30 mil pessoas, com caravanas de todo o Brasil, foi superada com o alcance de 70 mil. A partir dali, os demais CDs foram gravados em espaços abertos, em capitais de diferentes regiões do Brasil, e chegaram a reunir mais de 500 mil pessoas de todo o País e de países vizinhos.

Foi por meio desses megaeventos em espaços públicos que o DT conquistou espaço entre os evangélicos do país. Além das gravações de CDs em capitais são realizados "grandes cultos de adoração". O objetivo, segundo os líderes do DT, é a realização de "ministrações" pelo Brasil, para "chamariam o povo ao arrependimento pelos pecados na Nação".[227] Em julho de 2006, foi concluído o projeto "Brasil Diante do Trono", com apresentação em Belém (PA) com a gravação do CD "Por amor de ti, ó Brasil". Foi a última etapa da turnê iniciada em Brasília (2002), que seguiu, nos anos posteriores a Salvador, Porto Alegre e São Paulo.

Segundo o grupo, essa turnê, mais do que apresentações, são uma "jornada profética": adorar a Deus nas cinco regiões brasileiras, como metáfora referente a conquista espiritual do País. "Somente entronizando o Senhor Jesus o

Brasil mudará sua realidade e terá um futuro promissor. Por isso, adaptamos nesse último trabalho [lançado em Belém] a mensagem dada a Jerusalém no capítulo 62 de Isaías", explica Ana Paula Valadão.[228] As apresentações do DT em locais públicos são megaproduções. Um aparato tecnológico de última geração (iluminação de palco, canhões e refletores na platéia, som, telões) serve de apoio para os mais de 50 integrantes do grupo: cantores que formam o vocal de apoio para a principal vocalista Ana Paula Valadão; músicos de base com teclados, contrabaixo, guitarra, violões e bateria; uma orquestra de sopro com trompetes, trombones, trompas e saxofones; e dançarinos, que coreografam todas as músicas. O coral do Ministério Ephatá da Igreja da Lagoinha também dá apoio vocal. Tradutores para a linguagem dos surdos-mudos atuam em todas as músicas, palavras e orações. A cenografia explora as cores do palco e do vestuário de cada integrante, em sintonia com a iluminação. O vestuário, por sinal, procura mesclar seriedade com leveza, dentro da moda. Os homens cantores e regentes vestem ternos com cortes modernos, e os homens músicos usam camisa com gravata. As mulheres vestem conjunto de calça e bata com transparência e acessórios modernos (como cintos, brincos, colares). A maquiagem traduz singeleza. Um artista pinta um quadro relacionado ao tema do CD durante a apresentação.

Apresentação é uma palavra evitada pelo DT. O que acontece nos megaeventos, segundo os integrantes, é um culto de adoração, dirigido a Deus e não às pessoas, em que há "ministração" e "intercessão" pelas pessoas presentes e pelo País. Durante o evento, Ana Paula Valadão é a figura central. Além de ser a autora de todas as músicas dos CDs, é a principal vocalista, cedendo, por vezes, alguns solos para integrantes do grupo vocal. Nas interpretações, ela assume uma postura contemplativa e contrita – ajoelha-se, olha para o céu, fecha os olhos, derrama lágrimas, ações seguidas pelos demais cantores. Em cada música, ela prega um pequeno sermão ("ministra") – cita trechos da Bíblia e expõe mensagens; em outros momentos, faz orações ou dirige o público em momentos interativos.

A maioria das músicas do DT são baladas românticas com forte peso emocional, o qual é reforçado, nas apresentações, pela coreografia dos dançarinos e pelos apelos ao público para que feche os olhos, ajoelhe, coloque as mãos no coração. O público responde a tudo, reagindo com brados de "Aleluia!", "Glória a Deus" e, em alguns momentos, chora copiosamente. Algumas músicas possuem ritmos mais agitados, mas nada além de pop-rocks, momentos de espetáculo/culto em que o público é convidado a dançar, pular e "gritar brados de vitória".

A imagem de pessoa espiritual ("ungida") e a capacidade de comunicação, aliados aos atributos físicos, transformaram Ana Paula Valadão na musa da música *gospel* da atualidade. Um trecho da matéria de capa sobre o "fenômeno" DT publicada pela *Revista Eclésia*, uma das mais populares entre os evangélicos, distribuída em bancas de jornais e revistas, revela isto [grifos meus]:

> A música flui de seus lábios, **envolvente**. Palavras e cânticos se sucedem, num fluxo ininterrupto, trazendo uma **atmosfera de marcante espiritualidade**. No altar, ela canta, ora, dança. Em certos momentos, sorri e chora; em outros, saltita e cai de joelhos. A espontaneidade é o complemento **perfeito** para sua voz afinadíssima. Os espectadores, **inebriados**, levantam as mãos e deixam as lágrimas escorrerem livremente, numa onda de louvor. (...) Quem assiste às apresentações do Ministério de Louvor Diante do Trono, **liderado por ela, tem a sensação de que está, literalmente, na presença do Rei dos reis**. Santo dos santos, lugar da adoração, sala do trono. As expressões utilizadas para designar a dimensão do alcance do ministério são diversas, mas todas retratam o sentimento de intimidade e aconchego proporcionado pelo louvor genuíno, aquele que sobe como incenso agradável até as narinas do Senhor.[229]

Este reconhecimento tem eco em outras publicações significativas no campo evangélico, como a revista *Igreja*, que publicou em 2006:

> Não é exagero dizer que o Diante do Trono é o maior fenômeno da música evangélica nacional desde que os Vencedores por Cristo causaram uma revolução três décadas atrás. Capitaneado pela carismática Ana Paula Valadão, o ministério atrai multidões por onde passa – multidões de adoradores, como faz questão de dizer Ana Paula. O Diante do Trono não é apenas um grupo musical dos bons. É um fenômeno que interferiu até no comportamento de um expressivo segmento da Igreja brasileira, sobretudo entre os mais jovens.[230]

A opção pela adoração e não pela carreira artística faz o DT crer que suas músicas trazem resultados para quem as ouve durante os eventos ou a distância, pelos CDs ou vídeos:

> A mesma unção de cura, de libertação, de gozo na presença de Deus é derramada também sobre todos os que ouvem o CD. Daí, toda beleza e os muitos milagres que acontecem pela ministração das músicas. (...) São incontáveis os testemunhos relatados por pessoas que experimentaram um novo começo em suas famílias e em seus próprios corações. O Ministério Diante do Trono tem convicção de que estar constante-

mente aos pés de Jesus é o motivo do sucesso de todo o seu trabalho, pois ele não traz glória para os adoradores, e, sim, para o Adorado. Jesus é o alvo.[231]

Na prática, parece que é difícil levar esse discurso até o fim. No lançamento do CD "Quero me apaixonar", na II Feira Internacional do Consumidor Cristão realizada em setembro de 2003, em São Paulo, o DT recebeu o Disco de Platina pela vendagem de 500 mil cópias em duas semanas de comercialização. Ana Paula Valadão estava presente; atendia a uma longa fila de "fãs" que adquiriam o CD em busca de um autógrafo e uma fotografia com a musa. Outros integrantes do DT estavam no local e apenas assistiam ao assédio à cantora. No entanto, a resposta das pessoas indagadas quanto à razão de dispensarem tempo em uma fila em busca de um autógrafo de Ana Paula Valadão parece confirmar o discurso do DT[232]:

> É coisa inédita aqui em São Paulo a Ana Paula tão pertinho da gente... é um ministério superabençado. A gente reconhece o trabalho dela, deles, aliás. E aproveitando que ela está aqui não custa nada a gente ficar na fila. O ministério deles é abençoado porque desde que eu conheci o DT, através das músicas, minha vida foi realmente edificada, transformada, então tem que valorizar o trabalho. As músicas tiveram influência na minha vida. *Denise Siqueira, 23 anos, Igreja Universal dos Filhos de Deus (São Paulo)*
>
> Eu fui à gravação do CD este ano aqui em São Paulo, foi uma bênção de Deus. Desde então a minha vida foi transformada. Porque até então eu tinha passado por uma fase muito difícil da minha vida espiritual. Então, ao ouvir aquelas canções, ao ouvir os testemunhos, tudo quanto foi ministrado ali naquele lugar eu me senti maravilhada, porque o Senhor, ele realmente transformou a minha vida. Vale a pena ficar aqui na fila, não somente para pegar um autógrafo mas para agradecer por este ministério tão maravilhoso em nossas vidas. O trabalho deles tem diferença de outros cantores e grupos evangélicos, porque é cheio da unção de Deus. E isso é o que faz a diferença. Não adianta você ter a voz bonita, cantar bem, se você não tem a unção de Deus. Os exemplos deles, os frutos que eles dão, me mostram esta unção. *Tatiane Porto, 18 anos, Comunidade Cristã Paz e Vida (São Paulo)*
>
> Faço parte disto. Fui uma das participantes de um grupo de mil intercessores. Nós oramos muito, mais de um mês antes da realização deste evento. Nós jejuamos, clamamos ao Senhor para que tudo fosse feito para honra e glória do Senhor. Então eu estou muito feliz porque hoje eu estou vendo o resultado de um trabalho. Um trabalho que foi

movido pelo Espírito Santo, de muita consagração. Não porque é o DT ou porque é a Ana Paula, mas sim porque eu faço parte disso e eu pude sentir na minha vida o mover do Espírito Santo de Deus. *Rosa Musse, 44 anos, Igreja Restauração da Fé (São Paulo)*

Ah, eu queria declarar para a Ana Paula que realmente eu estou sendo abençoada pelos cânticos do DT. Não só por causa dela mas por causa do ministério que tem passado realmente unção, seriedade, e temos visto isto na vida de cada um. Temos acompanhado no seminário de intercessão e a gente vê que realmente o trabalho é sério. A unção é vista na seriedade no trabalho. Não é uma coisa de tietagem, de ficar buscando, querer aparecer. Tenho visto isto em grupos evangélicos e o DT é uma diferença. *Helena Alves, 41 anos, Igreja Edificando em Cristo (Tremembé)*

Nós somos admiradores do ministério DT, não só da Ana Paula e do pastor Márcio, mas de todos. A gente entende que é um ministério importantíssimo para louvor do nosso Deus. Esta é a razão de estarmos aqui para levar uma lembrança. Existe uma diferença deles para outros grupos de cantores porque a ministração que eles fazem é uma ministração totalmente evangelística, para atingir mesmo aqueles que ainda não se encontraram com Cristo. *João Marcos Silvério, 39 anos, Igreja Presbiteriana do Brasil (São Paulo)*

Minha filha é fã incondicional da Ana Paula e do DT como um todo. Nós já acompanhamos o trabalho do DT há muito tempo e vim trazê-la aqui hoje. 70 km embaixo deste calorzão, para satisfazer o desejo dela de estar aqui. *Adão Luiz Mendonça, 41 anos, Igreja do Nazareno (Itatiba)*

A resposta do público pode ser medida nos números. Os 12 CDs lançados de 1998 a 2006 venderam juntos mais de cinco milhões de cópias, o que fez com que as músicas virassem "hits" nos cultos de milhares de igrejas. Os trechos, a seguir, de duas baladas românticas que aparecem na lista das mais tocadas nas rádios evangélicas são exemplos do tipo de mensagem que recebe resposta tão positiva:

Aclame ao Senhor
(Versão em português, de Ana Paula Valadão da música "Shout to the Lord", da cantora australiana Darlene Zschech)
Meu Jesus, salvador
Outro igual não há
Todos os dias quero louvar
As maravilhas de teu amor

Consolo, abrigo
Força e refúgio é o Senhor
Com todo o meu ser
Com tudo o que sou
Sempre te adorarei
Aclame ao Senhor toda a Terra e cantemos
(...)
Incomparáveis são tuas promessas pra mim

Preciso de Ti
(Ana Paula Valadão)
Preciso de ti, preciso do teu perdão
Preciso de ti, quebranta meu coração
Como a corça anseia por águas
assim tenho sede
Como terra seca assim é a minh'alma
Preciso de ti
Distante de ti Senhor não posso viver
Não vale a pena existir
(...)
Preciso de ti
E as lutas vêm tentando me afastar de ti
Frieza e escuridão procuram me cegar
Mas eu não vou desistir ajuda-me Senhor
Eu quero permanecer contigo até o fim

A matéria de capa *Revista Eclésia* sobre o DT avalia as canções:

> Além de carregarem inegável unção, as canções pegam com uma facilidade impressionante e não saem mais da cabeça. O mais extraordinário é que não se trata de puro modismo, embora, evidentemente, não se possa ignorar que, aqui e ali, a coisa caminhe por este lado. O grupo mineiro está trazendo uma nova mentalidade à Igreja brasileira, onde o louvor musical, muito mais do que ocupar importante espaço devocional, representa atitudes diante de Deus. "É a ministração que vem do coração do Pai diretamente para o coração do adorador", define Ana Paula Valadão Bessa.[233]

O avivamento do mercado fonográfico

A linha "louvor e adoração" está conquistando cada vez mais espaço no mundo *gospel*. Mesmo grupos musicais mais antigos que ainda permanecem, como o Vencedores por Cristo e o Grupo Logos, já se atualizaram e se inseriram nessa linha musical religiosa, garantindo a imagem de seriedade e dedicação a Deus que os consagrou entre a juventude nas décadas de 1970 e 1980. Ex-líderes apresentam-se hoje como ministros de música ou adoradores, como Guilherme Kerr Neto e João Alexandre. O primeiro escreveu, por exemplo, em artigo publicado pela Associação de Músicos Cristãos:

> Você que é meu colega no ministério da adoração – cuidado com as novas teologias, os novos ventos de doutrina, com as letras que descrevem só a subjetividade da relação com Deus porque embora a experiência de qualquer pessoa seja importante e deva ser respeitada, não é a experiência que determina a nossa fé. [234]

Os antigos se adaptam, mas o que existe são muito mais novidades. Nos últimos tempos, o novo são os ministérios criados por músicos ou líderes evangélicos desvinculados de suas comunidades de origem ou por músicos recém-convertidos à fé evangélica. São igrejas independentes, com programação 100% voltada para o louvor e a adoração. Um dado curioso é que os ministérios mais destacados desse novo formato são liderados por estrangeiros.

O Ministério Paixão, Fogo e Glória, sediado em Belo Horizonte/MG, por exemplo, é liderado pelo pastor irlandês David Quinlan, anteriormente missionário do Ministério Uma Chamada para as Nações, cujo líder é o pastor estadunidense Dan Duke. Também inspirado no Ministério Uma Chamada para as Nações é o Ministério Asas da Adoração, liderado por Christie Tristão. O Ministério Casa de Davi, sediado em Londrina/PR, foi fundado pelo missionário da Missão Pedra Angular, dos Estados Unidos, Mike Shea.[235] Outros, como o Adoração Profética, da pastora Ludmila Ferber, originária do Ministério Koinonia, também têm conquistado espaço. Os CDs "Adoração Profética" (série de quatro, até 2006), lançados por gravadora própria, a Kairós, figuram na lista dos dez mais vendidos da parada *gospel*.

Atualmente há uma extensa lista de novos cantores e grupos de louvor e adoração. É tarefa difícil listar todos; aqui foram destacados os principais. As características estudadas indicam a consolidação dessa linha musical como a maior força do movimento *gospel* no presente, a qual pode ser medida não só pela quantidade de eventos e de público neles envolvido, como pelo fato de as gravadoras *gospel* já terem assimilado a nova tendência. Matéria publicada em setembro de 2000 na *Revista da Força Editorial*, uma distribuidora de produtos evangélicos, já sinalizava:

> A música evangélica procura tocar o coração nos mais variados ritmos e formas. Entretanto, sempre existe um estilo que se destaca nas rádios cristãs. Atualmente os produtores e diretores das gravadoras apontam o louvor de grupos comunitários como o principal sucesso nas paradas. A tendência seria responsável também pela onda de discos ao vivo. O grupo Diante do Trono foi um dos responsáveis pela consolidação da linha louvor congregacional. "É o que tem levado as pessoas a buscar mais a Deus", acredita o diretor de marketing da produtora Wellington Buchara.[236]

As Comunidades Evangélicas foram as pioneiras na gravação de discos com músicas voltadas para louvor e adoração congregacional, mas foram os Ministérios Renascer Praise e o Diante do Trono que alavancaram o sucesso dessa linha de expressão *gospel*, ainda nos anos 90.

Com atenção ao mercado, as grandes gravadoras não desprezam a tendência. A maior das brasileiras, a MK Publicitá, criou a linha "Louvor", diferenciada da linha "Artistas" e passou a gravar canções dos "Ministérios" Comunidade da Graça, contratou Alda Célia (ex-Ministério Koinonia), já produziu dois CDs de Ludmila Ferber e criou a série "Louvor das Igrejas". Já existem também as gravadoras especializadas nesta linha: as estrangeiras Integrity Music, Vineyard Music e BV Music (as maiores) e as brasileiras Diante do Trono, Kairós (do Ministério Adoração Profética), Joy Music (do Ministério Geração Profética), Aliança, Life (do cantor Asaph Borba) e Zoe Music, entre as mais destacadas.

No Prêmio Troféu Talento, oferecido pela Rede Aleluia de Rádio, aos melhores da música *gospel* a cada ano, eleitos pelas gravadoras e pelo público, está incluída, desde 2003, a categoria "Melhor Álbum de Louvor e Adoração". A primeira premiação foi obtida pelo Ministério Diante do Trono, com o CD "Nos Braços do Pai", que também venceu em 2004. Em 2005, 2006 e 2007, o Ministério Toque no Altar, de Nova Iguaçu/RJ, levou o prêmio.

Uma adaptação das gravadoras a essa tendência são as produções ao vivo. Todos os ministérios de louvor e adoração gravam ao vivo, no modelo "Diante do Trono". Os artistas *gospel* também estão optando por essa prática. Com a popularização dos DVDs, ela fica consolidada.

Um discurso comum multiplicado

Outra forte característica do movimento de louvor e adoração é a promoção de treinamentos: cursos, seminários, congressos são realizados com a finalidade de formar e articular "verdadeiros adoradores", segundo os organizadores. Isso significa capacitar tecnicamente para a prática musical, para expressões artísticas na liturgia e para a liderança musical nas comunidades religiosas, e oferecer embasamento teórico – bíblico e teológico – para esse trabalho.

Um dos primeiros eventos de treinamento e articulação foi o Encontro Nacional de Louvor Profético, realizado anualmente desde 1990. A média de participantes das últimas edições do evento é de três mil pessoas. O encontro já tratou de temas como Integridade na vida dos Músicos e Cantores, Unção na vida dos Músicos, A música na casa de Deus, Princípios de autoridade espiritual, Caráter + carisma + técnica, Músico: Sou chamado para servir, Louvor em Santidade, O adorador e sua família. Os palestrantes são sempre nomes destacados do movimento tais como Asaph Borba, Sostenes Mendes, Adhemar de Camos, Bené Gomes, Alda Célia, Kleber Lucas, David Quilan, Ronaldo Bezerra, Bob Fitts, entre outros. Todas as palestras são reproduzidas em vídeos e CDs e colocadas à venda para o público.[237]

Outro grupo pioneiro é a Associação dos Músicos Cristãos (AMC), que se apresenta como uma "associação de irmãos" que atuam no ministério de louvor e adoração "com reconhecimento na igreja brasileira".[238] A AMC tem entre os associados-fundadores, diretoria e conselheiros, nomes destacados dessa linha musical: Ademar de Campos, Asaph Borba, Bené Gomes, Guilherme Kerr Neto, Jorge Camargo e outros. Ela realiza, desde a sua fundação, o Salmus – Seminário de Adoração, Louvor e Música, e Encontros Regionais, que dão acesso aos conteúdos que desenvolve em várias cidades do Brasil. A partir da quarta edição, o Salmus passou a reunir uma média de mil pessoas, que buscavam cantar e ouvir palestras dos líderes que integram a associação. Os conteúdos trabalhados também são acessíveis ao público por meio da publicação de textos de seus integrantes. A editora W4 Endonet criou a "Coleção AMC de Louvor" e tem trabalhos publicados de Adhemar de Campos, Jorge Camargo, Massao Suguihara, Jônatas Liasch & Marcos Mônaco, Bob Fitts e Marcos Witt.

As gravadoras estadunidenses que penetraram no mercado religioso brasileiro, voltadas para a linha dos ministérios de louvor e adoração, também têm investido em treinamento. A maioria das gravações da Integrity Music são feitas ao vivo em eventos de louvor e adoração que ela mesma promove.[239] Além disso, ela importou para o Brasil o modelo dos cursos de louvor e adoração que realiza nos Estados Unidos. Foi organizada uma versão do Instituto Integrity de Adoração – um curso para pastores, músicos e líderes de liturgia, em cinco módulos, cada um com treinamento intensivo de cinco dias – e das Conferências Anuais de Adoração e Adoradores.

A Vineyard Music iniciou os eventos de treinamento em 2002: as Conferências de Louvor e Adoração, os encontros "Derramar" e "Entrega", seminários de louvor e adoração e os Musicamp, acampamentos anuais de treinamento para adolescentes e jovens, em parceria com a organização estadunidense King's Kids, cuja versão brasileira intitula-se A Turma do Rei.[240] Os preletores desses eventos são integrantes das Igrejas Vineyard nos Estados Unidos e no Brasil. Vínculos foram criados no Brasil com a Missão Vencedores por Cristo. Treinamento também tornou-se uma das prioridades do Ministério Diante do Trono nos últimos anos. Em 2000 foi criado o Centro de Formação Missionária Diante do Trono, com curso anual em três módulos mais período prático e núcleos em mais seis cidades brasileiras. Desde 2003, essa proposta se transformou no Centro de Treinamento Ministerial Diante do Trono, que oferece curso de dois anos nas áreas de "adoração e louvor" e "missões transculturais". Anualmente o DT realiza o seminário dos representantes do Diante do Trono e o congresso internacional de louvor e adoração, que reúne centenas de pessoas. Há ainda, desde 2003, o primeiro Acampamento Força Jovem, dirigido a adolescentes. A maior parte dos palestrantes integra o Ministério Diante do Trono e a Igreja Batista da Lagoinha, mas outras figuras de destaque no ministério de louvor e adoração são convidadas.

Os Ministérios Paixão, Fogo e Glória e Casa de Davi também realizam cursos, treinamentos e conferências na mesma linha dos outros eventos já descritos, e estão conquistando espaço e reconhecimento entre os "adoradores". O Ministério Asas da Adoração criou a "Casa Adorando", para formação de equipes de louvor das igrejas e músicos cristãos em geral. Até os grupos mais antigos como o Vencedores por Cristo se atualizam e passam a realizar seminários e conferências de louvor e adoração. Estes são apenas destaques ilustrativos dos eventos que, a partir de 2000, se tornaram um dos mais importantes veículos de disseminação da cultura *gospel* entre os evangélicos no Brasil.[241]

Os eventos descritos são realizados em nível nacional. Ao se folhear as principais revistas *gospel* e acessar as principais páginas da internet, é possível identificar uma extensa lista de eventos e um amplo número de organizações que os promovem em nível regional (estados) e local (cidades).

Estes treinamentos são promovidos por diferentes grupos, mas possuem características similares: (1) como articuladores dos ministérios de louvor e adoração, procuram ter caráter supradenominacional e reúnem pessoas de diferentes denominações evangélicas; (2) ao voltarem-se para as lideranças de comunidades locais dessas denominações, adquirem caráter multiplicador; (3) trabalham os mesmos conteúdos, produzidos pelas mesmas lideranças – nomes de destaque no cenário *gospel* do louvor e adoração.

A título de exemplo, o quadro abaixo demonstra, na leitura horizontal, a similaridade dos temas das palestras desenvolvidas nos principais eventos de louvor e adoração (pesquisa realizada nos anos de 2002 e 2003):

Encontro Nacional de Louvor e Adoração (média de 5.000 participantes por evento)	Salmus (média de 1.000 participantes por evento)	Congresso Diante do Trono (média de 3.000 participantes por evento)
O Ministério da Música na Igreja	Estruturando a Música na Igreja	
Um dos atributos de Deus: santidade		Conhecer a Deus
Jesus e a essência da adoração		Vem, Senhor, te entronizamos
A glória de Deus		
O caráter e o compromisso do músico	Adoração e Integridade	
	Ética, Responsabilidades e Direitos na Música Cristã	
Edificando uma equipe de louvor	Liderando a Equipe de Louvor	
Ministração profética	A Música e o Músico como Instrumento de Evangelização	O poder do louvor
		Batalha espiritual
Músicos e o Espírito Santo	Composição e Espiritualidade	A condição espiritual do adorador
Intimidade com Deus		A importância da oração
Em submissão às lideranças	Discipulado na equipe de louvor	
Relacionamento entre o músico e o ministério pastoral	Princípios de Relacionamento entre Pastores e Músicos	

A similaridade dos conteúdos disseminados nos treinamentos promoveu a construção de um discurso comum. A forma de falar do divino e de relacionar-se com ele por meio da expressão musical é elaborada com elementos originados da doutrina pentecostal – tendência predominante entre as lideranças dos ministérios de louvor e adoração –, especialmente as ênfases intimistas na relação com o Espírito Santo, as Teologias da Prosperidade e da Guerra Espiritual.

O núcleo central do discurso de louvor e adoração é poder e soberania de Deus. Nesse sentido, são relacionadas a Deus palavras-chave como "rei/reinar", "trono", "coroa/coroar", "majestade", "glória", "domínio", "governo". Há todo um embasamento bíblico concentrado no Antigo Testamento relacionado a uma tradição teológica do judaísmo sustentadora do templo e dos reis, que enfatizava essa compreensão de Deus "morador daquela cidade", guerreiro defensor dela, "rei dos reis" e soberano sobre todos. A referência do Novo Testamento restringe-se ao livro do Apocalipse, que faz uso da linguagem mística dessa tradição a qual pode ser encontrada nas letras das músicas e no conteúdo das palestras apresentadas.

A noção contida nos Antigo e Novo Testamentos, do Deus servo, humilde, sofredor, dos pobres, é desconsiderada. Isso aparece principalmente nas canções, como aquelas cujos trechos estão reproduzidos a seguir, bastante popularizadas entre as igrejas:

Exaltado
(Adhemar de Campos)
Ele é exaltado o Rei exaltado nos céus
Eu louvarei
Ele exaltado pra sempre exaltado
O seu nome louvarei
Ele é o Senhor
A verdade vai sempre reinar
(...)

Soberano
(Kleber Lucas)
(...)
O domínio de todas as nações pertence a Ti Rei Jesus
Só Tu es digno de receber a glória de receber toda exaltação
Não há outro Deus tão digno de poder entronizado nos louvores de Sião
(...)

Outro núcleo do discurso reflete o que os adoradores almejam ao exaltarem o divino: a unção. Tomada da tradição dos tempos bíblicos, ela era um rito religioso consecratório, em que se utilizava óleo, pomada ou bálsamo a fim de se constituírem objetos como sagrados. Era também aplicada a pessoas – tradicionalmente, apenas o rei e o sumo-sacerdote – que se tornavam representantes consagrados de Deus, possuidores do seu espírito. Os profetas eram metaforicamente classificados como ungidos, por serem representantes de Deus. A mesma metáfora é utilizada entre os primeiros cristãos para designar a penetração da doutrina do Evangelho nos novos adeptos – há aqui a compreensão de uma unção espiritual ou a penetração do Espírito de Deus na pessoa que tem fé.[242] A ênfase intimista e avivalista na relação com o Espírito Santo retrabalhou o sentido do termo para expressar a presença do Espírito Santo na vida de uma pessoa ou de um grupo de pessoas. Passa-se a classificar quem é e quem não é ungido pela qualidade da adoração. Além da noção de unção estar presente em várias canções (ver exemplo na página 112), ela é tema constante de orientações e "ministrações" dos líderes de louvor e adoração, como no exemplo a seguir:

A adoração verdadeira, sincera e sem disfarces deve ser uma busca constante de todos que desejam desfrutar a intimidade com Cristo. No tempo de Moisés Deus enviava do céu o maná, que saciava a fome do Seu povo no deserto. Contudo, esse maná era um suprimento diário, deveria ser consumido todo naquele dia. Se o povo deixasse para o dia seguinte, aquele alimento ficava estragado. Assim é busca pela verdadeira adoração: uma prática diária. Nós também podemos receber do Pai o maná da **unção de adorador**, que vem pela intimidade com Ele. Um novo derramar, uma novidade de vida e de espírito, e isso precisa ser diário para não perdemos o vínculo com o Pai.[243]

Essa unção traz conseqüências na compreensão *gospel*. A interpretação é que o ungido de Deus é revestido do poder de Deus e, como tal, torna-se mesmo como Deus, ou como "pequeno Deus", como pregam os teólogos da prosperidade. [244] Ou seja, quanto mais se adorar a Deus mais unção é recebida e conseqüentemente mais poder é dado ao adorador. Poder para quê? Principalmente para vencer as forças do mal, numa batalha espiritual que não tem fim até o dia do Juízo Final, defendem os pensadores do louvor e adoração. "Os verdadeiros adoradores são vitoriosos", daí as palavras "guerra", "batalha" e "vitória" serem expressões-chave no discurso *gospel*. Os exemplos a seguir, de canções popularizadas e literatura *gospel*, ilustram essa noção.

Nossa guerra não é carnal como também não o são nossas armas. Aqueles que pregam, erroneamente, sobre a teologia da libertação, o fazem sem um verdadeiro embasamento bíblico. (...) Ao cantarmos, falarmos ou declararmos louvores ao Senhor, expressamos, para as forças contrárias, as verdades que se encontram na Palavra. Estamos assim apontando mísseis e bombardeando o reino de nosso inimigo, lembrando-lhe que Jesus já triunfou sobre ele e que podemos exultar com a vitória dele. Não que o cântico em si tenha poder, já que ele é somente portador de algo que é muito mais poderoso, ou seja, a declaração da Palavra de Deus de que "Jesus Cristo é Rei". (...)

Meu irmão, na próxima vez que for a um culto ou reunião, quando estiver louvando ao Senhor, lembre-se desse princípio para que seu louvor tome nova perspectiva e enfoque. Pense: "Ao cantar e louvar, entregando meu coração e minha vida ao Senhor, estou derrotando ainda mais o reino de Satanás. (...) É por isso que o diabo não gosta de adoradores, como também não quer que haja muitos, já que eles estão lhe causando uma destruição enorme.[245]

Jeová é o teu cavaleiro
(Kleber Lucas)
Jeová é o teu cavaleiro, que cavalga para vencer
Todos os seus inimigos cairão diante de ti
Sobre tua vida, meu irmão, não vale encantamento
Sobre tua vida, meu irmão, está a bênção do Senhor
A força dos seus opressores nunca te alcançará
(...)
Nessa compreensão, o poder alcançado vence poderes malignos mas também serve para "abençoar" pessoas que carecem da unção. Isso significa que qualquer pessoa que seja uma "verdadeira adoradora" adquire poder, como representante de Deus, ou como "pequeno Deus", para "dizer bem" ou "oferecer bem" a alguém. Aqui o significado religioso da bênção, construído na tradição cristã, ganha outro sentido. Na tradição bíblica, quem abençoa (dizer ou oferecer bem) é Deus, depois somente o pai de uma família, que é quem também tem o dom da vida. Os sacerdotes são os representantes consagrados que transmitem a bênção, que é de Deus. Na nova concepção, os adoradores tornam-se como Deus, já que têm o poder, não de transmitir a bênção, mas de abençoar. Esse sentido aparece em muitas canções utilizadas em momentos de culto nas igrejas para que pessoas abençoem outras.

Tua unção
(Ronaldo Bezerra)
Derrama em mim a tua unção
o teu poder o teu amor
Eu quero ser Senhor
um instrumento teu
para abençoar toda Terra
(...)

Não vou calar meus lábios
(Ministério Koinonia)
(...)
Não vou calar meus lábios vou profetizar
Manifestar a graça e abençoar a quem Deus quer libertar
Sobre tua vida vou profetizar
nenhuma maldição te alcançará
(...)

Um terceiro núcleo do discurso de louvor e adoração é o da intimidade com Deus. Prega-se que um adorador deve ter intimidade com Deus comparada à intimidade namorado-namorada, noivo-noiva, marido-esposa, daí o recurso a palavras-chave como "apaixonar-se" (por Deus) e expressões dirigidas a Deus nos termos das clássicas declarações de amor entre amantes, tais como "você é tudo para mim", "você é a razão da minha vida", "te quero, preciso do teu calor". Uma forte característica desse discurso é a menção quase inexistente do nome de Deus nas músicas: apesar de as músicas expressarem uma comunicação do adorador com Deus, o discurso é construído de forma que a mensagem pode ser facilmente utilizada numa comunicação em que Deus fique de fora, que seja, por exemplo, entre uma mulher e um homem apaixonados, como se pode identificar nos trechos de canções reproduzidos a seguir.

Razão de viver
(Melissa)
Minha razão de viver,
Meu maior prazer é te amar;
Nada me faz mais feliz
Que poder sentir você me tocar,
(...)
Eu quero mais, muito mais
Do "Seu" amor.
Você é tudo pra mim, Senhor;
Eu quero mais, muito mais
Do "Seu" poder,
Você é a razão
Do meu viver.

Quero me apaixonar
(Diante do Trono)
Tenho saudades
saudades de ti
minha vontade é
voltar atrás onde caí
e recomeçar tudo de novo
e nunca mais deixar
meu coração se esfriar
te quero, preciso do teu calor
quero me apaixonar
por ti outra vez
(...)

Outro núcleo do discurso comum consiste em repetir frases de auto-afirmação para si próprio ou para quem está perto. Orientações como "Repita bem alto: 'eu sou filho de Deus'" ou "Vire-se para quem está ao seu lado e diga: 'eu sou um vencedor em Cristo'", ou ainda "Vamos declarar: x, y, z" [para Deus ou para quem está do lado] são prática comum em encontros de louvor e adoração. A técnica da repetição de frases de auto-afirmação é própria das técnicas de auto-ajuda muito em voga no campo secular e nas práticas esotéricas. Como alcançar sucesso profissional? Como enfrentar as mazelas da vida, mantendo sempre um "pensamento positivo"? Qual a fórmula para se atingir um absoluto autocontrole da mente? Como se libertar da timidez, da ansiedade, do medo e do estresse cotidiano? Ou ainda como conquistar amigos e amantes? A busca das respostas a estas perguntas encontra-se em manuais, cursos e palestras oferecidos por profissionais que se têm consagrado neste campo.[246]

Todo discurso de auto-ajuda é fundado na idéia de que é somente preciso acreditar que aquilo que se quer pode acontecer. As técnicas baseiam-se na valorização da estima do indivíduo, pregando a idéia de que o sucesso depende de ações que estão ao alcance de todos, contrariando a própria realidade econômica e culturalmente competitiva e desigual de nossa sociedade. O discurso da auto-ajuda cabe no discurso religioso da prosperidade porque evoca certezas, não lida com dúvidas, vulnerabilidades ou insuficiências humanas. Num momento de incertezas e de busca de inclusão a qualquer custo, não é difícil explicar o sucesso do discurso da auto-ajuda tanto no campo secular quanto no campo religioso.

Essa interpretação é disseminada nos encontros de treinamento e nas concentrações de louvor e adoração e também por meio de literatura *gospel*, como no trecho a seguir.

Declarações: essa é outra área interessante do louvor, que vemos no Apocalipse. É importante aprender a utilizar a boca, a língua e a garganta que o Senhor nos deu, a fim de podermos declarar para o nosso inimigo, e também ao nosso irmão, verdades eternas e contundentes.

Nos últimos anos em algumas igrejas tornou-se muito comum dizer-se "Diga para a pessoa que está do seu lado..." A razão pela qual temos este costume é justamente essa – declarar, com a boca, e perante o povo, como são grandes as maravilhas de Deus! Essa prática é muito boa porque recordamos uns aos outros que, em verdade, a graça e a misericórdia divinas para conosco têm sido abundantes.[247]

Há ainda as expressões-chave que se consolidaram como jargões do movimento *gospel* e da linha louvor e adoração. Uma delas é "ministrar". Já que o louvor e a adoração passam a ser um ministério, os músicos e animadores musicais são "ministros" e devem portanto "ministrar" canções. Com isso, as expressões "cantar" ou "tocar" foram substituídas pela palavra "ministrar". A palavra dá o caráter sacro, de unção a quem está envolvido com música em uma igreja ou por meio de uma carreira musical *gospel*.

Outro jargão consolidado é "louvor", utilizado para expressar "música", "canção" ou "hino". Atualmente no cenário evangélico, não se canta mais uma música ou entoa-se um hino, mas "ministra-se um louvor". Toda e qualquer música entoada ou instrumentalizada na liturgia ou em um espetáculo religioso é um "louvor"; ainda que seja uma canção de arrependimento ou de dedicação a Deus, a ela os grupos e mesmo o corpo pastoral referem-se como tal.

Esse discurso comum dirigido ao público que participa das conferências, cursos e seminários de louvor e adoração, de caráter multiplicador, e também disseminado pela mídia evangélica, se tornou base da linguagem da cultura *gospel* vivenciada nas igrejas locais. As expressões-chave estão nas músicas cantadas nas liturgias das igrejas, nos sermões e nas mensagens dirigidas ao público das reuniões evangélicas, o que será estudado mais adiante.

Em meio ao discurso interpretado e disseminado pelo movimento *gospel* como renovador, em forma de transformações inseridas no cenário evangélico, há outro que revela não transformação mas conservação. Nele se distingue a preservação de elementos da tradição puritana, do destino manifesto, pietista, sectária, fundamentalista e antiintelectualista, formadores da identidade evangélica brasileira. Isso está presente em canções, como as exemplificadas a seguir:

Minha esperança
(Grupo Quatro Por um)
Não vivo o que o mundo diz
Não faço o que o mundo faz
Sou peregrino aqui
cumprindo uma missão
(...)

Meu mundo não é aqui
(Alessandra Samadello)
Pai, o mundo não é pra mim
Não quero mais ser daqui
Espero a salvação.
Pai, cansado estou de ver
Pessoas sem esperança
Que não querem o Senhor.

Volta depressa
Pai eu te peço
Pois neste mundo não há
Lugar para o seu amor
Meu mundo não é aqui
Meu mundo não é aqui
Tanto sofrimento sem amor
E o mal trazendo a dor
Mas meu mundo não é aqui
Meu mundo não é aqui
O céu é o lugar onde eu vou morar
Pois ali estará a paz.
(...)

A linguagem tão marcada na tradição evangélica, "mundo", para se referir ao espaço que não é o da igreja, dos salvos, daqueles que estão resguardados do mal e do pecado, é utilizada nesta canção ilustrativa. O dualismo "igreja-mundo" constituído como base da teologia e da ação dos evangélicos brasileiros é conservado ainda que em meio às transformações inseridas pela composição de melodias pop, entoadas por cantores pop.

A noção de que os que são "salvos em Cristo", os que "não estão no mundo", estão apenas de passagem nesta vida, "peregrinos", que marca a hinologia clássica do protestantismo, ganha versão pop mas garante a mesma mensagem: "Para ser salvo por Deus, não se pode misturar com o mundo – há que se separar."

Além de estar presente em canções, esse discurso aparece também, e principalmente, em "ministrações" dos líderes de louvor e adoração. Uma enfática abordagem gira em torno da música, ao refazer as linhas divisórias entre o sagrado e o profano, condenando a música secular e reforçando que os "verdadeiros adoradores" somente devem ouvir e cantar música religiosa, e, por conseguinte, somente sintonizar programação musical religiosa. Os discursos a seguir ilustram esta dimensão [grifos meus]:

Em shows musicais, nas discotecas, nos carnavais, trios-elétricos, etc., a influência da música tem sido trágica ao ponto de conduzir pessoas a depressões, tristezas, alcoolismo, drogas, sexo desenfreado, orgias, morte, etc. Diante destas realidades, **podemos definir a música profana como uma música imoral**. Algumas de suas características são: nos afastam da adoração a Deus; não possuem princípios corretos; quebram os princípios da sociedade;

levam aos fracassos, à rebeldia, às imoralidades, aos divórcios, adultérios, suicídios, etc.; estimulam a justiça do próprio homem; **levam uma adoração a Satanás.** Um dos maiores projetos do diabo é "jogar lixo" em nossa mente. Sabendo que a música é um veículo de grande influência, ele usa este artifício para atingir as pessoas. O diabo é astuto e quer nos afastar da verdadeira adoração a Deus. Somos cegos quando não enxergamos que o diabo está preparando este terreno sutil através da música, e é isso o que ele tem feito com muitas pessoas. (...) A música mundana contém estas coisas mencionadas! Lembre-se, ela contém imoralidades! Temos uma "convicção" contra a fornicação, a avareza, o adultério, mas será que teremos a mesma "convicção" quanto a estas músicas que apóiam estes tipos de pecados aos quais o texto se refere? **Não devemos dar lugar ao diabo (Ef. 4:27) para trabalhar em nossa mente através da música.**[248]

Podemos entender por que a música mundana é tão importante. Ela gera milhões e milhões de dólares em todo o mundo, é feita de forma muito perfeita, e **é um instrumento do diabo para ministrar coisas que nem alcançamos, para destruição e morte.** Isto acontece mesmo com músicas que achamos "bonitas".[249]

Um trecho da "ministração" de Ana Paula Valadão, em apresentação do Ministério de Louvor Diante do Trono realizada na cidade de Brasília em julho de 2002, pode ser tomado como ilustração em relação a outros aspectos conservadores do modo de ser construído pela tradição protestante no Brasil [os grifos são meus e as indicações entre colchetes relatam reações e expressões que indicam o sentido que foi atribuído às palavras proferidas][250]:

Deus reservou o Brasil para este avivamento dos últimos dias [a multidão grita "Amém", "Aleluia"]. **Uma nação escravizada por tantos pecados e maldições. Uma nação chamada de Terceiro Mundo.** Será que alguma coisa boa pode sair do Brasil? Sim! [Ana Paula gargalha, a multidão responde com "Amém", "Aleluia"] (...)

Eu queria que você se ajoelhasse no seu lugar, se você puder fazer isto [a multidão se ajoelha bem como os músicos e cantores do palco]. Se você não pode ajoelhar o corpo, ajoelhe o coração. Mas eu quero que você saiba que nesta noite se prostra **diante do trono do Rei dos Reis**, do poder supremo que existe em Brasília, que é o poder de Deus, não o mesmo número de pessoas que veio aqui celebrar e se alegrar com o pentacampeonato de futebol, não são 500 mil pessoas, mas um milhão e 200 mil pessoas [a multidão grita "Amém", "Aleluia", bate palmas, urra] que se prostram neste solo, nesta noite derramam suas lágrimas [Ana Paula chora] (...) Você faça isto com toda intensidade, pedindo a Deus "**sara a nossa terra**" [Ana Paula chora copiosamente] (...) [Entram duas mulheres de mãos dadas e se ajoelham atrás de Ana Paula – são as intercessoras – e colocam as mãos nos ombros dela, como que a sustentando, e Ana Paula inicia uma oração que vai durar 21 minutos. Uma música instrumental interpretada por bailarinos funciona como fundo para a oração, enquanto alguns integrantes do palco prostram-se de bruços no chão]. Perdoa, Senhor, as nossas igrejas regidas pela vontade dos homens [Neste início da oração, Ana Paula pára para chorar intensamente, grita, o que é acompanhado pela multidão, que também chora muito e grita. Ana Paula continua a oração com voz chorosa] (...) **Pela idolatria, Pai, perdoa, porque antes mesmo dos portugueses chegarem aqui, outros deuses eram cultuados.** Tudo continuou do mesmo jeito, cada vez pior e até os nossos dias, pai, o nosso povo continua adorando deuses que não são. Deuses feitos pelas mãos dos homens, que não podem ouvir, que não podem falar, que nada podem fazer para nós. Perdoa-nos, Senhor, pois invocamos as trevas, **damos lugar em nossa terra, Senhor, à feitiçaria, ó Pai, para o culto aos demônios,** ó Deus. Olha, Pai, quantos sacrifícios, quanto preço, Senhor, para Satanás em nossa terra. Perdoa a cegueira, Senhor, e a **prostituição espiritual de nossa nação.** Por **entronizarmos, Senhor, potestades** que são falsas, que são maus, enganadores, e só sabem sugar o nosso povo. Perdoa-nos, Senhor, e muda a nossa história. Abra os olhos do nosso povo. Que nas ruas possamos celebrar o Deus vivo e verdadeiro. **Que os nossos feriados sejam mudados, ó Pai, muda a nossa história.** Pai, nós temos sido conhecidos como uma nação sensual. Quanto turismo, Senhor, pornográfico acontece aqui no Brasil. **Pai, a imagem que sai no cartão-postal, que sai daqui é o Carnaval** [Ana Paula volta a chorar mais intensamente. A música torna-se mais intensa].

Tem misericórdia, ó Pai, perdoa-nos. Faça do Brasil uma terra santa, uma terra de famílias restauradas, uma terra de famílias curadas, onde não haja adultério, onde não exista a prostituição, o abuso, Senhor, a perversão. Pai, perdoa-nos, **muda as vestes do nosso povo,** das nossas mulheres, dos homens, restaura, Senhor, a sexualidade do povo brasileiro para uma sexualidade santa, Senhor, de homens e mulheres para a tua glória. (...)

Pai, não estamos aqui em vão, ó Pai. Estamos em um ano eleitoral. Muda os rumos da nossa nação. **Destitui aqueles que servem às trevas e coloca servos teus. Feliz é a nação que tem os seus governantes** tementes ao Senhor. (...) Desde o tempo que os índios viviam aqui. Desde os 500 e tantos anos atrás tudo tem piorado. Quanta violência, Senhor. Vai quebrando, Senhor, as maldições desde o nosso passado até os nossos dias. [As mulheres que estão atrás se levantam. Ana Paula faz silêncio por alguns instantes e a música de fundo continua. Ana Paula convida a multidão para clamar, cada um por sua cidade e pelo Brasil. A seguir o grupo vocal volta a cantar uma canção de nome "Brasil", que prega o avivamento do País e a sua mudança de rumos].

Com a mesma linguagem presente no Antigo Testamento, relacionada à tradição teológica monárquica do judaísmo ("diante do trono do Rei dos Reis", "entronizamos potestades..."), reforçada por expressões próprias das reuniões avivalistas (o ato de prostrar-se, o choro, os gritos e urros), é nítido o apelo à oposição que os evangélicos têm que fazer perante as tradições indígenas, afro-brasileiras e católico-romanas. Isso deve se tornar explícito também para com manifestações culturais brasileiras expressas na forma de vestir e em festas como o Carnaval, colocadas como sinônimos de prostituição. O discurso revela uma culpa atribuída aos próprios evangélicos, que permitiram ao longo da história o predomínio destas tradições, o que pode ser superado se houver avivamento e a eleição de um governante evangélico (importa lembrar que, à época, Anthony Garotinho concorria à eleição para a Presidência da República como candidato evangélico).

Outro trecho ilustrativo, de orientação produzida para "adoradores" nas igrejas por líder *gospel*, revela o antiintelectualismo e a desqualificação da elaboração teológica, característicos da tradição protestante brasileira. A noção, trazida com os missionários estadunidenses no século XIX e que se consolidou entre os evangélicos brasileiros, enfatiza a experiência e a intimidade com Deus como elementos suficientes para se alcançar o verdadeiro conhecimento de Deus e servi-lo. Trata-se de uma compreensão que coloca a teologia e os estudos teológicos como limitadores e ameaçadores da fé, como neste trecho destacado [grifos meus]:

> Quem pode estudar Deus? Como pode o finito definir o infinito? Teologia é uma palavra que vem do grego *Theos* = Deus + *Loghia* = estudo. (...) Podemos nos deparar com sábios estudiosos e nos impressionarmos com o conhecimento intelectual de alguém, porém, "loucamente", isso não tem valor. Podemos nos deparar com um homem ou uma mulher simples, desprovidos de cultura ou recursos materiais, mas que estão na presença do Poderoso em adoração genuína, e portanto são mais sábios.

Quando começamos a buscar na Bíblia, pela unção e ensinamento do Espírito Santo, o conhecimento do Senhor, então o próprio Espírito nos leva a conferir o que está escrito pessoalmente diante Dele. Descobrimos detalhes do Senhor em Sua Palavra, muitas vezes com a ajuda de Seus servos, livros, CDs, ministrações... e o Senhor nos leva a contemplar tudo, como experiência fundamentada, gerando vida em nosso espírito, transformando informações em poder, no momento de íntima comunhão com Deus em adoração.

(...) A verdadeira Teologia ou o real conhecimento de Deus não se dá sem intimidade. Assim o é em qualquer exemplo de relacionamento.

Intimidade é relacionamento profundo, com total liberdade, sem raciocínios limitantes. A intimidade nos leva a uma adoração cada vez mais intensa. A intimidade em adoração nos leva a um conhecimento cada vez maior de Deus, que somado ao estudo LOGOS, se torna fonte de poder e unção. Quando passamos por Suas "Portas", e os Seus "Átrios", O conhecemos mais, até a adoração no Santíssimo.[251]

* * *

A partir dos elementos descritos, pode-se ter uma compreensão preliminar de que há uma distância entre as duas expressões musicais *gospel* – a dos artistas e a de louvor e adoração. Seriam movimentos quase antagônicos, com críticas explicitadas e casos, até mesmo, de conversão de um para o outro. No entanto, entre as duas formas de expressão pela música que dão forma à cultura *gospel*, mais do que desencontros, há convergências: (1) buscam adaptação ao "moderno" – ritmos, tecnologia e consumo; (2) possuem uma teologia comum – que traz elementos novos, contextualizados com as noções próprias do momento sócio-histórico e religioso e, ao mesmo tempo, aspectos da tradição protestante brasileira construída a partir da ação dos missionários estadunidenses no século XIX. Por isso, disseminam, por meio de estratégias diferentes, um modelo padrão de falar do divino e relacionar-se com ele; e (3) o mercado fonográfico é um ponto onde todos acabam se encontrando, é garantia de disseminação da imagem e da proposta dessas diferentes expressões musicais.

Essas convergências aparecem algumas vezes no próprio discurso dos adoradores, aqueles que querem mais fortemente demarcar diferença em relação aos artistas. O discurso de Massao Suguihara, músico ex-integrante do Vencedores por Cristo, hoje conferencista de conteúdos na linha do louvor e adoração, é exemplo. Ao referir-se, em texto de um livro, à postura correta de um "ministro de louvor" na igreja, ele troca a palavra "altar", que seria a apropriada relacionada ao local onde os grupos musicais freqüentemente atuam, por "palco", mais adequada para espaços de espetáculos [grifos meus]:

Os momentos que antecedem a ministração do louvor na igreja são muito complicados: chegamos para a reunião do louvor e ao olharmos para o **palco**, lá na frente, percebemos que ali é o nosso campo de batalha onde teremos de enfrentar as nossas vaidade e soberba, e aí oramos: Senhor, estamos fazendo tudo isso para a tua glória... Será? Será que quando estamos lá no **palco da igreja ministrando o louvor,** de fato estamos ministrando para a glória de Deus? Posso dizer para vocês que muitas vezes, quando estou ministrando o louvor, meu coração fica muito mais preocupado com a minha performance do que com a glória de Deus... Como isto é difícil! Acho que precisamos ser mais sinceros, porque muitas vezes dizemos que estamos fazendo para o Senhor, mas no fundo do coração fazemos para nós mesmos. Neste momento somos inundados por uma total falta de integridade em nosso coração.[252]

Os ministérios de louvor e adoração são avaliados, em geral, pelos evangélicos como grupos que possuem unção. Ouvir o CD e cantar as músicas, participar das conferências e cursos promovidos por eles, é buscar a mesma unção. Sucesso e fama, por sua vez, não são interpretados negativamente; não são resultado do trabalho dos artistas unicamente, mas dons concedidos pelo divino para serem colocados em seu serviço. Daí o poder da música. Comprar o CD, ouvir a rádio e participar do show é fazer parte deste processo. Assim se constrói a cultura *gospel*.

CAPÍTULO 4

CONSUMO E ENTRETENIMENTO: RITOS QUE PRODUZEM SENTIDO

O duo consumo-entretenimento é um aspecto conformador da cultura do mercado, hegemônica nestes primórdios do século XXI. Ao lado da mídia, os espaços de consumo de bens e entretenimento apresentam-se na contemporaneidade como principal alternativa de lazer e diversão, itens que têm ocupado lugar significativo na vida cotidiana. Afinal, é grande o esforço para sobreviver num sistema cuja lógica é excludente, o que provoca desgastes físicos e emocionais nas pessoas que buscam em seu tempo livre uma compensação, um alívio.

De acordo com esse sistema, acessar o aparato eletrônico e sua programação e circular pelos espaços de oferta de bens e cultura é encontrar conforto para o estresse das lutas diárias, ao mesmo tempo em que também incluir-se na modernidade e produzir sentidos para a existência tanto na esfera privada quanto pública. Ter acesso à tecnologia e consumir é ser cidadão.[253]

A cultura *gospel*, conforme já referido, acompanha esse fluxo. Ela está aqui sendo compreendida como um modo de vida religioso evangélico, configurado a partir das vivências construídas com base na expressão musical mas também do entretenimento e do consumo. No *gospel*, o duo consumo-entretenimento leva a expressão cultural para além da música e a transforma num modo de vida, cuja forte marca é a inserção no mundo moderno. Analisar este universo é desafio dos mais significativos. Conforme já descrito no Capítulo 2, a mídia e o mercado evangélicos estão em ampla ascensão. Para a análise que se segue neste capítulo, foram escolhidas as principais expressões de cada elemento do duo, com base no alcance de público e volume de vendas. Com a análise pretende-se aprofundar a afirmação de que o consumo e o entretenimento são elementos constituidores de um modo de vida – um modo de ser *gospel*.

I. Cristãos: segmento de mercado

Na lógica da cultura do mercado, consumir bens e serviços é ser cidadão; na lógica da cultura *gospel*, consumir bens e serviços religiosos é ser cidadão do Reino de Deus. Nesse caso, o consumo não é apenas uma ação que responde à lógica do mercado mas constitui elemento produtor de valores e sentidos religiosos.

A Expocristã é aqui tomada como ilustração desta premissa. É um evento produzido pela EBF Eventos, uma empresa de marketing cristão de propriedade de membros da Igreja Batista em Atibaia (SP). Ela lançou-se no mercado em 2001, como editora por meio da publicação de livros, de duas revistas – *Consumidor Cristão* e *Lar Cristão* –, da produção de vídeos e como representante exclusiva no Brasil da *DaySpring Cards*, maior empresa de cartões religiosos do mundo, presente em 75 países. Na definição da sua "missão", procura demarcar a diferença que quer fazer no mercado, como uma empresa cristã: "Formar, informar e transformar a família brasileira através de produtos de qualidade de acordo com os mais elevados conceitos éticos e cristãos."[254]

A originalidade da EBF Editora está na publicação da revista *Consumidor Cristão*. Editada mensalmente, com tiragem de 40 mil exemplares, foi pioneira ao se voltar para o público que faz os negócios do mercado cristão – empresários, lojistas e executivos cristãos.

Consumidor Cristão é a primeira revista de negócios do mercado cristão. A surpresa e o contentamento da EBF é que houve uma aceitação imediata no mercado. Enquanto você vê várias revistas para o consumidor final, como a *Lar Cristão*, que é nossa, a *Eclésia*, a *Enfoque Gospel*, há muitas... Atualmente quase toda denominação tem a sua revista: tem a *Graça*, tem a *Gospel*... cada uma lidando com a sua comunidade. E a *Consumidor Cristão*, o diferencial dela, é que ela pegou todo mundo e jogou na revista junto, e se tornou quase que um catálogo direcionado para livreiros, supermercados, líderes de igreja. Isso que fez o diferencial da revista. A gente colocou todo mundo na revista para anunciar os seus produtos. Por isso que a gente acredita que deu certo porque a gente tem todas as edições, a gente não parou um mês e a revista está cheia de anúncios. E esse é o objetivo da revista. 60% publicidade e 40% editorial e mesmo o editorial está voltado para os lançamentos.[255]

Note-se que a palavra "cristão" é cuidadosamente mencionada pelos diretores da EBF. Opta-se por ela e não pela palavra "evangélico" para falar do mercado e do segmento, apesar de ser a EBF uma empresa dirigida por evangélicos.

[Os nossos diretores] preocupam-se em não entrar em polêmica entre católicos e evangélicos e nem entre os próprios evangélicos. A questão é Jesus Cristo e pronto... Existe a Bíblia e cada um que pegue esta informação e faça o que quiser. Isto porque, em essência, o dono da empresa não é pastor, não é teólogo. Ele é um empresário. Ele quer servir à Igreja como um todo, dando o material para que esta igreja possa ter subsídios para fazer a interpretação que ela quiser... Esta é uma empresa de cristãos, mas ela não é uma missão. O proprietário é cristão, é da Igreja Batista. Entre os funcionários há católicos e cristãos *(sic)* – a gente tem uma preocupação de não ter um funcionário católico ou cristão *(sic)*, mas que ele tenha ao menos uma sensibilidade em relação às coisas espirituais no sentido de o que ele vai tratar com o cliente. Nosso cliente é específico. O que a gente exige não é que ele seja uma coisa ou outra mas ele tem que ter uma sensibilidade para esse universo.[256]

Por isso o título da revista é *Consumidor Cristão* e apresenta produtos originados das diferentes confissões cristãs. Nas seções da revista, entrevistas, reportagens, artigos, agenda de eventos, *ranking* dos produtos mais vendidos, conteúdos voltados para a informação e para a formação dos empresários, lojistas e executivos cristãos. A compreensão que permeia os conteúdos, a partir de pesquisas, é de que o consumidor cristão brasileiro é fiel (quando gosta de um produto, torna-se consumidor dele e permanece como tal) e conservador (não gasta o seu dinheiro com produtos que não lhe tragam benefícios – ele poupa mais do que gasta – mas, ao comprar, tem o dinheiro voltado para a família), mas busca inserção na modernidade.

[O consumidor brasileiro] não parou no tempo, e está pronto para conhecer novidades – eventualmente, até aderir a elas. (...) Fica para as empresas com tradição no mercado, o alerta para que continuem dinâmicas e modernas, sempre buscando a compreensão do universo no qual atuam, antecipando-se às variações nos gostos e tendências do consumidor.[257]

O sucesso da revista gerou a iniciativa de realização de uma feira de negócios do mercado cristão, até então inédita no País. Para tanto, foi criada uma nova empresa, a EBF Eventos S/C Ltda., que promoveu a Feira Internacional do Consumidor Cristão (FICOC), em setembro de 2002, com vistas à consolidação dos cristãos como um segmento de mercado. Naquele ano, sessenta empresas apresentaram seus produtos no centro de exposições Expo Mart, na cidade de São Paulo, para mais de 3.500 visitantes, com negociações que giraram em torno de dois milhões de reais. O sucesso da empreitada levou a uma segunda edição em setembro 2003, com aumento do período de exposição de três para seis dias. Nela, 150 empresas apresentaram produtos para cerca de 31 mil visitantes, dentre eles 4,3 mil compradores e distribuidores, 5,3 mil líderes de diversas denominações e cerca de 20 mil consumidores finais.

O crescimento do projeto levou a EBF a ampliá-lo e a FICOC tornou-se, em 2005, a Expocristã, mantendo a numeração serial, cuja 6ª edição gerou, em 2006, o faturamento de mais de 50 Milhões de Reais em negócios realizados pelas mais de 300 empresas expositoras. Mais de 100 veículos de comunicação evangélicos e da grande imprensa na cobertura do evento, que reuniu um público de mais de 100 mil pessoas em seis dias de eventos.[258]

"Consumir não é pecado"

Visitar a Expocristã é respirar cultura *gospel*. Stands com uma variedade de ofertas de produtos (livros, revistas e outros impressos, CDs, vídeos, CD-ROMs, DVDs, roupas e objetos de uso pessoal, cosméticos, objetos rituais, produtos alimentícios, brinquedos, material escolar e de papelaria, instrumentos musicais, equipamentos eletroeletrônicos) e serviços (seguradoras, bancos, cartões de crédito, gráficas, empresas de turismo, buffets para festas e outros), tudo leva a marca "*gospel*", "cristão", "evangélico", "Jesus" ou alguma expressão religiosa no hebraico ou grego. Eventos paralelos tais como cultos, palestras sobre temas relacionados a marketing pessoal e institucional, espetáculos musicais também acontecem.

Os produtos são codificados e decodificados como mediações com o sagrado – é por meio deles que cristãos estariam mais próximos de Deus.

"Cristão" é hoje uma logomarca. Esta logomarca leva o consumidor cristão a sentir o desejo de consumir o produto. Temos os telefones Motorola, Nokia, LG, mas o produto da Ericsson, o aparelho que é destinado para esse mercado, com mensagem bíblica, palavra, música (há seis opções de hinos para a chamada)... o cristão em si gosta de tudo o que é relacionado ao seu mundo, o atrai... Hoje se fala de crises pelas quais as pessoas passam no que diz respeito à parte financeira. No religioso, por poupar, ou porque ele economiza, o consumidor investe naquilo que dá retorno para ele e para a família: tem o valor religioso, o valor simbólico no produto.[259]

O mercado, portanto, funciona como pano de fundo para algo que é considerado maior: o cultivo da fé.

Quando a gente coloca "consumo" e "cristão" juntos, parece que dá uma pane, mas na verdade, a gente compra roupa, a gente vai a supermercado, a gente vai a lojas, shopping... todo mundo vai, cristão ou não-cristão, todo mundo vai. Todo mundo vai ao cinema, compra televisão, compra microondas... por que não pode então comprar uma Bíblia, um CD, um vídeo, segmentado, que está de acordo com a sua fé? Então a gente está lidando com uma questão conceitual aí. Na verdade ele já faz tudo isto, só que a gente está falando: "olha, consumir não é pecado"...[260]

Os consumidores evangélicos parecem responder positivamente a esse apelo, ao interpretarem que aquilo que adquirem os coloca mais próximos do divino, pois são produtos consagrados por Deus e para Deus. Tornou-se comum nos últimos anos, por exemplo, evangélicos darem visibilidade a essa crença e colocarem nos produtos que adquirem um adesivo com as frases "Propriedade exclusiva de Jesus" ou "A serviço do Rei". Nesse modo, diz-se buscar "testemunhar" (tornar público) que o dono do bem (o consumidor) é cristão. No entanto, o discurso diz mais: com o adesivo, a pessoa está mostrando que adquirir o bem (ou seja, buscar inclusão no sistema) é sinal da presença de Deus (bênção) na sua vida (Teologia da Prosperidade) e, como gratidão, ele é algo, então, consagrado a Deus.

Outro exemplo são os depoimentos de pessoas que se dizem "abençoadas" por adquirirem um produto do segmento cristão. As seções de cartas dos leitores das revistas evangélicas são fontes férteis.

Tenho 63 anos e há 36 anos sou assinante de Ultimato. Mais da metade da minha vida usufruindo as bênçãos de Deus por meio da sua leitura. Como diz o apóstolo "por esta causa ponho-me de joelhos" e rogo diariamente por este ministério e por toda a sua equipe. *Oswaldo Augusto da Silva, Uberlândia/MG.*[261]

Todas as reportagens têm me abençoado muito. (...) Quero parabenizá-los e pedir a Deus que continue os abençoando cada vez mais, para que possamos continuar usufruindo desta grande dádiva. *Fátima, Calcule/BA*[262]

Sociedade com Deus

Além do cultivo da fé, no consumo religioso cristão há um valor simbólico para os empresários, que reside na propagação da fé por meio dos produtos, ou seja, a realização da missão, da "Grande Comissão":

Nossos produtos têm que estar nas livrarias seculares, nos supermercados... Nós temos bons produtos que valorizam a família. Você vai numa loja de conveniência e vai encontrar camisinha, espermicida, revista de mulher pelada... Nós temos mulheres e filhos, nossos parentes... nós vivemos no nosso meio [cristão], nessa comunidade da moral da ética. Nós temos que colocar os nossos produtos no mercado secular.[263] Pode parecer um discurso ingênuo ou demagógico, mas a verdade é que quase todos os que trabalham com artigos cristãos sentem-se príncipes da Grande Comissão, razão de ser da Igreja de Cristo. (...) A maioria das empresas e dos lojistas cristãos é muito rigorosa com aquilo que negocia. Se determinado produto ou algum tipo de serviço não promove o Reino de Deus, direta ou indiretamente, não sobrevive.[264]

O discurso entre os empresários cristãos de que seu negócio é um "ministério" não é novidade. Em décadas passadas, era comum ouvir depoimentos como "Nunca tive um centavo de lucro. (...) O importante são os testemunhos das pessoas que têm sido abençoadas pela literatura cristã que comercializamos".[265] O que marca o novo momento do mercado cristão é que lucro e sucesso nos negócios tornam-se valor e sinal da ação de Deus na empresa cristã, conforme assinala o responsável pela área de marketing e comunicação da Editora Vida, Sérgio Pavarini:

> Temos oportunidades inigualáveis de testemunhar que a mente de Cristo (I Coríntios 2.16) faz diferença efetiva na administração do talento-negócio que nos foi confiado. (...) Há um campo imenso a ser ceifado. A ordem de Jesus ainda permanece clara e incisiva: "Abram os olhos e vejam os campos! Eles estão maduros para a colheita (João 4.35). (...) Uma livraria cristã não deve incorrer no risco de optar entre "ministério" ou "negócio". Ambos os fatores devem estar presentes, bem como o lucro. Administração ineficiente é mau testemunho para empresas ainda mais para ministérios. É fácil dizer que Deus é sócio em um empreendimento. O difícil é fornecer uma explicação plausível quando a empresa vai mal e caminha em direção à bancarrota. (...) Não esmoreça no intento de honrar o Nome santo de seu sócio. As mãos divinas estão postas sobre as suas.[266]

Observa-se que não há qualquer constrangimento em se tratar os produtos como tais e como parte do mercado. Os consumidores e os empresários cristãos são interpretados como um segmento de mercado que deve seguir a lógica do mercado e da modernização a partir da ética cristã:

> É mercado, temos esta consciência. E este mercado já se renovou. Esta feira [a FICOC] é para chamar os executivos para estarem interagindo. Eles têm que se integrar neste mundo moderno, que não é difícil, o custo-benefício prevalece muito mais para o investidor.[267]

Os visitantes e os expositores da Expocristã reconhecem esta "missão" e reafirmam o valor da promoção do consumo religioso em seus depoimentos:

É muito bom uma feira desta para os cristãos. Seria muito bom se todo mundo pudesse vir. Acho que todo mundo tem o seu trabalho, tem o seu material e acaba virando comércio, mas não que estejam fazendo o Evangelho de comércio, não é por aí. *Denise Siqueira, Igreja Universal dos Filhos de Deus.*[268]

É importante que este local aqui seja realmente um celeiro onde as pessoas possam vir, levar [o CD "Quero me Apaixonar", do Ministério Diante do Trono], porque a mensagem que está ali é uma mensagem abençoadora, uma mensagem que traz cura, alegria, reconciliação, então [este produto] é uma expressão da bondade de Deus para conosco. *Márcio Valadão, pastor da Igreja Batista da Lagoinha.*[269]

Foi simplesmente fantástica esta iniciativa. Cantar para quem vende meus CDs é muito importante para o artista cristão. Eles estão vendo o meu trabalho, podem testemunhar a minha dedicação. Precisamos crer mais, e aí as coisas acontecem. Fui obediente e esperançoso, e agora estou seguindo o plano de Deus. *Dudu França, cantor e compositor gospel.*[270]

Mesmo sendo a primeira, já conseguiu reunir confissões cristãs diferentes, e isso não é tão fácil, sobretudo aqui no Brasil. Isso é um testemunho positivo de que nós cristãos temos já espaços grandes que podemos colaborar muito mais do que estamos fazendo hoje também em outras áreas. Para mim foi uma bela surpresa. *Cláudio Hummes, arcebispo de São Paulo, Igreja Católica Romana.*[271]

O depoimento de Dom Cláudio Hummes ressalta outro elemento do consumo "consagrado": ele possibilita até a quebra de barreiras confessionais e aproximações difíceis entre evangélicos e católicos romanos, por exemplo.

A FICOC quer consolidar não o segmento evangélico, mas o religioso. Não uma identificação dos evangélicos, que é uma palavra que limita o mercado, mas do religioso, do cristão religioso. Porque a gente não consegue mais desvincular no nosso próprio país, na nossa própria origem... o nosso pessoal é todo religioso. A nossa base religiosa é católica? Sim! Evangélica? Hoje também muito mais. Mas os dois segmentos têm que trabalhar juntos, eles não conseguem se distanciar. Temos um exemplo aqui [na FICOC] de que a própria Editora Loyola que é católica está em parceria no mesmo local com a Editora Vida que é evangélica. Quer dizer, a parte dogmática, ela existe, existem as restrições, existem os diferenciais – as nuances são grandes. Na parte comercial, já não tem acontecido isso. E assim, cria-se uma comunidade de consumidores, altamente consumidora, de baixa inadimplência e de escassos recursos.[272]

Comunidade de consumidores com quebra de barreiras confessionais. Se o ecumenismo é uma proposta ainda controversa no campo eclesiástico, a cultura *gospel* possibilita a sua realização, entretanto por um viés um tanto distante das propostas originais do movimento ecumênico, centradas na responsabilidade social dos cristãos, com questionamento da ordem socioeconômica vigente, e na unidade na solidariedade com grupos e culturas excluídos do sistema. O viés aqui é o consumo de produtos, serviços e lazer.[273]

O fato de os cristãos terem-se tornado um segmento de mercado já pode ser identificado na programação da mídia religiosa eletrônica, o que muda a relação dos produtores religiosos com os meios.

Mídia evangélica: mediação do consumo

A ampliação da presença dos evangélicos na mídia a partir dos anos 90 já foi tema do Capítulo 2. A ênfase no consumo e o novo tratamento destinado aos cristãos como segmento de mercado dão à mídia evangélica um novo caráter e um novo papel. Algumas características da relação entre evangélicos e mídia no presente ilustram tal perfil:

(1) Entre os anos 60 e 80, os programas evangélicos de rádio e TV privilegiavam os cultos e as pregações, com ênfase nas experiências de cura e de exorcismo e na proposta de salvação em Jesus Cristo.[274] Hoje, a programação é variada e adaptada à dinâmica dos programas seculares (busca da modernidade), com ênfase no entretenimento. A cura, o exorcismo e a pregação da salvação em Cristo já não mais predominam; cedem espaço ao entretenimento. Na TV, exibem-se os clipes e os shows musicais, filmes bíblicos, programas de auditório, de entrevistas e debates. Nas rádios FM, o modelo é o mesmo das seculares: música na maior parte da grade, entrevistas, debates, jornalismo (menor parte), *quiz* e distribuição de brindes para os ouvintes. Tanto na TV quanto no rádio, o conteúdo troca o eixo salvação-milagres-coleta de fundos pela ênfase na pregação da prosperidade econômico-financeira como bênção de Deus e da guerra espiritual e oferece também respostas religiosas para questões atuais como depressão, estresse, drogas, crises familiares. A mídia impressa procura acompanhar esse processo por meio da oferta de revistas de variedades evangélicas;[275]

(2) Nos anos 60 e 80, os programas religiosos na mídia eram centrados em um personagem carismático, portador das promessas de cura e de salvação – os tele/radioevangelistas. Na atualidade, não há a figura carismática destacada e sim apresentadores mais ou menos "famosos" que possuem os próprios programas, de acordo com a faixa de público-alvo e com a temática trabalhada, dividindo a exposição de sua imagem com os cantores-artistas, a exemplo da mídia secular. O único personagem remanescente dos anos 70, o pastor R. R. Soares, transformou na TV o que tinha o formato de um culto religioso para um formato de programa de auditório e abriu espaço para as apresentações musicais, revelando buscar acompanhar a tendência – "o Show da Fé";

(3) Na programação de rádio e TV e na literatura impressa, a ênfase da mensagem transmitida não é na "Igreja" e na adesão a ela, mas no cultivo de uma religiosidade que não depende dela, mas que é intimista, autônoma e individualizada. Elementos próprios da teologia *gospel*. O que se enfatiza não é a Igreja mas a experiência religiosa mediada pela TV ou rádio, isto é, o meio possibilita o cultivo da religiosidade, independentemente da adesão a uma comunidade de fé.

Estas características listadas unem-se ao fato de que os evangélicos são agora um segmento, um mercado em plena expansão. A mudança de postura quanto ao proselitismo religioso retrata bem isso. Se no passado, como verificado nos estudos apresentados por Hugo Assmann,[276] havia uma ênfase no convite à conversão e na divulgação da denominação religiosa, no presente, a programação das rádios FM, os programas televisivos, a literatura disponível em bancas de jornais e a infinidade de páginas religiosas na internet são majoritariamente dirigidos ao público já vinculado a alguma igreja ou denominação evangélica.

A divulgação dos locais de reuniões públicas dos grupos condutores da programação é apenas um apêndice à veiculação massiva de conteúdo musical por meio de clipes ou exibição de cantores/as e grupos musicais *gospel* – dada a força do mercado fonográfico. Os demais aspectos da programação (debates, sessões de oração, estudos e sermões) não têm o cunho proselitista clássico, mas ênfase doutrinária para conquista de público para a programação e de consumidores para os produtos veiculados.

No programa de TV do pastor Silas Malafaia, um dos que possuem maior audiência entre os evangélicos, são transmitidos os comerciais dos produtos da editora Central *Gospel*, de propriedade dele. Um slogan repetido para a venda de uma coletânea de Teologia Sistemática é: "presenteie o seu pastor".

Exemplos como este podem ser encontrados nos comerciais veiculados na programação das rádios, em que os apelos são "enriqueça a sua igreja com o produto x", "aprofunde a sua fé com o produto y", "fique mais perto de Deus com o produto z".

Portanto, os programas e a literatura da mídia evangélica tornam-se os mediadores de uma comunidade de consumidores em que a vinculação religiosa já não é o que mais importa e sim uma vivência religiosa e o consumo de bens e de cultura que possibilitem aproximação com Deus e entretenimento "sadio". Este é o apelo evangélico em tempos de cultura *gospel*.

Jesús Martin-Barbero já havia identificado esse novo contexto ao trabalhar o tema da secularização, do desencanto e do reencantamento midiático:

> Igreja eletrônica então significa o seguinte: umas igrejas que não se limitam a utilizar os meios de comunicação para tornar mais ampla a audiência dos seus sermões, não se limitam a usar os meios para expandir o espectro do público que alcançam. Não, a meu ver as igrejas eletrônicas são igrejas que se converteram especialmente ao meio rádio e ao meio TV, fazendo da TV e do rádio uma mediação fundamental da experiência religiosa. Quer dizer, o meio não é simplesmente uma ajuda para amplificar a voz mas é um elemento importante, um elemento fundamental do contato religioso, da celebração religiosa, da experiência religiosa. (...)
> A meu ver a igreja eletrônica está devolvendo a magia às religiões que haviam se intelectualizado, que haviam esfriado, que haviam se desencantado. (...) Não se trata simplesmente de expandir o culto, trata-se de acrescentar, dar continuidade, intensificar a própria experiência religiosa. [277]

Esse processo que dá forma à cultura *gospel* é reflexo da midiatização da religiosidade (ou prática religiosa individual ou coletiva) experimentado, que é, em suma, a produção de significados por meio do qual os evangélicos têm buscado se compreender, se comunicar e se transformar, a partir das novas tecnologias e dos meios de produção e transmissão de informação.

É assim que o *gospel* é levado para além de uma expressão musical e transforma-se em conteúdo disseminado e acessado por diferentes grupos em diferentes contextos socioculturais e econômicos.

II. A conquista da diversão: quase como todo mundo

A cultura *gospel* do consumo e da mídia trouxe à tona a dimensão do entretenimento como um valor, e nela embutida a do prazer. E aqui se toca numa questão delicada para a cultura evangélica brasileira assentada nas bases do puritanismo estadunidense. Os evangélicos construíram no Brasil uma cultura de repressão do corpo e de todo o prazer que pudesse advir dele ou a ele ser direcionado. Esta reflexão é profundamente desenvolvida na obra *Protestantismo e Repressão*, de Rubem Alves[278].

A teologia que fundamentava tal repressão indicava que o corpo deve ser resguardado pois é "templo do espírito". Nesse caso, o fumo, o consumo de bebidas alcoólicas, a maquiagem, as vestimentas que expõem o corpo, a dança, o sexo fora do casamento e sem fins de procriação, e todos os aspectos que "pervertem" a "natureza pura" do corpo deveriam ser evitados por quem quisesse ter uma comunhão plena com o divino. Nos primórdios do protestantismo no Brasil, ensinava-se até mesmo que lazer e diversão deveriam ser evitados, pois todo o tempo livre deveria ser dedicado à comunhão com Deus e ao seu serviço: prática de esportes, jogos e competições, programas culturais, tudo isso representava um desvio do objetivo maior do cristão. Esta ética foi assumida mais radicalmente pelos pentecostais.

Numa outra etapa, pressionadas pelo fato de o lazer e a diversão serem parte do quadro das necessidades humanas, as igrejas históricas passaram a permiti-los, no entanto com duas condições: programá-los dentro do espaço religioso, sem que os participantes pudessem misturar-se aos "impuros incrédulos" e serem por eles mal-influenciados; e nunca aos domingos, dia dedicado ao serviço a Deus. Foi assim que evangélicos passaram a ser incentivados aos programas de lazer entre eles mesmos: construíram quadras de esporte nas propriedades de algumas igrejas; adquiriu-se equipamento para jogos nas igrejas, como tênis de mesa, xadrez e outros de reputação "sadia"[279]; organizaram-se gincanas, excursões, confraternizações entre comunidades.

Música popular, televisão, cinema e teatro passaram a ser lentamente assimilados como opção de lazer, já que foram, inicialmente, fortemente combatidos, e escapavam do critério "dentro do espaço religioso". Com uma certa abertura, os adeptos eram incentivados a irem em grupo ao cinema e ao teatro, em programas escolhidos a partir da ética religiosa. Famílias foram orientadas sobre a influência da televisão e sobre programas que deveriam ser selecionados.

As festas populares continuaram sendo repudiadas. O carnaval foi satanizado e no período de sua realização, as igrejas eram orientadas pelas lideranças a realizar retiros espirituais para estarem bem longe de "contaminação". As demais festas, a maior parte identificada com o catolicismo romano, algumas oriundas de tradições africanas, deveriam ser, portanto, evitadas. Aqui, não somente a ética puritana dava o tom, ou o anticatolicismo assumido pelos grupos, mas também a ideologia do destino manifesto, da superioridade cultural que negava as formas culturais autóctones. Um exemplo foi a introdução, na programação de lazer das igrejas, das danças de roda, típicas de comunidades camponesas estadunidenses (forma *country* em que se dançavam aos pares) concebidas como as "quadrilhas" no Brasil. Introduzidas como "brincadeiras de roda", tiveram boa aceitação como opção de diversão, especialmente entre a juventude; já a participação em "danças de quadrilha" era proibida dentro e fora das comunidades evangélicas.[280]

Os anos 90 marcaram uma atenuação nessa história da cultura evangélica. A cultura do consumo e da mídia, construídas no interior do protestantismo, resultaram no modo de ser *gospel* que insere o entretenimento como valor. Tendo como expressão mais forte a música, a cultura *gospel* derrubou barreiras evangélicas com a dança e com um dos maiores inimigos das igrejas – o carnaval. Casas noturnas e pontos de encontro também tornaram acessíveis aos evangélicos. Os espetáculos *gospel* passam a ser opção forte de lazer evangélico. Os programas de TV e rádio já não oferecem muitos sermões, estudos, meditações, como no passado. Quem sintoniza no presente já assiste ou ouve mais tempo de música, jogos, competições, e participa de promoções de sorteios e brindes. As revistas *gospel*, mais acessíveis do que as publicações religiosas do passado, já trazem sugestões de lazer e amenidades como a vida dos artistas evangélicos. Além disso, o modo de vida *gospel* motiva os evangélicos a inserirem-se na modernidade, na era dos DVDs, dos videogames, da interatividade.

O que demarca a diferença desses programas de lazer e entretenimento para outros, com o mesmo formato, é que são lazer e entretenimento religioso, ou seja, as pessoas se divertem mas perto de Deus, ou, em outras palavras, é um lazer consagrado.

A dança

Rubem Alves, na obra acima mencionada, dedica alguns parágrafos ao estudo sobre a aversão que o protestantismo brasileiro criou contra a dança.[281] O pesquisador afirma que ela nasce da moralidade sexual construída pelo grupo, que considera a dança um pecado. Alves fundamenta a idéia ao se referir a um pastor anônimo que afirmou "ser impossível a um homem normal, tendo nos seus braços uma mulher, sentindo o seu corpo, evitar o aparecimento de paixões impuras e desejo sexual". E cita também outro que dizia: "O problema do baile continua a desafiar a honestidade dos conselhos. Ao que saibamos, só existe um folheto de Miguel Rizzo, 'A dança e a psicanálise', para combater o perigo sexual do baile." Portanto, na interpretação protestante brasileira, partilhada por todas as igrejas do protestantismo histórico de missão, a dança seria uma versão simbólica do ato sexual; praticá-la seria ceder à tentação que perverte o corpo do crente. Aos adeptos do protestantismo afeitos à dança e aos bailes, restava, ao longo da história das igrejas, fazê-lo em segredo.

A cultura *gospel* demoliu essa barreira em dois sentidos: inseriu a dança no contexto litúrgico e abriu as portas dessa expressão corporal como entretenimento. A Igreja Renascer em Cristo foi a grande responsável por esta mudança ao montar sua programação para a juventude com esses dois componentes. Com a Renascer, surgiram nos cultos as danças litúrgicas – ou como os evangélicos se habituaram a chamar, as coreografias. Note-se que o discurso *gospel*, ancorado também em princípios de marketing, evita pronunciar a palavra "dança", trocando-a por "coreografia". Enquanto os cantores se apresentavam, pessoas ou grupos especialmente preparados faziam coreografias relacionadas ao que estava sendo cantado. Foi também com a Renascer que se passou a admitir que "cristão também pode dançar" música religiosa. Em alguns dos templos da igreja, depois do último culto, as bandas de rock *gospel* continuam a tocar e o espaço transforma-se em pista de dança com iluminação especial (luzes estroboscópicas). No Rio de Janeiro foi na Igreja Renascer que nasceu a popular Festa *Gospel* Night, um evento dançante em noites de sábado, oferecido nos templos da igreja em diferentes bairros da cidade.

O caminho aberto pela Igreja Renascer e a receptividade da proposta conquistaram outras igrejas pentecostais, como as Comunidades Evangélicas, e seduziram as igrejas históricas, que passaram a se basear na lógica "dança, sim, mas nos espaços da igreja e com música religiosa". Foi assim que começaram a surgir grupos de coreografia nas mais diferentes igrejas por todo o Brasil, apresentando nos cultos passos e gestos ao som de músicas *gospel* reproduzidas em aparelhos de som. Esse movimento foi mais reforçado ainda com o surgimento do grupo Diante do Trono, que sofisticou a prática. Já existem vídeos, livros e cursos que subsidiam os grupos de coreografia no desenvolvimento da expressão corporal.[282] Foi também na trilha da Renascer que salões de festas de igrejas passaram a se transformar em espaço para bailes embalados ao som de artistas *gospel*. As resistentes à abertura de seus salões vêem os bailes organizados por seus adeptos acontecerem em casas de famílias ou salões particulares. Retomando uma observação já apresentada no capítulo anterior, um dos gêneros da música *gospel*, conforme as categorias de vendas de CDs é "Dance".

Mas não é só no espaço das igrejas que os evangélicos encontram divertimento consagrado. Nos anos 90 já era comum encontrar os "barzinhos evangélicos" – locais criados e freqüentados por evangélicos onde se consumia bebida não-alcoólica e se ouvia música –, depois foram surgindo as casas noturnas. Casas noturnas *gospel* são pontos cada vez mais comuns na programação dos evangélicos, com iluminação sofisticada e pista de dança animada por DJ's que tocam *gospel* nacional e internacional. Apresentações ao vivo também são sucesso nesses espaços. Nas propagandas das casas, o destaque à diferença das demais: não se vendem bebidas alcoólicas nem cigarros, "ambiente saudável", onde há horário reservado para uma palavra especialmente dirigida a viciados em drogas.

Na Expocristã é possível encontrar stands de venda de equipamentos para danceterias *gospel*, além dos populares "videokês", também em versão *gospel*. O ritmo mais mobilizador para a dança é o rock, seguido da música eletrônica, mas outros também têm conquistado público: o funk, o rap, o hip-hop, o samba, o pagode, o forró, o axé-music e o frevo. Nessa onda surgiram os "DJs *gospel*" ou "DJs de Cristo"

O Carnaval

Se a dança era uma prática que provocava aversão nas igrejas protestantes históricas no passado, o Carnaval era então abominado. Rubem Alves cita expressões referentes à festa, utilizadas em um artigo no jornal *Brasil Presbiteriano*, de fevereiro de 1959:

"Apoteose de prostituição", "reconstituição... das antigas bacanais, saturnais e lupercais da Roma pagã", "[como as festas em que] as sacerdotisas de Baco, deus do vinho e da embriaguez, saíam às ruas, quase despidas, cabelos desgrenhados, tirso à mão, enchendo os ares de suas canções lascivas, em requebros libidinosos, arrastando após si moços tresloucados e velhos corruptos, ávidos todos da satisfação de seus apetites rebarbativos", "festa pagã... que é praticada com mais entusiasmo nos países considerados católicos".[283]

Durante o período do Carnaval, criou-se a tradição entre os protestantes, para evitar "contaminação" e "perversão" do "corpo puro", da organização de retiros espirituais, em que os adeptos estariam isolados de qualquer contato com o que quer que dissesse respeito àquela "festa da carne". Com a construção da cultura *gospel* na concepção de que tudo é possível desde que seja consagrado a Deus, um fenômeno emergiu, jogando por terra um dos pilares da ética protestante brasileira que era a aversão ao Carnaval: os evangélicos estão, em escala crescente, participando da festa. É a cada ano maior o número de blocos, trios elétricos e escolas de samba evangélicas, vinculados a igrejas ou a organizações paraeclesiásticas, em cidades de forte tradição carnavalesca como Rio de Janeiro, Salvador, Recife e Olinda, ou mesmo naquelas de menor tradição como

São Paulo e Curitiba. A cultura *gospel*, portanto, tem feito com que evangélicos deixem de lado os retiros espirituais e misturem-se aos foliões. No discurso justificador da mudança de atitude está a máxima: "a serviço de Deus".

Portanto, no cenário que se configura a partir da década de 1990 nas igrejas evangélicas, "carnaval é samba, cerveja e promiscuidade. Mas também é momento propício para pregar o Evangelho".[284] Não se descarta também a possibilidade da diversão sadia, com Deus, que os evangélicos podem agora desfrutar, como declara o pastor Marco Antônio Peixoto, da Comunidade Evangélica Internacional da Zona Sul (cidade do Rio de Janeiro), pioneira na abertura para o Carnaval, criadora do bloco Mocidade Dependente de Deus, em 1988: "A gente fica pulando para mostrar a todos que também nos divertimos. Esta alegria contagiante tem envolvido e restaurado muitas vidas, que atualmente têm servido a Deus".[285]

Outra igreja pioneira no envolvimento com o Carnaval é o Projeto Vida Nova de Irajá (cidade do Rio de Janeiro), que criou o Bloco Cara de Leão, em 1993. Filiado à Federação dos Blocos Carnavalescos do Estado do Rio de Janeiro e liderado pelo pastor Ezequiel Teixeira, ele desfila nos eventos oficiais do Carnaval carioca e concorre igualmente com os outros blocos. O Cara de Leão (o nome faz referência ao "Leão de Judá", uma das formas pelas quais Jesus Cristo é citado na Bíblia) reúne mais de quatro mil componentes de diferentes igrejas, divididos em sete alas, que apresentam enredos com temas religiosos.[286]

Na cidade de Curitiba, há uma escola de samba *gospel* – a Jesus Bom à Beça, criada em 1997 pela Igreja Ágape. Com fantasias, carros alegóricos, alas, comissão de frente, participa do concurso das escolas de samba da cidade. No primeiro ano que desfilou, conquistou a terceira colocação e em 2001 foi a campeã com o enredo "2001 – Uma Odisséia pela Bíblia". A participação é aberta a evangélicos de qualquer igreja, que devem apresentar carta de autorização de seus pastores.

Além dos blocos, trios elétricos e escolas de samba, há as organizações paraeclesiásticas que durante o Carnaval realizam ações que denominam evangelísticas, como o Jovens com Uma Missão (Jocum) e a Missão Resgate. Esses grupos atuam principalmente no Rio de Janeiro, São Paulo, Olinda, Recife e Salvador, onde realizam apresentações de rua com dança, bateria, música e pantomimas e distribuem pulseiras no formato das tradicionais fitinhas do Senhor do Bonfim, "as pulseiras do amor de Deus", com contas coloridas.[287]

A interpretação que todos os grupos evangélicos que se integram ao Carnaval fazem é que mais do que o serviço a Deus e a diversão sadia, no qual estão envolvidos, eles participam de uma batalha espiritual. O Carnaval é visto, como nos primórdios do protestantismo, como a festa de Satanás que, no entanto, não pode reinar e deve ser desafiado. Portanto, ao participar do Carnaval, os evangélicos estão em guerra contra Satanás ao mostrarem ao mundo outra forma de prazer: uma alegria autêntica, uma diversão sadia e mensagens do amor de Deus.[288]

Os espetáculos profissionais e amadores

Mercado de bens religiosos e midiatização – o somatório destes elementos, estratégias e princípios – têm produzido no campo evangélico o que é denominado por alguns estudiosos "a espetacularização da fé". Isso significa tratar a fé e a religiosidade como algo a ser exposto, apresentado, demonstrado da forma mais atraente possível, com a finalidade de se alcançar público. Toda religião tem um componente de espetáculo, de teatralidade, de performance. Os ritos e os rituais, relacionados ao encanto e ao mistério, dão à religião esse tom e esse dom. O que se observa nas últimas décadas no campo religioso evangélico Brasil, em especial na passagem dos anos 90 para os 2000, é a religião, ela própria, transformada em espetáculo, performance. Uma análise desse fenômeno que descarte juízos de valor exige uma conceituação de espetáculo e uma compreensão do seu sentido e papel social, o que é feito a seguir.

A palavra espetáculo vem do latim *spetaculum*, que significa "o que atrai e prende o olhar e a atenção", daí os sinônimos que lhe são atribuídos: representação teatral, exibição (esportiva, artística), escândalo, evento excepcional. "Atrair e prender a atenção" remete à natureza pública do espetáculo, ou seja, à captação de público, o que exige um jogo de sedução, de resposta a desejos ou produção de desejos, e de realização em espaços públicos. Outros ingredientes relacionados são a excepcionalidade e o extraordinário, que superam o simples e o comum e captam atenção e público.

Em estudo que relaciona espetáculo, mídia e política, Antonio Albino Canelas Rubim adiciona às noções de excepcionalidade e extraordinário a de "maravilhamento":

> A produção do extraordinário acontece, quase sempre, pelo acionamento do maravilhoso, de um grandioso que encanta, que atrai e que seduz os sentidos e o público. Esse "maravilhamento" produz-se pela exacerbação de dimensões constitutivas do ato ou evento, da dramaticidade de sua trama e de seu enredo, através de apelos e dispositivos plástico-estéticos, especialmente os relativos ao registro da visão, mas também aos sonoros, em menor grau. A plasticidade visual, componente essencial, e a sonoridade tornam-se vitais: os movimentos, os gestos, os corpos, as expressões corporais e faciais, o vestuário, os

cenários, a sonoridade, as palavras, as pronúncias, as performances; enfim, todo esse conjunto de elementos e outros não enunciados têm relevante incidência na atração da atenção, na realização do caráter público e na produção das simbologias e dos sentidos pretendidos com o espetáculo.[289]

Essa construção conceitual do espetáculo o explica como elemento integrante da vida em sociedade, configurado nas encenações, nos ritos, nos rituais, nas representações, nas apresentações e outras expressões, ou seja, inerente às instâncias organizativas e práticas sociais. Guy Debord, na obra *A sociedade do espetáculo*, refere-se a isso quando afirma: "O espetáculo não é um conjunto de imagens mas uma relação entre pessoas, mediada por imagens."[290]

Ao longo da História, produtores e promotores desenvolveram conhecimento e tecnologia na produção de espetáculos – saltimbancos, circenses, teatrais, políticos, radiofônicos, esportivos, musicais, cinematográficos, televisivos. Arenas, palcos, estúdios, palanques, telas são a base da produção, com recursos que vão do cenário ao figurino, da iluminação à sonorização. Tudo deve ser ampliado – e até mesmo exagerado – e ultrapassar os limites do ordinário para atrair e conquistar platéias (pagantes ou não). Pessoas dão vida e movimento ao espetáculo, assumindo papéis, interpretando a si próprios ou a outros personagens. Tudo programado, predefinido, ensaiado, delimitado. Espontaneidade e improviso constituem elementos que não pertencem a esse contexto e são permitidos apenas em casos excepcionais, os que fogem à regra do espetáculo.

Na contemporaneidade, conseqüência do processo histórico, o espetáculo associa-se mais fortemente à cultura e vice-versa, e a associação da cultura com a mídia acelera e consolida ainda mais isso. A midiatização da sociedade e a hegemonia da cultura das mídias delineiam um jeito de ser e viver na esfera do social que "convive e, em medida razoável, se alimenta da enorme proliferação de espetáculos possibilitada pelas mídias. Elas, assumidamente na contemporaneidade, tornaram-se o lugar primordial na fabricação do espetacular".[291]

A compreensão do fenômeno contemporâneo retoma o estudo-manifesto de Guy Debord, que classificava a sociedade capitalista da passagem dos anos 60 para os 70 como "sociedade do espetáculo". O pensador relacionava o espetáculo a uma "visão de mundo": "O espetáculo não pode ser compreendido como o abuso de um mundo da visão, o produto das técnicas de difusão maciça das imagens. Ele é (...) uma visão de mundo que se objetivou".[292] A sociedade, analisada por Debord, estava em sintonia com o capitalismo, que então definia a realização humana não mais passando do "ser para ter" mas do "ter para o parecer". Neste capitalismo, "toda a realidade individual tornou-se social, diretamente dependente da força social, moldada por ela. Só lhe é permitido aparecer naquilo que ela não é".²⁹³

A sociedade que inaugura o século XXI também traz em sua essência uma tendência ao espetacular, como analisa Rubim:

> A rede de mídias e a dimensão da sociabilidade pública midiatizada, além de outros campos, como a política, a religião e a cultura, concorrem profundamente para a existência e a realização sociais da espetacularização, pois toda essa maquinaria sócio-tecnológica está predisposta a chamar e disputar a atenção de todos.²⁹⁴

Nesse sentido, o autor atualiza a reflexão formulada por Debord, redefinindo o que vem a ser a "sociedade do espetáculo" no contexto dos anos 2000:

> Ela está em sintonia com a fase atual do capitalismo, na qual a informação e a comunicação tornam-se mercadorias privilegiadas e a economia do espetáculo aparece como cada vez mais relevante. Mas ela também pode ser caracterizada como a sociedade em que, diferente do que acontecia nas anteriores, quando o espetacular era algo da esfera do extraordinário e da efemeridade, agora o espetáculo potencialmente está (oni)presente, no espaço e no tempo, e afeta radicalmente toda a vida societária. O espetáculo (...) transforma-se em algo com pretensões a colonizar todo o mundo da vida.²⁹⁵

Os grupos evangélicos históricos, por sua desvalorização do rito e dos rituais nos momentos de culto, foram avessos à dimensão do espetáculo e, por conta disto, dentre outras razões, captaram pouco público em sua trajetória, como já referido anteriormente. O peso dado à palavra e aos discursos, à razão e ao intelecto (portanto, ao sermão), em detrimento do lugar da emoção na experiência religiosa, estimularam isso. O anticatolicismo também cumpriu um papel importante: ritos e símbolos passaram a ser identificados como um jeito católico-romano de expressar a fé, algo a ser rejeitado e transformado.

A dimensão espetacular da religião foi recuperada com os pentecostais. Tanto o pentecostalismo de missão quanto as expressões do pentecostalismo independente não descartam o peso da palavra, mas colocam acima dela a experiência mística com o Espírito Santo, que se manifesta por meio das línguas estranhas e dos milagres. Há também ênfase na libertação da opressão do mal, por meio do exorcismo.²⁹⁶

Passo a passo, o culto realizado nas igrejas pentecostais exacerbou a dimensão espetacular da religião. Curas, exorcismos, a religiosidade e suas manifestações visuais são apresentadas a uma platéia de forma peculiar. Os altares são palcos, com distância demarcada da platéia. O cenário inclui cruzes, mesas com objetos simbólicos como a Bíblia, óleos de unção, pinturas de figuras ilustrativas que remetem à religião e outros. Pastores são artistas principais ou animadores de auditório; usam palavras e gestos que prendem a atenção e a emoção do público: movimentam-se de um lado ao outro, cantam e tocam instrumentos, retiram ou vestem paletós, ajoelham-se ou mesmo deitam ao chão, utilizam voz chorosa. Há os coadjuvantes: músicos, cantores, diáconos ou obreiros que auxiliam nos corredores.[297]

Não diferente do processo social acima descrito, a mídia evangélica acrescentou, a partir do seu avanço, novos tons a esse "espetáculo da fé". Mídia é espetáculo e mercado. Expor a fé por intermédio dos meios de comunicação social é relacioná-la diretamente ao espetáculo e ao mercado. Além das clássicas transmissões de cultos, em que se exploram o espetáculo do exorcismo e os milagres, nos últimos anos têm-se inserido programas interativos, de auditório, de variedades, infantis, de debates e de entrevistas, musicais, *games* – todos os formatos clássicos da mídia são utilizados para mostrar a religião e a fé. Clipes e espetáculos musicais são apresentados por cantores evangélicos, os "artistas".

O pentecostalismo *gospel* é o grupo de denominações que passam a privilegiar o modelo da mídia e dão espaço para a técnica e a tecnologia. Sistemas de som e luz são trabalhados para buscar perfeição, bem como outros equipamentos de suporte ao culto-espetáculo, tudo cuidadosamente elaborado para funcionar harmonicamente e garantir fidelidade do público. A música tem aqui papel preponderante: ela mexe com as emoções. Grupos são treinados e ensaiados para tocar ao vivo ou utilizam-se *playbacks* para garantir a identidade com o som original e permitir a conquista do público. Seguem fielmente um *script* que os tornam, em determinados momentos, protagonistas, dado que a música é elemento central neste novo formato. O figurino também é explorado com mais cuidado.

A consolidação da dimensão do "espetáculo da fé" tornou possível que a espetacularidade transcendesse os templos e a mídia e alcançasse as ruas e outros espaços uma vez considerados "profanos" pelos evangélicos. É a religião presente como espetáculo também nos espaços públicos. Casas de shows tornam-se palco de apresentação de artistas evangélicos; bares e discotecas evangélicas são inaugurados; megaeventos são realizados, como festivais de música evangélica e marchas, reunindo centenas de milhares de pessoas. Promovidos por igrejas, gravadoras ou empresas de marketing, os eventos têm crescido tanto em número quanto em assistência a cada ano. Um dos de maior destaque é a "Marcha para Jesus", promovida anualmente pela Igreja Renascer em Cristo.

Realizada primeiramente na Inglaterra sob inspiração da jornada dos hebreus com Moisés em busca da Terra Prometida, a Marcha para Jesus foi promovida pela primeira vez no Brasil em 1993 e reuniu, no Vale do Anhangabaú (Cidade de São Paulo), cerca de 350 mil pessoas. Diferente do formato inglês, a Renascer deu tom musical à Marcha desde o início, com o recurso de trios elétricos e shows de grupos dos mais variados gêneros (axé, samba, pagode, pop, etc.). As versões dos anos 2000 têm alcançado a casa dos três milhões de pessoas e são encerradas com megashows apresentados por vários artistas evangélicos consagrados. Há também marchas na mesma data em outras cidades do País.

A esse evento é dado um caráter supradenominacional, e caravanas de todas as partes do Brasil, das mais diferentes igrejas, dirigem-se a São Paulo para participar da caminhada. O tom do evento, além da evangelização, é a afirmação da presença e do crescimento dos evangélicos no Brasil, o que trabalha diretamente com a auto-estima e o sentimento de pertença dos adeptos, e permite sucesso ao empreendimento. A 14ª "Marcha para Jesus" reuniu em 2007 cerca de três milhões de pessoas, mesmo ano do episódio da prisão do casal Hernandes nos Estados Unidos, após a apresentação uma declaração falsa de porte de dinheiro para a alfândega americana. A ausência do casal líder não interferiu no evento, pelo menos no que diz respeito ao público da Marcha.[298] Sonia e Estevan Hernandes participaram da marcha ao vivo por meio de mensagens via satélite em telões, enquanto participantes pediam orações em favor do casal e fizeram um abaixo-assinado para tentar comover a Justiça americana.[299]

Outro evento que se consolidou como sucesso de público e comercial é o "Troféu Talento". Realizado anualmente, desde 1996, pela rede de rádios da Igreja Universal do Reino de Deus, hoje Rede Aleluia. Trata-se de um evento de premiação dos melhores da música evangélica em diversas categorias. A escolha é feita pelo público que, incentivado pelas rádios, vota pelo telefone ou pela internet a partir de indicações feitas pelas gravadoras ou artistas independentes. Anualmente, mais de uma centena de gravadoras e artistas independentes são contatados e cerca de 60 remetem indicações.

A festa de entrega do prêmio é um espetáculo promovido em casas de show de grande porte. O público paga para assistir à premiação dos seus "ídolos" e a apresentações musicais à base de efeitos especiais. Segundo o bispo da Igreja Universal do Reino de Deus Marcelo Silva, idealizador e coordenador do "Troféu Talento", o *objetivo da criação do evento "nunca foi" o de premiar artistas*:

Nosso objetivo inicial e que se mantém bem vivo até hoje é de incentivar todos aqueles envolvidos com a música *gospel* para produzi-

rem o melhor, não medindo esforços para oferecer ao público um produto final elaborado e de qualidade. Percebemos que ao longo destes anos, as gravadoras, músicos e artistas têm oferecido CDs e canções com qualidade profissional, sem dever nada à música internacional ou às produções de nossa MPB. O prêmio é o reconhecimento do público de todo o Brasil pelo esforço destes profissionais do segmento *gospel* em oferecer o melhor para nosso segmento. (...) Graças a Deus, sempre temos as casas lotadas nos dias dos eventos. (...)
Buscamos contemplar somente os melhores. Não estamos preocupados em dar "prêmios de consolação" para que todas as gravadoras sintam-se satisfeitas. (...) A nossa recompensa é céu, a Nova Jerusalém. E vamos fazer de tudo para que conosco muitos cheguem até lá. Esse deve ser o nosso empenho, sempre. (...) Não há prêmio maior do que a nossa salvação![300]

Ao estudar a espetacularização do sagrado promovida pela Igreja Renascer em Cristo, Carlos Tadeu Siepierski reconhece a dimensão do espetáculo e da teatralidade inerente à religião. No entanto, para o pesquisador, foi com o avanço da mídia que os recursos espetaculares à disposição da religião se renovaram. "Além de impor o poder permanente das imagens e, portanto, a obrigação de utilizá-las", registra Siepierski, "também modificaram profundamente o modo de produção de imagens".[301]

Os espetáculos tornaram-se programa comum no cenário evangélico com a consolidação do movimento *gospel* via profissionalização dos músicos e fortalecimento das gravadoras. Freqüentemente realizados em grandes clubes e casas noturnas seculares, eles reúnem grande número de pessoas, na maior parte das vezes para promover os mais recentes CDs. Alguns espetáculos são festas das gravadoras em espaços abertos (praças ou estádios esportivos) e levam os principais artistas do seu cast e convidados nacionais e internacionais – como o "Canta Rio", da MK Publicitá, ou o "SOS Vida" (na cidade de São Paulo), da *Gospel* Records/Renascer em Cristo.[302] Têm sido também comuns em festas populares, como as de aniversário de cidades, rodeios e quermesses, as noites *gospel*, com artistas contratados. Todos esses espetáculos seguem as regras do *show business* e atraem público com sua infra-estrutura baseada em muitos quilowatts de luz e som e recursos cenográficos.

Na linha do louvor e adoração, as apresentações denominadas "encontros", que, grande número de vezes, servem para gravação de discos ao vivo, são espetáculos montados no mesmo formato dos primeiros, com diferença apenas na condução do programa – há orações, "ministrações" (pequenos sermões), apelos à consagração pessoal e à adesão à guerra espiritual. Como exemplo podem ser citados os eventos ao vivo do Diante do Trono (já descritos detalhadamente no capítulo anterior), do Ministério Fogo e Glória e de outros.

Todos os espetáculos reúnem um expressivo público, das igrejas evangélicas na maioria, que neles busca opção de lazer sadio e consagrado. Neste caso, com base na premissa de que tudo é possível desde que em nome de Deus, os evangélicos constroem um modo de vida *gospel* em que desfrutam do mesmo tipo de lazer que um "incrédulo" desfruta, num espaço em que se pode cultivar a pureza do corpo, templo do Espírito de Deus, por estar ele sendo realizado em nome de Deus.

Por isso, o comportamento do público evangélico em um espetáculo religioso pouco difere daquele do público em um espetáculo secular. Na platéia, os evangélicos gritam efusivamente ao deparar-se com os cantores – muitas pessoas vestem camisetas com suas fotos ou logotipos ou faixas ao redor da cabeça com seus nomes –, lançam ao palco CDs e camisetas para serem autografados por eles e dança como o público "incrédulo". No palco os cantores *gospel* também se comportam como os seculares: interagem com o público, jogam beijos e acenam aos fãs, e em alguns momentos, buscando ser "politicamente corretos", ao receberem aplausos e vivas, dizem que essas manifestações devem ser dirigidas a Jesus Cristo.

Inspiradas pelos espetáculos profissionais, as igrejas têm buscado implantar programas desse tipo, em menor proporção, em seus espaços de reunião, com vistas a atrair especialmente a juventude. Além de contratarem cantores, elas criaram o que se convencionou chamar de "Louvorzões" – eventos realizados periodicamente, geralmente em noites de sexta-feira ou sábado, para apresentação de ministérios de louvor e bandas *gospel* das próprias igrejas ou de igrejas convidadas, e de grupos de coreografia; o show desses grupos é entremeado com canções mais populares que são cantadas pelos participantes e dirigidas pelo ministério de louvor da igreja que promove a programação.

O modelo dos "Louvorzões" se popularizou bastante nas igrejas evangélicas como opção de lazer para noites de final de semana, especialmente por não representar custo para os promotores nem para o público. Aqui eles diferem bastante dos espetáculos que têm participação de cantores *gospel* mais famosos, que cobram altos cachês e outras exigências, os quais podem ser custeados apenas pelas igrejas mais ricas; ou condicionam a venda de uma certa quantidade de CDs, o que faz com que as igrejas promotoras dependam do público para a realização da programação. Grupos de louvor e adoração, como o Diante do Trono, fazem algumas exigências de infra-estrutura (portanto, não é qualquer igreja que pode convidá-los) e afirmam não cobrar cachê – dizem aceitar "uma oferta de amor" –, mas no caso da cobrança de ingressos, há cobrança de cachê.[303]

Os "Louvorzões" funcionam como exercício nas igrejas locais para reprodução do formato dos espetáculos e das apresentações na televisão. Para isso, elas investem recursos consideráveis na compra de equipamentos de som – algumas até de iluminação –, de instrumentos musicais e de material de apoio como telões e equipamento multimídia.

Os jogos e outras distrações

Não são apenas os dançarinos, os foliões e o público de espetáculos os que são contemplados pela indústria do entretenimento *evangélico*. Quem gosta de se divertir com jogos, especialmente os que envolvem tecnologia, e outros produtos eletrônicos também tem vez. E aqui as crianças e adolescentes são o público-alvo privilegiado. Pessoas de todas as idades podem disputar a batalha de Jericó ou interpretar Davi combatendo Golias por meio de videogames. As histórias da Bíblia também entretêm por meio de CD-ROMs, fitas de vídeo e DVDs com desenhos ou filmagens. Com isso, nomes da Bíblia como Paulo, Davi e Jeremias transformam-se em heróis para divertir, por meio de traços que lembram desenhos japoneses.

Personagens são igualmente criados para animar as crianças, como o mais popular de todos, a formiguinha Smilingüido, da Editora Luz e Vida. Ela já estrelou duas fitas de vídeo e um game cheio de aventuras. Inspirada no programa de TV "Show do Milhão", sucesso no Brasil do início dos anos 2000, a Editora Hagnos lançou o game "Show do Cristão", em CD-ROM.

A internet também é farta de opções de entretenimento para os evangélicos. Além dos games que podem ser encontrados em diferentes portais da internet, há até páginas eletrônicas de humor evangélico, como a do pastor e humorista Jasiel Botelho, que criou o seu próprio ministério.[304] Autor de livros de humor religioso como *No tempo da graça* e *Divina comédia*, ele também produz charges. Na página eletrônica de humor pode-se acessar sua produção distribuída em seções e também remeter "cartões virtuais de riso".

Quem não tem acesso a aparelhos de vídeo e DVD e computadores pode adquirir gibis, versões de jogos em papel e plástico e outros formatos, como, por exemplo, o jogo "Bíblia em ação", da Shemá Produções. A propaganda de lançamento trazia as chamadas: "Agora você aprende a Palavra de Deus enquanto se diverte... A diversão que faltava para grupos de amigos e para toda a família... Leve agora mesmo esta bênção para sua família e amigos."[305]

Mas quem tem pelo menos um aparelho de televisão pode se divertir com os programas de auditório já dedicados a games, conforme descrito anteriormente. As rádios, do mesmo modo, oferecem diversão com games e programação interativa, mas têm optado pela radionovela. "Tribulação" foi o título da veiculada pela 93 FM do Rio de Janeiro, com 21 capítulos de 15 minutos, inspirada no livro *Deixados para trás*, de Jerry B. Jenkins e Tim LaHaye, que conta a história de três personagens que foram deixados para trás no dia do arrebatamento (parte do processo do Juízo Final, segundo interpretações da Bíblia).

A cultura *gospel* integra ainda outras atrações consagradas como, por exemplo, os passeios turísticos. Se as viagens à Terra Santa (Israel) já faziam parte da agenda de viagens de evangélicos desejosos de conhecer locações das narrativas bíblicas, as novas opções, mais modernas, incluem um "Cruzeiro Evangélico", como o oferecido por uma agência, com programação só para evangélicos. O passeio Santos-Salvador, a bordo de um transatlântico com capacidade para 1.600 pessoas durante oito dias, foi promovido pela primeira vez em 2002. O sucesso levou a uma segunda edição em 2003, que tornou o programa anual. Na edição de 2007 são oito dias com paradas em Florianópolis, Punta Del Este e Buenos Aires. O cruzeiro, destinado a lazer e descanso, inclui estudos bíblicos e cultos de louvor e adoração, com cantores famosos no cenário *gospel*.[306]

A mídia

Consumo e entretenimento são componentes da cultura das mídias. No cenário evangélico contemporâneo, a construção da cultura *gospel*, que tem como elementos formadores a música, o consumo e o entretenimento, encontra na mídia religiosa uma importante mediação. As rádios FM *gospel* são as maiores disseminadoras da música *gospel* no Brasil e da programação – espetáculos, congressos, conferências, palestras, seminários – que a promove como orientação para um modo de vida evangélico. Rádios pertencentes a grupos que possuem gravadoras, como a Manchete e a Aleluia, privilegiam as produções próprias, sem descartar as demais. Artistas e adoradores são entrevistados ou têm suas vozes veiculadas em *spots* promocionais de produtos ou eventos nos quais estão envolvidos.

Essas rádios cumprem aquilo que está indicado em pesquisas: o veículo é a mais importante fonte para ouvir música nova, por isso é o principal popularizador da música.[307] Por meio delas os evangélicos têm acesso às produções musicais *gospel*, participam solicitando músicas preferidas e ganham brindes que os inserem no cenário *gospel* (ingressos para espetáculos, objetos promocionais de artistas, CDs ou espetáculos; contatos pessoais com os artistas). É assim que o repertório cantado nos momentos de louvor nas igrejas acompanha as "paradas" *gospel*: novas músicas são permanentemente inseridas, e exaustivamente repetidas, enquanto outras são logo descartadas ou cantadas esporadicamente como *flashback*.

Os ouvintes também recebem os conteúdos não-musicais – entrevistas, debates e mensagens – que trabalham com linguagem que privilegia o repertório utilizado nas igrejas evangélicas, o que faz com que a programação se torne supradenominacional e busque trabalhar com temas comuns aos círculos evangélicos. Eles giram em torno de assuntos destacados no cenário evangélico, como prática pastoral feminina, ecumenismo, participação política, homossexualismo, relação igrejas-Estado. Muitos desses assuntos são solicitados diretamente por ouvintes ou apontados por meio de pesquisas nas igrejas ou entre a audiência.

Essa programação não-musical também atua no reforço dos conteúdos que alimentam o movimento *gospel*, centrados na Teologia da Prosperidade, na Guerra Espiritual e na perspectiva intimista do cultivo da fé. Os entrevistados e debatedores são, em geral, lideranças reconhecidas no cenário evangélico ou vinculadas a igrejas, bem como personalidades do cenário sociopolítico-econômico-cultural regional ou nacional.

O espaço de propaganda inclui os comerciais dos patrocinadores e divulgação de programações de igrejas e grupos. Consumo e entretenimento são componentes imprescindíveis, como em qualquer mídia. Portanto, a grade procura acompanhar o formato das demais rádios, adaptando ao repertório *gospel* programas bem ao gosto popular, garantindo-se a conquista de audiência e patrocínio.

Assim como acontece nas rádios seculares, as evangélicas estão prontas para lançar moda e colocar o público "por dentro" do que existe de mais atual no cenário evangélico. Além disso, elas apresentam-se como veículos a serviço de Deus, como instrumentos de uma missão divina, o que promove aceitação entre os adeptos das igrejas evangélicas, como no exemplo a seguir:

> Quando a adquirimos em 1986, a Rádio Melodia FM continuara com programação secular por quase um ano por motivos de cumprimento de contratos antigos. **Mas nós, que temos sérios compromissos com a causa de Deus, não estávamos fazendo aquele empreendimento sem maiores objetivos. Já estava planejado desde o início que esta rádio seria dedicada à propagação do Evangelho de Jesus Cristo, que disse em suas palavras "Ide por todo o mundo e pregai o Evangelho a toda a criatura".** [grifo meu]
>
> Ao iniciar com a programação evangélica, não imaginávamos que o sucesso seria tamanho! A rádio começou a fazer altas pontuações no Ibope, prova que o povo de Deus não é pequeno. Uma rádio que antes fechava com baixa pontuação no Índice Geral de Audiência subia a uma velocidade espantosa.

Desde os primeiros meses de sua inauguração até hoje, a Rádio Melodia FM ocupa o primeiro lugar entre as emissoras evangélicas, estando atualmente em primeiro lugar também entre todas as emissoras do Rio de Janeiro. Todas estas vitórias de audiência não se devem somente à nossa visão cristã, mas à união e ao crescimento do povo de Deus.[308]

O alcance privilegiado da mídia evangélica está no rádio, mas o poder da imagem dá aos programas na TV, ainda que com números de audiência inferiores, força, ainda mais intensificada com a tecnologia do DVD. Os clipes musicais nasceram junto com a MTV, em 1981, mas a prática de "filmar apresentações musicais" é mais antiga: remonta a 1950, com Elvis Presley, passa pelos Beatles e pelos Monkees. O objetivo – "ver música" – serve mais à promoção dos discos.[309] Nos anos 90, houve uma verdadeira febre de produção de clipes musicais, incluindo a atuação de celebridades do *show business* e a produção e direção de profissionais famosos. O mercado acompanha a tendência, daí a transmissão dos programas de clipes *gospel*, que seguem o mesmo formato – uma seqüência de clipes de cantores diferentes, de diferentes formatos – como reforço à divulgação desenvolvida por meio do rádio. A imagem da música (forma de os cantores se apresentarem e coreografias de apoio) serve de inspiração e de modelo para os grupos de louvor e adoração que atuam nos momentos de culto das diferentes igrejas.

Os demais programas incluem variedades – debates de temas como uso de drogas, profissionalização dos músicos evangélicos, Halloween, participação política, etc.; entrevistas com os cantores *gospel*, agenda de espetáculos; mensagens e reflexões bíblicas – apresentadas como seções informativas, e entretenimento como os games, elaborados no formato dos demais programas seculares.

Na linha do rádio, os programas de TV não privilegiam determinada denominação evangélica como público-alvo; buscam desenvolver uma linguagem supradenominacional e têm em vista o segmento evangélico. Exemplos são os games que envolvem na competição grupos de diferentes denominações evangélicas. Também os programas de debates que convidam pessoas de variadas igrejas para exporem suas idéias.

Além disso, os programas televisivos têm em comum a disseminação de um formato baseado na inserção na modernidade. Cenários, disposição do apresentador e do auditório, vestuário, linguagem, tudo revela que o *gospel* acompanha o que há de moderno, que não há por que sustentar a clássica premissa de que "os crentes são 'caretas', ultrapassados". Busca-se tornar visível o que está musicado: a idéia de que não é porque se tem fé que se deve distanciar da moda, da tecnologia, da diversão. Como já mencionado no Capítulo 3, a cultura *gospel* decretou o desaparecimento do clichê do evangélico conservador, isolado nas periferias das grandes cidades, e trouxe à cena a imagem de pessoas modernas, que vestem roupas da moda, freqüentam shoppings, divertem-se e consomem música.[310]

Os programas de TV também compartilham o embasamento em teologias que fundamentam a cultura *gospel* e sua linguagem: a Teologia da Prosperidade, a Guerra Espiritual e a perspectiva intimista do cultivo da fé. Da mesma forma que o rádio, eles são apresentados como veículos a serviço de Deus.

Com consciência do poder da imagem na era da mídia, os grupos evangélicos procuram compensar a baixa audiência dos programas de TV com a produção de vídeos e DVDs. É significativo o acervo oferecido ao público de gravações de eventos e de conferências e palestras de personalidades *gospel* por parte de gravadoras e ministérios de louvor e adoração.

A mais bem-sucedida de todas as mídias religiosas, a impressa, tem amplo alcance entre os evangélicos. Dados da pesquisa "Diagnóstico do setor editorial evangélico brasileiro", realizada em 2002, mostram que as editoras movimentaram naquele ano R$ 139,1 milhões. A Editora Vida, líder entre as empresas independentes com receitas de R$ 12,6 milhões, previu um crescimento nos anos posteriores. Já em 2003, os números das editoras religiosas saltaram para R$ 280 milhões. Isso pode ser explicado por outra pesquisa que indica que a média de leitura dos evangélicos brasileiros é de cerca de seis livros por ano – o dobro da média nacional.[311]

Afinadas com as tendências do cenário evangélico, as grandes editoras do segmento já possuem a categoria "louvor e adoração" ou "*gospel*" entre suas coleções. Essas produções têm como objetivos: (1) capacitar os grupos musicais que atuam nas igrejas para tornarem-se "verdadeiros adoradores"; e (2) disseminar a teologia que embasa a linha do "louvor e adoração". São vários os livros publicados na categoria "louvor e adoração". Exemplos:

Da Editora Betânia: *Formando Verdadeiros Adoradores*; *O ministério de louvor da Igreja*; *O Louvor e a Edificação da Igreja*; *Ministério de Louvor: Revolução na Vida da Igreja* (todos de João A. de Souza Filho); *Adoremos*, de Marcos Witt;

A coleção "Associação de Músicos Cristãos", editada pela W4Endonet: *Adoração e Avivamento,* de Adhemar de Campos; *Criatividade e espiritualidade,* de Jorge Camargo; *O mover do Espírito Santo na adoração,* de Bob Fitts; *Adoração e Integridade,* de Massao Suguihara; *O que fazer com estes músicos?,* de Marcos Witt (3 edições); *O coração do artista*, de Rory Noland; *Senhor, em que posso te servir?*, de Marcos Witt;

Da Editora Vida: *Decolando nas asas do louvor*, de Atilano Muradas; *Adoração na Igreja Contemporânea*, de Carlito Paes e Sidney Costa; **Da Editora Diante do Trono:** *Adoração Diante do Trono*, de Ana Paula Valadão; *Nos Braços do Pai*, de Márcio Valadão; *Louvai a Deus com danças*, de Izabel Coimbra; *Expressões Diante do Trono*, do Ministério Diante do Trono.

Da Editora Proclama: *A dinâmica do ministério da música*, de Adhemar de Campos;

Da Karys Produções: *A excelência da adoração*, de Ronaldo Bezerra;

Da Editora Eclésia: *Nova Adoração*, de Barry W. Liesch;

Independente: *Nos bastidores do Louvor*, de Wilson Teixeira.

Além destes livros, de autoria de músicos ou cantores, há as publicações que desenvolvem teologias que embasam o *gospel*, sejam na linha das mensagens e estudos bíblicos, sejam na linha da "auto-ajuda cristã". As principais são:

Da Editoria Dynamus: *Os caçadores de Deus*, de Tommy Tenney; *Mensagens para a geração do avivamento*, de Dan Duke; *Firmado na Rocha*, de Rebecca Brown;

Da United Press: *Um homem segundo o coração de Deus*, de Jim George; *Uma mulher segundo o coração de Deus*, de Elizabeth George;[312]

Da Editora Mundo Cristão: *A oração de Jabez*, de Bruce Wilkinson;

Da Editora Atos: *Os descobridores de Deus*, de Tommy Tenney.

Note-se que todos os autores desses livros-base são estadunidenses. Os conteúdos têm em comum a afirmação de que a adoração é um modo de vida – ela precisa ser experimentada na prática e na vida diária; dá ênfase no louvor (música na igreja) como "arma poderosa" para vencer o poder do mal na igreja e na vida pessoal; e oferece instruções para que o leitor se torne um "verdadeiro adorador" na vida cotidiana e no momento do culto na igreja.

O modo de ser *gospel* também é veiculado por meio de revistas vendidas em bancas, com significativa tiragem. As principais são a *Eclésia*, publicada pelo Grupo Bompastor, com tiragem de 55 mil exemplares, e *Enfoque Gospel*, com 50 mil exemplares, editada pelo Grupo MK de Comunicação. Note-se que ambas são editadas por grupos que atuam no mercado fonográfico: a Bompastor está inserida nesse mercado no Brasil há 30 anos e a MK é a maior gravadora *gospel* do presente em número de artistas, tecnologia e vendas. *Eclésia*, veiculada mensalmente desde 1996, possui leitores distribuídos nas classes A, B e C – com maioria nas duas primeiras, que incluem líderes de organizações eclesiásticas, pastores e dirigentes de entidades religiosas. *Enfoque Gospel*, fundada em 2001 com circulação mensal, é líder em vendas no segmento. Possui leitores majoritariamente na classe C, com menor grupo pertencente à classe B e minoria à classe A. A seção de cartas das duas publicações revela maioria de leitores evangélicos, mas há também manifestações de católico-romanos e não-cristãos, a maioria das mensagens que chegam a elas é elogiosa.[313]

A revista *Eclésia* optou por uma política editorial que lhe garantisse uma imagem de seriedade, credibilidade e supradenominacionalidade. Por isso, dedica cerca de um terço de sua média de 90 páginas ao jornalismo, com matérias e entrevistas de cunho sociopolítico nacional e internacional de interesse das igrejas e de temas relacionados à economia e à cultura. Nas seções fixas, um terço da revista apresenta uma entrevista, na maior parte das vezes, com personalidades do cenário evangélico, cartas dos leitores e colunas com reflexões e mensagens. Outras páginas, em média, são voltadas à seção "Multimídia" (as variedades), subdividida em cinco retrancas ("música", "tecnologia", "literatura", "vídeos' e "sintonia"). Há um suplemento de cinco páginas publicado periodicamente nos últimos dois anos, de nome "Circuito *Gospel*". O um terço restante é reservado para publicidade.

Após análise de várias edições, avalia-se que ao *gospel* e suas expressões é reservado um quarto de Eclésia: cerca de 40% da publicidade refere-se a produtos e eventos (CDs e apresentações musicais, livros sobre o tema ou redigidos por autores do mundo *gospel*, conferências e cursos de louvor e adoração), bem como a quase totalidade das 13 páginas da seção "Multimídia" – não considerados o suplemento periódico e matérias e entrevistas dedicadas, com freqüência, a personalidades desse segmento.

Enfoque Gospel está dividida em seis seções – cartas, entrevista, gente, acontecimentos, missão e serviços – e sete colunas fixas com reflexões e mensagens. Ao contrário de *Eclésia*, *Enfoque Gospel* deseja oferecer variedades para um segmento em busca de "comportamento e consumo", por isso a cobertura jornalística de temas sociopolíticos, econômicos e culturais de interesse dos evangélicos ocupa uma parcela mínima das edições (cerca de duas a três páginas) – em algumas chega a ser inexistente. Esses assuntos são abordados em artigos nas colunas "Política" e "Ética". As matérias e entrevistas dedicam-se a temas emergentes dentro do próprio cenário evangélico, como homossexualismo, dízimo, sacerdócio feminino, Juízo Final e outros, e ocupam cerca de um quarto da publicação.

Como foi dito, as variedades são a tônica de *Enfoque Gospel*. As retrancas "família", "jovem", "mulher", "homem", "terceira idade", "cultura", "música", "educação", "esporte", "saúde" e "meio ambiente" oferecem conteúdos relacionados à moda, ao comportamento, a dicas de beleza, à vida das celebridades. Esse conteúdo está presente em metade da revista; um quarto restante é de publicidade, com média de 60% de produtos e eventos (CDs e apresentações musicais, livros sobre o tema ou redigidos por autores do mundo *gospel*, conferências e cursos de louvor e adoração). Essas características tornam *Enfoque Gospel* a maior expressão impressa da cultura *gospel* no Brasil, como o próprio nome assim o sugere. Em suas páginas revela-se não só o poder do mercado da música evangélica e seus artistas e adoradores, mas a busca por "modernidade" no cenário evangélico do presente – ou de um modo de vida *gospel* –, com sugestões de lazer, moda e cuidados com a beleza, o corpo e as emoções, incluindo questões como auto-estima e sexualidade (valores e temas até as últimas décadas desprezados pelos grupos evangélicos históricos desde as origens no Brasil).

Modernidade é sinônimo de internet que "já faz parte da vida das pessoas". A frase foi pronunciada por Alexandre Sanches Magalhães, analista de internet do Ibope NetRatings, ao analisar números da medição do uso desse instrumento de comunicação pela população brasileira em 2003. Nesse período, o instituto de pesquisa estimou um universo de 7,2 milhões de internautas residenciais, número que dobrou para 22,1 milhões em 2007, com média 19 horas de conexão por mês (maior tempo médio de navegação do mundo). Esse consumo tem crescido em todas as faixas etárias e é equivalente a quase 5% da população do País. O número altera-se bastante quando se trabalha com o universo de pessoas que têm acesso à internet também ou exclusivamente fora de suas residências: chega a 30 milhões de pessoas, ou 20% da população, maior concentração delas nas regiões Sudeste e Sul.[314]

Portanto, não é por acaso que grupos e empresas estão investindo na criação de páginas eletrônicas ou na alocação de verba publicitária nos já existentes. Nesse contexto também tem havido investimento e crescimento do segmento evangélico. É desafio a ser respondido listar todas as páginas eletrônicas localizadas pelos mecanismos de busca na internet; elas chegam aos milhares e a lista inclui desde as mais artesanais, montadas por grupos de louvor de igrejas, até as mais sofisticadas e mais acessadas como o Aleluia, o Diante do Trono e o Super *Gospel*.

Há páginas eletrônicas:

- especializadas em música, com sistemas em que se pode ouvi-las *on-line* e com o oferecimento de cifras para que possam ser tocadas e cantadas nas igrejas;

- de líderes e grupos voltados para louvor e adoração, com reflexões e instruções para que as pessoas tornem-se "verdadeiras adoradoras"; oferecem também cifras de músicas;
- dos artistas e grupos *gospel* com discografia, agenda de apresentações, histórias de vida, fãs-clubes;
- das gravadoras, editoras, rádios e TVs – estas duas últimas com transmissões *on-line;*
- em que os internautas cristãos podem montar a própria rádio evangélica, selecionando músicas que gostam de ouvir, espaço também em que músicos podem expor seu trabalho;
- independentes que oferecem amizade e casamento com parceiros evangélicos;
- de cartões religiosos;
- de entretenimento;
- de comércio, que oferecem para a venda os mais variados produtos destinados ao público evangélico.

Por meio das páginas, os evangélicos que acessam a internet podem ter contato com as celebridades desse segmento, ao utilizarem os sistemas de "chats" e de e-mails, e com os conteúdos mais recentes produzidos pelos grupos *gospel*.

As tribos evangélicas

Uma das marcas do fenômeno urbano das últimas décadas em todo o mundo é o surgimento do que se convencionou chamar "tribos". Como já descrito no Capítulo 2, elas resultam da diversidade étnica, religiosa, do nível de condição financeira, de escolaridade e do cenário urbano contemporâneo. São organizadas a partir do compartilhamento de modos de vida, formados por atitudes, padrões de consumo, gostos, crenças e vínculos de sociabilidade. Maior destaque é geralmente dado a tribos como os *punks* e as *drag queens*, freqüentemente referidos como exemplos do mundo urbano contemporâneo, mas há outros grupos, e dentre eles, as evangélicas. Estas se referem aos agrupamentos de pessoas organizados a partir da identidade evangélica – pessoas que se converteram ou aderiram a uma agremiação evangélica – e da adoção de um modo de vida *gospel* (inserção na modernidade e liberalização de costumes). Essas tribos podem ser divididas em dois tipos: aqueles formados pelo compartilhamento de uma prática social já existente fora do campo religioso; e os constituídos em torno de igrejas alternativas.

O primeiro grupo compõe-se de pessoas que compartilham práticas como o esporte (surfistas, atletas), a expressão artística (artistas e admiradores da música, da pintura, do teatro, da dança), a vida alternativa (ecologistas, punks, rastafáris). Surgem assim grupos como os "roqueiros de Cristo", os "surfistas de Cristo", os "atletas de Cristo" – estes possuem até uma associação –, os "capoeiristas de Cristo", os "artistas de Cristo", que buscam formas próprias de viver a religião de acordo com o seu repertório e práticas, e têm uma interpretação própria de elementos doutrinários clássicos. A leitura bíblica, por exemplo. Realizada por surfistas, transforma Jesus Cristo "no maior surfista que já existiu (...) [pois] em meio ao desespero dos discípulos, Jesus andou sobre as águas e ensinou Pedro a domar as altas ondas".[315]

Apesar de sofrerem críticas dos mais tradicionalistas, que questionam o uso do piercing, por exemplo, muito comum entre os roqueiros, ou do cabelo rastafári, mais associado à cultura afro, há apoio suficiente para as tribos evangélicas se manterem e ampliarem sua presença no cenário religioso evangélico brasileiro. Uma razão para isso é o pensamento de que "num mundo cheio de pecados, ser um cristão verdadeiro é um dever de quem pretende se salvar. Agir como um 'maluco de Cristo' talvez seja uma forma de não se perder".[316]

As tribos evangélicas do segundo grupo formam as igrejas ou ministérios alternativos, voltados especialmente para pessoas entre 25 e 45 anos. Um deles é o Bola de Neve. Iniciado em 1993, possui cinco igrejas em três estados brasileiros, organizadas em pequenos grupos de evangelismo e estudos bíblicos. Nessas congregações, os cultos são caracterizados pela informalidade, com linguagem marcada por gírias, com "louvores" em ritmo de rock e reggae. O Ministério Bola de Neve surgiu de um grupo que se desligou da Igreja Renascer em Cristo e atrai um público formado, em boa parte, por surfistas e adeptos de esportes radicais – práticas que são incentivadas nas programações propostas pela igreja.[317] Além do Bola de Neve, há a Comunidade Ágape, a Igreja Sara a Nossa Terra e o Ministério do Espírito Santo de Deus em Nome do Senhor Jesus Cristo, dentre outros.

Já existem até programas como o "Congresso Cristão Underground", do qual participam integrantes de diversos grupos e ministérios alternativos. O congresso, já realizado em várias edições, é organizado em espaços abertos, como praias, onde os participantes acampam, e reúne integrantes de tribos *punk*, rastafári, neohippie, *hip-hop, hard rock*, capoeiristas e outras, todas evangélicas. Muitos se vêem como herdeiros do Movimento de Jesus (ver Capítulo 3), dizem-se "apaixonados por Jesus" e pregam uma religião baseada na diversidade e na liberdade. Nos congressos, "metaleiros cabeludos ou carecas, cheios de *piercings* e tatuagens, jovens surfistas, rappers e capoeiristas de Cristo contaram suas histórias uns para os outros, oraram e choraram juntos".[318]

* * *

O que foi descrito neste capítulo demonstra a configuração do *gospel* como uma cultura, um modo de vida. Muito mais que um movimento musical. Além de criar uma comunidade de consumidores cristãos, abriu os evangélicos para maior busca de prazer do corpo e colocou-os na modernidade. O estudioso do consumo como expressão cultural, Nestor Garcia Canclini, indicou que as pessoas consomem em cenários de diferentes escalas e com lógicas distintas, o que significa que o modo de consumir é a forma de uma sociedade ou um grupo comunicar a lógica de sua organização. Com base nesta reflexão Canclini elaborou seu conceito de consumo e de consumo cultural:

[O consumo é] o conjunto de processos socioculturais em que se realizam a apropriação e os usos dos produtos. [O consumo cultural é] o conjunto de processos de apropriação e usos de produtos nos quais o valor simbólico prevalece sobre os valores de uso e de câmbio, ou onde ao menos estes últimos se configuram subordinados à dimensão simbólica.[319]

O autor evoca os estudos antropológicos sobre os rituais para avançar nessa reflexão. Ele cita Mary Douglas e Baron Isherwood que afirmam, por meio de seus estudos, que os rituais permitem que cada sociedade selecione e fixe (graças a acordos coletivos) os significados que a regulam. Portanto,

os rituais servem para conter o curso dos significados e tornar explícitas as definições públicas do que o consenso geral julga valioso. Os rituais mais eficazes são os que utilizam objetos materiais para estabelecer os sentidos e as práticas que os preservam. Quanto mais caros são os bens, mais forte será a inversão afetiva e a ritualização que fixa os significados que lhe são associados.[320]

É por isso, diz Canclini, que Douglas e Isherwood definem que muitos dos bens que se consomem são "acessórios rituais" e compreendem o consumo como um processo ritual "cuja função primária consiste em dar sentido ao rudimentar fluxo dos acontecimentos". Comprar objetos, distribuí-los pela casa, dar-lhes um lugar e uma utilidade, são recursos para pensar o próprio corpo, a ordem social instável e as interações com o outro. Por isso, "as mercadorias servem para pensar".[321]

Com base nestas reflexões, é possível afirmar que, na cultura *gospel*, o consumo e o entretenimento não são apenas ações que respondem à lógica do mercado e da mídia, mas constituem também elementos produtores de valores e sentidos religiosos. A cultura *gospel*, desprendida de dogmas e "amarras eclesiásticas", manifesta-se assim mediadora de um sagrado mais disponível, acessível e próximo. E mais, ela construiu a noção da religião-bem-de-consumo, em que se pode participar de uma igreja ou de mais de uma, sem compromisso, quando a máxima "religião não salva" adquire mais força. Com isso, a mídia passa a desempenhar o papel de mediadora não só das dimensões do consumo e do entretenimento mas doutrinária. É a mídia quem vai se alimentar das aspirações desta comunidade de consumidores de bens materiais e espirituais e devolver-lhe mensagens, orientações, estímulos, consolos. E, como mediadora, promove ainda uma unidade de consumidores/fiéis. A carta de um leitor à revista *Enfoque Gospel* é exemplar deste aspecto:

> Sou grato a Deus por conhecer a verdade e quero parabenizar a revista Enfoque por se empenhar tanto na busca pela unidade entre o povo de Deus. (...) Que a revista possa sempre nos proporcionar cultura, conhecimento, entretenimento, muitas palavras de vida e entrevistas. *Thiago Q. de Oliveira, Cachoeiro de Itapemirim*[322]

O pastor Fábio Carvalho, líder da igreja alternativa Caverna de Adulão, de Belo Horizonte, captou essa tendência e prega a unidade dos evangélicos: "Hoje as tribos estão misturadas; os jovens circulam de grupo em grupo, ansiosos por encontrar o seu lugar."[323]

Portanto, nesse novo modo de vida religioso, não importam mais a profissão de fé, o rol de membros, a prestação de contas a uma comunidade; o que importa é Deus e o acesso a ele.[324] E isso pode acontecer por meio do consumo e da diversão, elementos que passam a ser interpretados como consagrados, pois levam a Deus.

CAPÍTULO 5

O HÍBRIDO *GOSPEL*: "VINHO NOVO EM ODRES VELHOS"

O termo cultura híbrida está sendo desenvolvido neste livro a partir de uma perspectiva não complacente do *gospel*, ou seja, responder, numa perspectiva crítica, à indagação: o que o *gospel* representa culturalmente para os evangélicos no Brasil? O crítico aqui não corresponde a uma condenação da cultura *gospel*, mas a ir além do aspecto meramente descritivo e assumir uma atitude crítica ética a qual leva à tese de que o *gospel* é híbrido porque entrecruza aspectos da modernidade e da tradição, mas não representa um modo de vida que traz em si o novo, a criação, como seus promotores buscam pensar e fazer pensar, mas trata-se de um modo de vida cuja novidade é superficial, ou seja, não traz mudança de valor central.

A cultura *gospel* é uma cultura religiosa, um modo de vida construído por um segmento cristão brasileiro – os evangélicos. Portanto, ela é um modo de viver e experimentar a fé no sagrado dentro do qual há um sistema de significações que resulta de todas as formas de atividade social desse segmento religioso. Esse emerge da vivência dos evangélicos entre si e com outros grupos sociais, em outras esferas sociais que não a religiosa. Por isso é possível afirmar que a cultura *gospel* se tornou mediação da experiência religiosa evangélica no Brasil, mas é ao mesmo tempo mediada por elementos que operam na construção deste modo de vida – a tradição protestante, o sistema sociopolítico e econômico do capitalismo globalizado, os sistemas eclesiásticos e os meios de comunicação são os principais – presentes nas formas de atividade social dos evangélicos.

É possível, a partir do estudo dessas mediações, sistematizar a configuração da cultura *gospel* com a indicação de pelo menos oito elementos-chave que reúnem as idéias apresentadas nos capítulos anteriores. Eles podem ser classificados como caracterizadores da cultura *gospel*:

(1) a inserção na modernidade, representada pela sacralização do consumo e pela mediação da tecnologia e dos meios de comunicação no desenvolvimento da religiosidade evangélica, em especial nas práticas de culto;

(2) a sacralização de gêneros musicais populares brasileiros;

(3) a relativização da tradição de santidade protestante puritana de restrição nos costumes, de rejeição da sociedade e das diferentes expressões culturais brasileiras com a busca da valorização do corpo – expressão corporal e lazer – e a construção da imagem de que os adeptos do segmento evangélico são cidadãos "normais", não isolados, mas inseridos socialmente;

(4) o rompimento com a teologia apocalipsista/milenarista indiferente aos eventos da história, pregadora da salvação e de vida melhor "no céu", e ênfase na Teologia da Prosperidade e da Guerra Espiritual que pregam vitória e superação dos sofrimentos na terra com prosperidade pessoal e interpretação da inserção no sistema socioeconômico como sinal da bênção de Deus na vida do cristão; o desenvolvimento de uma prática religiosa avivalista, base da conduta pentecostal, como potencialização da experiência de piedade individual, com busca intimista mais intensa e contrita de Deus e externalização da emoção nas reuniões coletivas. Conseqüentemente, um tipo de renovação das igrejas é almejado como reação a um suposto "esfriamento" da vivência religiosa;

(5) o reprocessamento da teofania das tradições monárquicas de Jerusalém;

(6) a conservação de elementos da cultura evangélica brasileira construídos na prática pietista dos missionários estadunidenses responsáveis pela crise na relação entre protestantismo e sociedade brasileira; e

(7) a desterritorialização revelada no não-enraizamento da vivência religiosa *gospel* em um grupo evangélico específico e na padronização do modo de vida que supera diferenças socioculturais e doutrinárias.

A seguir será apresentada uma síntese dos aspectos que foram descritos ao longo dos capítulos anteriores e fundamentam a afirmação de que a cultura *gospel* é uma cultura híbrida. A descrição e a análise destes oito elementos que dão forma à cultura *gospel*, registradas a seguir, revelam o caráter híbrido desse modo de vida, com base na compreensão que vem sendo desenvolvida como referencial teórico desta tese. Espera-se com essas idéias contribuir para uma compreensão do fenômeno *gospel* e com os estudos comunicacionais com um novo olhar sobre a hibridez cultural.

I. Inserção na modernidade: sacralização do consumo, mediação da tecnologia e dos meios de comunicação

Modernidade, como categoria cultural, indica a superação dos aspectos relacionados ao mundo antigo e medieval, refletida na novidade do presente em face do passado, na arte e na cultura, na vida social, política e econômica, na filosofia e na religião. Interpretada como um processo cujas origens remetem ao século XVI com consolidação nos séculos XVIII e XIX, tem como principais elementos constituintes: o valor ao indivíduo e aos seus direitos, que tem por conseqüência a noção de democracia; a expansão do mercado capitalista; e o desenvolvimento tecnológico. Eles assentam-se sobre três pilares: a razão, a ciência e o progresso.[325]

A relação entre religião e modernidade sempre esteve em tensão. A substituição da religião pela ciência, na busca da interpretação do real, emancipou o ser humano e provocou um processo de secularização do pensamento e da sociedade, referido nas análises sócio-históricas como "o desencantamento do mundo".

Diferente do catolicismo-romano, o protestantismo, desde os primórdios, representou uma tentativa de acompanhamento das transformações em curso já século XVI. No campo da teologia, por exemplo, as ênfases reformadoras na livre interpretação da Bíblia e no sacerdócio universal de todos os crentes já eram embutidas nos ideais de valor ao indivíduo, o que resultou mais tarde no desenvolvimento da ética individual do protestantismo e no denominacionalismo.[326] O crescimento da separação da razão e da fé com o desenvolvimento do Iluminismo aumentou as críticas do racionalismo ao cristianismo, mas também fez surgir as críticas no interior do protestantismo à religião histórica, fundamentada no fanatismo e na intolerância, e emergir a proposta de substituição por uma religião mais racional. A teologia liberal do século XIX é um exemplo: filha da modernidade, foi mediada pelo desenvolvimento da arqueologia e da antropologia, que proporcionaram novas formas de leitura da Bíblia. O aparecimento do movimento fundamentalista do século XX – reação à teologia liberal – deu o tom de tensão no interior do protestantismo.

Entretanto, é no campo socioeconômico-político que o encontro protestantismo e modernidade acontece harmonicamente. O clássico estudo de Max Weber, *A ética protestante e o espírito do capitalismo,*[327] analisa este aspecto a partir da pergunta: "Por que razão as regiões de maior desenvolvimento econômico foram, ao mesmo tempo, particularmente favoráveis a uma revolução na igreja?" Para Weber, o protestantismo foi o impulsionador de uma nova ordem econômica e técnica, por meio da ética dos reformadores, que enfatizava a vocação dada por Deus para o trabalho. Com Lutero, tal vocação tinha a função religiosa. Calvino foi além e pregou o trabalho como graça de Deus na ação dos seus eleitos, produzindo bens e desenvolvimento econômico. Os puritanos promoveram o casamento da noção calvinista com suas ênfases na disciplina do corpo e da mente e configuraram padrões de comportamento condizentes com o sistema capitalista – moderação nos gastos, sobriedade, dedicação ao trabalho, por exemplo. Essa ética, segundo Weber, moldou posturas e ações das chamadas nações protestantes e transformou o mundo. O capitalismo e o desenvolvimento tecnológico, dois dos elementos constituintes da modernidade, eles próprios foram um efeito do protestantismo.

Foi exatamente a relação protestantismo-modernidade que abriu as portas para o trabalho missionário protestante no Brasil. O período compreendido entre o começo do século XVIII à metade do século seguinte foi marcado no Brasil pela influência do clima filosófico evolucionista, positivista e liberal sobre a intelectualidade política, determinante para as mudanças sociopolíticas e econômicas implementadas no País, bem como para a relação Igreja-Estado. Nesse momento a maçonaria teve um papel importante, pois pregava, além de outras idéias, a luta pelo "progresso" do Brasil por meio do desenvolvimento da educação leiga, da expansão do conhecimento científico e técnico (não estorvado pela teologia) e da importação de imigrantes "progressistas" e tecnicamente educados, dos Estados Germânicos, da Inglaterra e de outras nações protestantes. [328]

Conforme referido no Capítulo 2, apesar das propostas modernizadoras presentes no protestantismo brasileiro, por meio da educação (as escolas e universidades implantadas) e do anticlericalismo que agradava à classe dirigente, a cultura evangélica construída no Brasil, baseada no puritanismo, no sectarismo, no exclusivismo religioso e na negação das diferentes manifestações culturais predominou. Aliada a esses aspectos estava a teologia apocalipsista, que fundamentava uma religião de negação do mundo e valorização do "céu e proporcionava a interpretação de que o "crente" era apenas um peregrino neste mundo; mesmo que ele vivesse em sofrimento e pobreza, a perseverança seria uma virtude que o levaria a uma vida melhor, com Deus.

Isso provocou uma crise na relação igreja-sociedade e o conseqüente isolamento dos evangélicos das questões sociopolíticas, econômicas e culturais vividas no País. A modernidade deixou de ser valorizada na experiência brasileira, bem como a inserção no sistema proporcionador de progresso.

Nos anos de 80-90 a cultura *gospel* configurou um novo modo de vida evangélico mediado por aspectos do sistema econômico e político do capitalismo globalizado que alcançou o país. O Brasil acabava de deixar para trás uma história de vinte anos de ditadura militar e preparava-se para construir uma nova democracia. Projetos de Brasil foram apresentados. Nas primeiras eleições presidenciais diretas (1989), a proposta vencedora foi justamente a de introdução definitiva do Brasil na modernidade: democracia com mercado livre e desenvolvimento tecnológico.

Ao mesmo tempo, o chamado "desencantamento do mundo" não triunfou. Percebeu-se um crescimento de novos movimentos religiosos dentro e fora do cristianismo e simultaneamente uma volta à cena de religiões antigas anteriormente sufocadas pelo Ocidente, como o islamismo e as religiões do extremo Oriente. Nesse novo reencantamento do mundo há harmonia e também rompimento com o capitalismo globalizado, percebidos por meio de expressões religiosas liberalizantes e de expressões fundamentalistas.[329]

O capitalismo globalizado do mercado que atravessa os países consolidou-se como uma instância fundamental de produção de sentido; no seu âmbito, os indivíduos no tempo presente constroem suas identidades, partilham expectativas de vida e modos de ser.[330] Este pode ser o paradigma para se compreender a transformação que ocorre hoje no modo de ser das igrejas evangélicas configurada na cultura *gospel*.

A cultura *gospel* é resultado desse reencantamento dentro do protestantismo brasileiro, num movimento liberalizante de sacralização do consumo e de investimento em recursos tecnológicos e nos meios de comunicação, conforme já analisado anteriormente neste trabalho. Com isso, os evangélicos passam a condicionar o desenvolvimento de sua religiosidade, em especial o culto, à mediação destes elementos. Predominantemente, não há mais culto em igrejas protestantes sem eletrônica e não há mais devoção pessoal sem a mídia. Percebe-se, mais uma vez, a mediação da tradição na transformação que a cultura *gospel* representa. A tradição opera na recuperação da aproximação protestantismo-modernidade/espírito do capitalismo, embora aqui também esteja também reprocessada pelo sistema socioeconômico.

Em sua análise sobre a relação protestantismo-modernidade, Weber concluiu: quando o ascetismo saiu dos mosteiros e foi levado para a vida profissional, passando a influenciar a moralidade secular, contribuiu "poderosamente para a formação da moderna ordem econômica e técnica". O protestantismo ascético remodelou o mundo e os bens materiais, que eram o seu fim, assumiram força sobre os homens. Para Weber, porém, com o triunfo do capitalismo, o espírito religioso "safou-se da prisão", e o capitalismo, vencedor, não careceria mais dele. Isso pode ser observado nos países protestantes, onde a procura da riqueza está despida da religião e cada vez mais associada com "paixões puramente mundanas". O pensador termina afirmando: "Ninguém sabe ainda a quem caberá no futuro viver nessa prisão."[331]

O futuro indicado por Weber, que está sendo vivido hoje, demonstra, por meio da cultura *gospel*, que é o protestantismo quem agora está preso ao espírito do capitalismo. Quando os evangélicos brasileiros inserem nas suas práticas religiosas aspectos profanos, aqueles integrantes da modernidade, e estes passam a produzir sentido à sua forma de viver a fé e relacionar-se com o sagrado, revelam como esta nova ascese protestante se revela uma homologia do sistema socioeconômico em curso. As características descritas a seguir vão corroborar esta idéia.

II. Sacralização de gêneros musicais populares brasileiros

Como já destacado no Capítulo 4 deste trabalho, a música sempre teve lugar privilegiado na prática religiosa cristã, interpretada como canal de inspiração e de comunicação com Deus. Na história do protestantismo, ela se destaca dessa forma mas também como veículo para o evangelismo – a busca de novos adeptos.

Isso foi inaugurado com Lutero na Alemanha do século XVI, quando, conforme já mencionado, organizou uma coletânea de hinos protestantes utilizando ritmos populares e mesmo substituindo/transpondo as letras de algumas canções de domínio público por mensagens religiosas (o que foi denominado por Lutero de contrafação). A estratégia foi seguida por outros pastores europeus e logo surgiu um cancioneiro protestante que, além dos salmos e dos hinos clássicos, sacralizava cânticos populares.

Nas reuniões dos movimentos avivalistas nos Estados Unidos, a partir do século XIX, prática similar adotou-se com a criação de composições populares, de melodia e letra simples e forte tom emocionalista. O destino manifesto, que alimentou a postura de superioridade cultural dos missionários protestantes estadunidenses que aportaram no Brasil no século XIX, os inibiu de seguir a estratégia luterana de popularizar a mensagem evangelística por meio da música e apenas traduziram ou adaptaram letras do cancioneiro protestante para o português. As melodias eram as mesmas de origem européia e estadunidense.

Nessa compreensão, a conversão dos adeptos deveria se dar pela mensagem das letras e não por uma identificação cultural. Mais ainda, a cultura religiosa protestante brasileira deveria demarcar uma distinção: sua música sagrada era a música popular dos outros povos, uma "bênção" recebida destes que possuíam outras "maravilhas grandiosas" a serem almejadas pelos brasileiros.[332]

A abertura para novos ritmos aconteceu no Brasil, como já descrito no Capítulo 3, somente nos anos 50, com o movimento pentecostal e as organizações paraeclesiásticas estadunidenses. O primeiro inseriu no seu cancioneiro ritmos populares como as marchinhas e o sertanejo, e as segundas trouxeram os "corinhos", resultado do movimento avivalista, com as marchas e as baladas românticas. Nos anos 70, as paraeclesiásticas inseriram o rock, com a influência do Movimento de Jesus.

Ainda assim, a música sacralizada pela cultura evangélica brasileira permanecia aquela originada da "cultura superior". Os gêneros musicais populares do País, provenientes das expressões indígena, católico-romana e africana, continuavam marginalizados, interpretados como demoníacos. Isto ocorria mesmo no pentecostalismo, que buscava uma aproximação maior com a população mais empobrecida. O uso das marchas e do sertanejo significava o vínculo dos pentecostais com a sua origem, o mundo rural, mas havia o desprezo pelos outros gêneros populares, que eram demonizados.

A cultura *gospel* transformou esse quadro de forma significativa. Historicamente, os gêneros mais consagrados no repertório musical evangélico eram aqueles mais tradicionais e bem aceitos entre os adeptos: as baladas românticas, o rock, o pop e o sertanejo. No entanto, o movimento abriu espaço para outros, até então rejeitados pela cultura evangélica. Gêneros também populares mas associados pelos religiosos a grupos marginalizados – como o *rap*, o *funk*, o *hip-hop*, o forró, o *reggae* –, e às festas profanas – como o samba, o pagode, o *axé-music*, a marcha-rancho e o frevo – passaram a ser sacralizados, ou seja, ouvidos por evangélicos como parte de suas práticas de devoção pessoal e inseridos na liturgia, interpretados, coletivamente, por grupos musicais ou reproduzidos eletronicamente para ser coreografados.

Entraram também nessa corrente os instrumentos musicais antes relegados ao mundo profano. Com a adoção de ritmos populares, foram admitidos mais freqüentemente na liturgia tambores, atabaques, chocalhos, os pandeiros. As orientações dos treinamentos para "louvor e adoração", já descritas, mostram isso.

Percebe-se no processo a mediação da tradição. Na cultura *gospel* ela opera na recuperação da prática da pregação evangelística, de conquista de adeptos, por meio de aproximação com o popular, de valorização de expressões musicais brasileiras, de associação do sagrado com o que nasce da vivência global, coletiva e cotidiana. O que havia sido negado e esquecido pelos missionários que implantaram o protestantismo nestas terras é recuperado pelo *gospel*.

No entanto, não é somente a tradição que opera a transformação. O mercado e os meios de comunicação também participam dessa aproximação do popular. O mercado fonográfico já demonstrou que o gosto popular revelado nas listas de vendagem de discos e nos índices de audiência predomina nas baladas românticas – os consagrados artistas seculares de sertanejo e pagode mesclam estes ritmos, do mesmo modo que o rock nacional de sucesso. Os meios de comunicação partilham destas fatias do mercado com amplo número de horas dedicadas à reprodução de músicas destas mesclas musicais, com maior destaque para os artistas a eles relacionados.[333]

Com o crescimento do mercado e dos meios de comunicação religiosos e com a abertura do mercado e dos meios de comunicação seculares ao segmento evangélico, a aproximação do popular torna-se elemento prioritário e condicional para sucesso e conquista de público. Na lista das músicas mais tocadas e mais vendidas do mercado e dos meios de comunicação religiosos, as baladas mescladas com sertanejo, pagode e rock estão no topo. As igrejas evangélicas expressam esta cultura nas suas práticas de culto e nas atividades evangelísticas. Isto se revela também em outras parcelas do mercado, como o de instrumentos musicais, como já mencionado no Capítulo 2 deste trabalho.

Portanto, a cultura *gospel* processou aspectos da cultura do mercado e da cultura das mídias e privilegia as expressões musicais do gosto popular, o que leva à conclusão de que o *gospel* se tornou uma versão de mercado do século XXI da prática luterana de aproximação do popular do século XVI.

III. Relativização da tradição de santidade protestante puritana: valorização do corpo e inserção social

Como já desenvolvido neste livro, a cultura evangélica no Brasil foi construída com bases na ética puritana de restrição de costumes, especialmente aqueles identificados com a cultura urbana.

O movimento puritano foi uma tendência protestante originada na Inglaterra, inspirada em movimentos religiosos de outras regiões da Europa. Os puritanos, teologicamente calvinistas, defendiam, entre outros aspectos: a) que o culto na Igreja Anglicana não adotasse "vestimentas e aparatos cerimoniais que tinham sido conservados da velha ordem medieval"; b) a forma de governo presbiteriana – sem bispos e mais congregacionalista; c) disciplina severa para clérigos e leigos "cuja conduta moral não satisfazia aos padrões elevados do modelo genebrino" (calvinista).[334] Essa disciplina rígida implicava em uma ética de costumes bastante restrita, em especial no que dizia respeito ao lazer e ao prazer do corpo, considerado o templo do Espírito Santo de Deus.

No século XVIII, uma transformação se processou no puritanismo, devido à ascendência do arminianismo – movimento holandês de reação ao calvinismo extremado. O puritanismo inglês deixou-se inspirar por essas idéias, passando a pregar que cada pessoa deveria fazer a sua parte, na busca por salvação e na reforma da própria vida.

Os puritanos promoveram o casamento dessa tendência calvinista com suas ênfases na disciplina do corpo e da mente e configuraram padrões de comportamento condizentes com o sistema capitalista em ascensão – moderação nos gastos, sobriedade e dedicação ao trabalho, por exemplo. Essa ética, segundo Weber, moldou posturas e ações das chamadas nações protestantes, conforme já referido anteriormente.

A forte inspiração puritana no protestantismo brasileiro, no entanto, desenvolveu conseqüências diferentes daquelas estudadas por Weber. As qualidades decorrentes dos padrões de comportamento podem ser constatadas, mas os adeptos passaram a recorrer à disciplina, não para beneficiar-se do mundo, mas para resguardar-se dele. A ética puritana de restrição de costumes no Brasil representava uma forma de comunicar a negação do catolicismo e marcar a identidade protestante. A abstinência da bebida alcoólica, do fumo, da participação em festas dançantes e populares, em especial o Carnaval, e dos divertimentos populares como o teatro, o cinema, a música popular deveria dizer ao mundo que os protestantes eram diferentes. Porém, não era apenas o testemunho aos outros o que era visado, mas também o que se deveria prestar, em qualquer circunstância, a si mesmo, a fim de alcançar a salvação. A ética construída na cultura evangélica no Brasil foi uma ética de busca de santidade como separação do mundo.[335]

Esse resguardo da sociedade e a interpretação dela como "mundo mal a ser evitado" geraram uma crise na relação protestantismo-sociedade ao apresentar-se como negação das manifestações culturais brasileiras e exigir dos adeptos um comportamento diferenciado das normas de conduta vigentes na cultura brasileira. Com isso, os evangélicos afastaram muitos simpatizantes e possíveis adeptos do protestantismo, além de criarem barreiras com a sociedade em geral, especialmente com os jovens[336]. Contraditoriamente, os evangélicos chegaram ao final do século XX desejando e desenvolvendo processos de inserção na modernidade. Adicionaram aos elementos configuradores do novo modo de ser em construção – a cultura *gospel* – a valorização do corpo. Não poderia ser diferente para qualquer grupo social que buscasse acompanhar as tendências da modernidade na passagem para o século XXI e para um novo milênio.

A busca de satisfação pessoal impôs não só mudanças no ritmo de vida, em especial nas grandes metrópoles, mas nos valores, cujos resultados incluíram o desenvolvimento de um individualismo marcado pela ética do sucesso e pelo hedonismo. E aqui o corpo passa a ser um valor central: o casamento capitalismo globalizado-avanço tecnológico sintonizado com essa tendência passou a oferecer o consumo, o entretenimento e os recursos para modelagem do corpo como meios de alcance da auto-realização, da felicidade e do prazer sem medida. O culto à beleza encontrou na descoberta de recursos da ciência um espaço privilegiado para lucros astronômicos. A cirurgia estética deixou de ser uma necessidade real para corrigir problemas e tornou-se um instrumento de ajuste aos padrões de beleza impostos pelo mercado. Num mundo em que a fome ainda é uma realidade alarmante, nada tem sido mais valorizado como as dietas de emagrecimento.[337]

O lugar dos shopping centers como centros de consumo de bens e de serviços, incluído o lazer, a proliferação de academias de ginástica e de clínicas de beleza, o crescimento da indústria da moda, são alguns exemplos concretos dessa modernidade na passagem do século XX para o XXI.

Como ser moderno sem acompanhar tal tendência? O *gospel* respondeu à pergunta colocando o corpo como valor no modo de vida evangélico. Se antes o cuidado com ele era sinônimo de restrições, repressão, com vistas ao estabelecimento de uma distinção social e à busca de uma realidade a-histórica, agora se torna vital relativizar esse princípio e proporcionar-lhe expressão mais livre de amarras morais. Consumo, modelagem do corpo, adesão à moda passam a ser incentivados nos círculos evangélicos. Os artistas evangélicos passam a ser figuras exemplares, assim como os seculares. O lazer e o entretenimento são inseridos como ingredientes para o modo de vida evangélico, e a dança e a expressão corporal incentivadas também nos momentos de culto.

A cultura *gospel* atenua, portanto, a ética puritana no que diz respeito ao corpo e, ao mesmo tempo, reconstrói a imagem pública dos evangélicos ao incentivar-lhes a uma vida "normal", inserida socialmente. A separação social deixa de ser, com a cultura *gospel,* um valor evangélico.

Vê-se que é facilitado um processo de inserção social desse grupo religioso, marcado historicamente pela crise na relação igreja-sociedade, o que proporcionou às igrejas que processaram o novo modo de vida um crescimento significativo no número de adeptos. Com o *gospel*, a pregação do "mundo mal" ao qual se devia renunciar ao aderir a uma igreja protestante perdeu o sentido e permitiu-se um afrouxamento no controle comportamental – a clássica ética de costumes protestantes do "não se misturar com o 'mundo'", pois "os crentes são diferentes". A busca da santidade ganha contornos também diferenciados e reflete a inserção na modernidade, pois não se visam resultados numa realidade a-histórica, mas na própria história. A santidade, a comunhão com Deus, geram benefícios no "aqui e agora", no esforço de satisfação pessoal tanto do ponto de vista da religião – neste aspecto individualizada, privatizada – como socioeconômico (reconhecimento social, lucro financeiro, acúmulo de bens, etc.).

IV. Rompimento com as teologias escapistas e pregação de inserção no sistema socioeconômico

O cristianismo, em seu desenvolvimento histórico, devido à influência do dualismo próprio de filosofias gregas e às leituras literalistas da Bíblia, construiu as imagens do inferno, onde habita o Diabo e seus seguidores, como oposição ao céu, onde Deus habita juntamente com os anjos. Estes locais seriam o destino da alma dos seres viventes, resultado de uma opção durante a vida: servir a Deus ou ao Diabo.

Se, na colonização latino-americana, os portugueses e espanhóis católicos já agiam respaldados por uma leitura da Bíblia que legitimava o projeto europeu expansionista, na chegada do protestantismo ao Brasil, três séculos depois, o processo não foi diferente. Os missionários estadunidenses que aqui aportaram trouxeram consigo a herança das disputas teológicas dos séculos XVIII e XIX e da guerra civil dos EUA, que semearam em muitos grupos uma certa decepção com o projeto de implementação de uma nova sociedade – o Reino de Deus na terra. Era o limiar das chamadas teologias escapistas, que remetiam a noção de projeto de Deus para uma vida nova (Reino de Deus) fora da história e desacreditavam da participação humana no processo de estabelecimento desse projeto que, definitivamente, não seria deste mundo.

Uma dessas teologias era o milenarismo, com ênfase apocalipsista, também subdividida. Por um lado, havia os que os estudiosos designam por "pré-milenaristas", que assumiam as teologias escapistas da insuficiência das realizações terrenas e de espera pelo Reino de Cristo e criavam a noção de que a segunda vinda de Cristo, para o julgamento de todos os povos e o estabelecimento do seu Reino, ocorreria antes do final do milênio. De outro lado, identificam-se os "pós-milenaristas", que se recusavam a rejeitar a participação humana na construção do Reino de Deus, considerando que a segunda vinda de Cristo se daria quando a humanidade estivesse totalmente pronta, o que só ocorreria após a virada do segundo milênio[338].

A cultura evangélica construída no Brasil assentou-se sobre estas teologias, com isso o medo da morte e do inferno foi combinado com o moralismo individualista e o céu tornou-se promessa redentora aos convertidos. Uma vez convertidos, os adeptos do protestantismo passaram a refazer sua concepção da vida e da morte. A morte não seria um fim, mas uma passagem para a vida eterna. Não era mais necessário temê-la.

Antes da conversão a morte é terror, depois, ela é bênção, nesta concepção; por isso, passou a ser comum na cultura evangélica a utilização de expressões como "ser promovido à glória", "passar a habitar com o Senhor", "dormir no

Senhor", "ser levado aos tabernáculos eternos" para definir a morte. Por conseguinte, a vida passou a ser interpretada como estar a caminho do céu.

O "crente" é um caminhante, um peregrino, que pode passar por tribulações, dificuldades, mas tudo será compensado após a morte, quando chegar "aos braços do Senhor", desde que o comportamento na terra seja considerado como o de um verdadeiro cristão – quem não bebe, não fuma, não dança, não joga, não se liga nos prazeres "do mundo"[339].

Se as teologias escapistas nasceram das disputas teológicas dos séculos XVIII e XIX e da decepção com o projeto de implementação de uma nova sociedade, seqüela da guerra civil dos EUA, a passagem do século XX para o XXI, marcada pelo avanço do capitalismo globalizado, promove o que se poderia chamar, num movimento antônimo ao anterior, o nascimento das teologias adesivas.

Como já mencionado no Capítulo 2, o sistema sociopolítico e econômico em curso tornou possível o sucesso de duas formas religiosas que romperam com as teologias escapistas – a Teologia da Prosperidade e a Guerra Espiritual. Elas desenvolveram uma interpretação de que o "crente" tem direito – adquirido por meio da busca da santidade e da comunhão com Deus – a gozar uma vida de tranqüilidade e conforto neste mundo. Estabelece-se uma relação de troca com Deus: o "crente" se dedica e se compromete com Deus e Deus, por seu turno, o recompensa na forma de bênçãos materiais como auto-sustento financeiro, acesso aos bens oferecidos pelo sistema por meio do consumo e saúde do corpo para desfrute desses benefícios. Dessa forma, a expectativa pelo "porvir" é substituída pelo "aqui e agora".

Percebe-se, de forma nítida, um reprocessamento da lógica do sistema que se resume à equação: inserção no sistema = acumulação de bens materiais por meio do consumo + domínio de tecnologia + eficiência na participação na produção. O resultado é competição: a teologia que adere a esse sistema passa a pregar que os vencedores da grande competição social são os "escolhidos de Deus" e a acumulação de bens materiais é interpretada como bênçãos para os "filhos do Rei" (ou "Príncipes"). Na mesma direção, pregam-se duas explicações para quem perde a competição social e experimenta pobreza, dificuldades financeiras e enfermidades. A primeira é de que a derrota é resultado de pouca dedicação a Deus e a responsabilidade é única e exclusiva do "crente" que pouco fez para receber as bênçãos. A segunda indica que há forças do mal atuando no mundo para que os "filhos do Rei" sejam derrotados; nesse caso, é necessário "destruir o mal" que impede que eles alcancem as bênçãos da prosperidade, por isso devem invocar todo o poder que lhes é de direito para estabelecer uma guerra contra as "potestades do mal".

Estas teologias são fruto de um movimento denominado "confissão positiva", já citado, que pregam o direito a reinar com Deus e desfrutar das suas riquezas e do seu poder. Elas buscam responder à necessidade de aumento da auto-estima dos adeptos das igrejas e da população em geral vitimadas pelas políticas econômicas excludentes implantadas no mundo. Esta é uma das possíveis razões do sucesso de tais teologias na religiosidade evangélica brasileira. Outra possível razão é que a "confissão positiva" carrega elementos da matriz religiosa brasileira: concebem-se pobreza, doença, as agruras da vida, qualquer sofrimento do cristão como resultado de um fracasso – concretização da falta de fé ou de vida em pecado.

O modo de vida *gospel*, de inserção na modernidade, de busca de aproximação com expressões culturais populares e de relativização da tradição de santidade puritana, é alimentado pela interpretação teológica do "aqui e agora", da capacidade de consumir como sinal de comunhão com Deus, do direito de reinar com Deus que elege seus adeptos como "príncipes".

Já foram mencionados neste livro exemplos de discursos baseados nessa compreensão, presentes em letras de canções e em orientações de líderes do movimento de louvor e adoração. Há ainda outros exemplos da concretização dessas teologias no novo modo de vida evangélico configurado pelo *gospel* como: o crescimento do mercado evangélico e a eleição dos evangélicos como segmento de mercado; a adoção da linguagem e das estratégias de marketing nas práticas religiosas evangélicas; a inserção de técnicas de auto-ajuda ("pensamento positivo") na liturgia; e o estabelecimento do poder de abençoar, como Deus, a todos os adeptos que se apresentarem como verdadeiros adoradores de Deus. O estudo de caso demonstrou a presença de todos estes elementos nas práticas das congregações.

V. Desenvolvimento de uma prática religiosa avivalista: mística, emoção e renovação

Os missionários que vieram para o Brasil no século XIX trouxeram a teologia e os métodos dos movimentos de avivamento estadunidenses. Entretanto, os herdeiros do avivalismo no Brasil são os grupos pentecostais que mantiveram a ênfase emocionalista, especialmente, durante todo o século XX.

O pentecostalismo representou, no Brasil, três explosões que exerceram fortes efeitos sobre os demais ramos do cristianismo. A primeira foi sua implementação no País, na década de 1930, com a ênfase no dom de línguas. A segunda foi sua expansão pelo mundo urbano nos anos 50, com o surgimento de igrejas pentecostais fundadas por líderes brasileiros e a ênfase na cura divina. A terceira, principalmente nos anos 80, com o aparecimento de um extenso número de novas igrejas lideradas por brasileiros, e com novas ênfases e práticas: intensificação da guerra espiritual contra as "potestades do mal"; pregação da teologia da prosperidade; liberação da ética comportamental restritiva de santidade; e estrutura administrativa empresarial.[340]

As igrejas históricas passaram a receber influência marcante da presença pentecostal em cada um desses períodos. Do segundo período, duas conseqüências são detectadas: (1) foi gerado o chamado o movimento carismático – uma forma de pentecostalismo desenvolvida no interior das igrejas históricas, voltada para a busca de uma experiência emocional e mística com Deus, centrada na manifestação extraordinária do Espírito Santo por meio de dons, principalmente o de expressão oral em línguas estranhas, celestiais (glossolalia); e (2) a reação conservadora dos anos 60 ao pentecostalismo ainda minoritário, e ao movimento carismático que tentava preencher o vazio deixado pela "caça às bruxas" pós-1964, cujo desdobramento foi uma das maiores divisões no protestantismo histórico brasileiro, que implicou o surgimento das igrejas de renovação, fruto de cisões em todas as denominações históricas de missão.

O movimento carismático remanescente no interior das igrejas históricas foi alimentado, em parte, pelas organizações paraeclesiásticas que atuaram no Brasil nesse segundo período e trouxeram elementos de outros movimentos de avivamento estadunidenses, como o Movimento de Jesus, voltado para a juventude.

A cultura *gospel* tem raízes neste avivamento dos anos 60 e 70, mas sua ascensão aconteceu com a explosão pentecostal dos anos 80 e suas novas teologias e práticas, que justamente são aquelas configuradas no *gospel*. Importa lembrar que o sucesso do pentecostalismo no Brasil – e, conseqüentemente dos movimentos avivalistas e carismáticos entre os evangélicos brasileiros – está também estreitamente relacionado à sua aproximação com a matriz religiosa brasileira. O avivalismo concretizado no pentecostalismo e no carismatismo reprocessam elementos dessa matriz em um novo esquema religioso, o qual estabelece principalmente a divisão do que é de Deus e do que é do Diabo com base nos seguintes aspectos da religiosidade básica comum da população brasileira:

- Compreensão de Deus como aquele que ajuda e abençoa, mas também castiga. Sua capacidade de perdão está diretamente relacionada ao cumprimento de deveres e obrigações do fiel. A Teologia da Prosperidade reprocessa essa compreensão.
- Cultivo de uma relação direta com Deus, sem a necessidade de intermediários, daí a aversão a ritos e um apego a formas intimistas de culto.

A ausência de uma rígida ordem litúrgica e a abertura à participação espontânea da audiência refletem bem esse caráter.

• Compreensão de fé como pensamento positivo, otimismo e confiança – quem tem fé supera dificuldades e vence na vida. Esse é mais um elemento reprocessado pela Teologia da Prosperidade.

• Desapego às instituições religiosas e busca de liberdade para praticar a religião. A atenuação do controle de membresia (livro de rol, por exemplo) aproximou o pentecostalismo do último período com esse elemento da matriz religiosa brasileira.

O contexto sócio-histórico da passagem para o século XXI, do capitalismo globalizado e do reencantamento do mundo, e da consolidação do pentecostalismo como grupo hegemônico entre os protestantes, foi mediação fundamental na formação de um novo modo de vida evangélico. Por um lado, houve motivação para a concorrência e busca do aumento do número de adeptos nas igrejas históricas,[341] e por outro, reforço aos grupos chamados "avivalistas" ou "de renovação carismática" que, a partir da similaridade de propostas e posturas com o pentecostalismo, passaram a conquistar espaços significativos na vida das igrejas históricas e a abrir terreno para o almejado crescimento numérico.

A cultura *gospel*, da busca de inserção na modernidade, de aproximação do popular pela sacralização de gêneros musicais brasileiros, da relativização da tradição puritana de santidade e da teologia do "aqui e agora", é um modo de vida que tem bases nesse avivalismo e na sua aproximação com a matriz religiosa. O discurso que revela tal perspectiva aparece explicitamente em canções e nas orientações dos líderes às igrejas.

Centrada na ênfase intimista de Deus, que faz da adoração por meio da música um modo de vida, a cultura *gospel* passa a representar uma forma mais eficiente de avivamento religioso. Essa renovação deve refletir-se na vida pessoal, com a busca do alcance das bênçãos materiais e na vida coletiva, com as formas de culto marcadas pela liberação das emoções, com expressão corporal e menor rigor litúrgico – que se reverte em instrumento de crescimento numérico para os diferentes grupos e, conseqüentemente, produz hegemonia evangélica.

VI. Reprocessamento da teofania das tradições monárquicas de Jerusalém

Uma das elucidações alcançadas neste trabalho foi de que a cultura *gospel* retoma elementos presentes no Antigo Testamento. Tal interpretação é caracterizada basicamente por meio de: (a) restabelecimento de uma imagem de Deus relacionada à monarquia e à guerra, presente, especialmente, nas canções; (b) uso de termos hebraicos em letras de canções para designar grupos musicais e produtos do mercado; e (c) adoção de práticas voltadas para o culto como o restabelecimento da figura dos levitas como autoridades relacionadas à música, da purificação de pessoas e elementos reservados para o culto (instrumentos musicais, por exemplo), o estímulo ao uso de instrumentos musicais judaicos como o *shophar* e o uso de símbolos como a estrela de Davi para ornamentação.

Essa retomada se torna uma das significações que configuram a cultura *gospel*. Torna-se imperativo, por conseguinte, neste momento de análise, responder às seguintes indagações: Por que a retomada? O que isto significa na configuração da cultura *gospel* no mundo evangélico brasileiro contemporâneo?

A resposta não está na história do protestantismo brasileiro, que construiu uma teologia muito pouco baseada no Antigo Testamento. Para Antonio Gouvêa de Mendonça, o protestantismo no Brasil baseou-se numa religião de Jesus, cristológica. Um estudo realizado por ele[342], com base nos cânticos que integram a hinódia tradicional protestante brasileira, demonstra a centralidade da fé e a imagem de Cristo em Deus, longe das imagens da teofania das tradições monárquicas de Jerusalém. A exceção seria a imagem do Deus guerreiro que convida para um engajamento também guerreiro de seus seguidores, mas não é um discurso predominante. A conversão a Cristo torna-se a centralidade, inclusive na hinologia, primeiramente com os hinos clássicos inseridos pelos missionários, depois com os corinhos trazidos pelas paraeclesiáticas estadunidenses.[343]

A ênfase no Cristo salvador prevaleceu no protestantismo brasileiro e só foi alterada nas décadas de 1980 e 1990. Nesse período a teofania das tradições monárquicas de Jerusalém foi retomada com vigor e inserida na cultura *gospel*. Como já mencionado, essa fase significou reajuste político-econômico para inserção do Brasil na lógica do capitalismo globalizado e o surgimento das teologias da Prosperidade e da Guerra Espiritual, que encontraram guarida nos círculos evangélicos.

Uma atenção à letra das canções e às posturas assumidas em relação ao culto leva à percepção de que há uma utilização ideológica da teofania das tradições monárquicas de Jerusalém, com a reconfiguração de elementos e imagens retirados dos relatos do Antigo Testamento. A tradição é utilizada para se reconstruir, no século XXI, uma noção de religião templária, intimista, centrada no louvor e na adoração, que se contrapõe à teologia mosaica, e cristológica, do pastoreio e do serviço à comunidade. É elaborada uma teologia da realeza, do poder, do domínio, da guerra, da seleção, da hierarquia, que pode ser partilhada na terra. Essa teofania contém uma linguagem bíblica que facilita a justificação ideológica e dá forma à cultura *gospel*.

Na teologia *gospel*, Deus-Pai/o Senhor ganha mais destaque e a cristologia é adaptada às imagens da realeza e do domínio, conforme o discurso presente nas canções já reproduzidas anteriormente. Essas imagens bíblicas são retiradas das tradições monárquicas de Jerusalém contidas no Antigo Testamento e também dos poucos trechos apocalípticos dos evangelhos e das cartas apostólicas e, principalmente, do livro de Apocalipse. A tradição mosaica presente especialmente nos profetas, em boa parte da literatura poética e nos evangelhos é desprezada. Reaparecem imagens como a dos "Santos dos Santos", do altar sagrado, da purificação e separação de pessoas e elementos reservados para o culto; por exemplo, pessoas são separadas e passam a integrar uma hierarquia cúltica – os levitas – e instrumentos musicais dedicados para somente tocar músicas religiosas.

A cultura *gospel* apropria-se da teologia das tradições monárquicas de Jerusalém e passa a estabelecer hierarquias excludentes na Igreja. Por isso desenvolve-se a idéia de que os levitas são "separados", "santificados", não são qualquer pessoa – é preciso se mostrarem capazes de integrar tal "tribo". E descarta-se a tradição levítica do serviço à comunidade e da vida despojada.

A idéia de purificação e de separação, própria de uma tradição judaica sacrificial do Antigo Testamento e ponto de conflito com a teologia mosaica/profética, indica a presença da ideologia da economia de mercado na lógica da prática levítica de hoje: não são todas as pessoas que podem participar, apenas as "preparadas", as bem-sucedidas, as eficientes. Daí emerge o espírito de concorrência, que é conseqüência de todo o processo seletivo, e, por sua vez, elemento básico na lógica do mercado, que passa a ser também parte do serviço levítico do tempo presente. O discurso da "santidade", do "serviço separado para Deus", enfrenta uma contradição: a busca de uma superioridade, do destaque por parte dos integrantes da "tribo". Isso gera tensões, próprias da concorrência de mercado. O texto a seguir evidencia tal prática:

> Existem certas realidades na vida que são inegáveis. Até mesmo
> pela troca de experiências, tantos relatos e queixas de irmãos, músicos,
> líderes de louvor e ministros, que vez por outra estão sempre se esbar-

rando na mesma tecla: a desunião e a contenda entre os componentes do grupo. (...) Para conseguir vencer, o inimigo [Satanás] ainda continua arquitetando o seu plano usando as mesmas táticas do passado. A rebelião. De uma maneira sutil, ele vai infiltrando, lançando suas setas nos componentes do grupo para acharem a mesma coisa que ele pensou um dia: que era o melhor, que sabia de tudo, intocável e invejoso. Se uma destas setas atingir pelo menos uma pessoa no grupo, Satanás consegue manchar o verdadeiro mover de Deus no Louvor Congregacional.[344]

Toda essa elaboração teológica manifesta-se nas canções e nas orientações das lideranças do movimento de louvor e adoração e também em práticas cúlticas, além do restabelecimento da figura dos levitas, concretizadas no uso de instrumentos musicais judaicos, como o *shophar*, e na estrela de Davi como objeto de ornamentação dos templos.

Uma tentativa de compreensão desse processo deve retornar a aspectos já desenvolvidos neste trabalho: a exclusão, a separação e a seleção, com base na ideologia do sucesso e da eficiência, são integrantes da lógica do capitalismo globalizado reelaboradas pelas teologias da Prosperidade e da Guerra Espiritual. Não é qualquer pessoa que tem acesso às bênçãos de Deus, portanto, nem todos podem servi-lo, em especial ao seu culto. Portanto, a teofania das tradições monárquicas de Jerusalém parece ser a única referência bíblica que permite que a lógica e a cultura do mercado configurem a cultura *gospel*.

VII. Desterritorialização e padronização do modo de vida *gospel*

Apesar de trazerem os diversos projetos e serem originários de diferentes tradições doutrinárias, os missionários das denominações históricas conseguiram se estabelecer no Brasil no século XIX, construindo um tipo de unanimidade em relação a suas práticas e idéias, que modelou os traços identitários do protestantismo que viriam a instituir[345].

Aqueles que aqui chegaram pregavam a doutrina arminiana (o homem por si mesmo pode buscar a salvação do Deus soberano); eram puritanos no comportamento (no cumprimento de uma disciplina moral da negação: não fumar, não beber, não dançar); eram pietistas na espiritualidade (ênfase no contato direto com Deus, no sentimento de culpa que gera a experiência pessoal de conversão e perfeição cristã); eram anticatólicos na visão missionária (não consideravam os católicos como cristãos); eram pré-milenaristas no relacionamento com a sociedade (apesar de defenderem reformas sociais para alívio da miséria, eram contrários aos projetos de mudança nas estruturas sociais: sua missão se limitava à "salvação iminente de almas"). Além disso, eram antiintelecualistas (a teologia que traziam não era reflexiva, mas uma forma religiosa prática)[346]. A ética individualista e negadora do mundo (na terra os seres humanos são passíveis de sofrimentos, pois são peregrinos rumo ao "Lar Celestial"), o simplismo na liturgia, pouco ritual e muito racional (ênfase na pregação da palavra) e a teologia pouco acadêmica e sistemática foram reforçados pela estratégia de crescimento e expansão das congregações. Com a carência de pastores, muitos leigos espontaneamente criavam novas comunidades, com certa autonomia e apoio dos missionários. A maioria dessas pessoas tinha pouco preparo teológico-pastoral e reproduziam as mensagens da forma como as assimilavam[347]. Assim foi disseminado um protestantismo-padrão com unanimidade na teologia, na forma de culto e nos costumes.[348]

A unanimidade entre os grupos evangélicos históricos demarcou bem nitidamente a distinção com os protestantes de migração e com os pentecostais. O cultivo da cultura-mãe e das tradições religiosas luterana e anglicana sinalizou sempre a distinção dos protestantes de migração. As semelhanças teológicas e doutrinárias eram sufocadas pelos costumes tão diversos, desprovidos do puritanismo e do fundamentalismo estadunidenses. A separação dos pentecostais era ainda maior: apesar de terem herdado de forma semelhante a ética restritiva nos costumes e o fundamentalismo, as marcantes diferenças ficavam por conta da doutrina do Espírito Santo (glossolalia[349]), ênfases emocionalistas, adoção de elementos da cultura popular no culto como gêneros e instrumentos musicais. Os pentecostais, por sua vez, atraíam membros do PHM, em especial pela identificação com a matriz religiosa brasileira e a cultura popular, o que causava incômodo.

A distinção com os pentecostais transformou-se em oposição após os anos 50, com o crescimento do pentecostalismo no Brasil, quando os protestantes de missão enfrentaram as novas práticas religiosas e apresentavam-se como guardiões da tradição protestante da Reforma. Essa postura provocou, nos anos 60, os expurgos e divisões no interior das igrejas evangélicas históricas, que viviam o surgimento dos movimentos carismáticos, influenciados pelo avanço pentecostal.

A explosão da cultura *gospel* transformou consideravelmente o quadro. Ela tornou possível certa aproximação dos evangélicos históricos com os pentecostais. O pentecostalismo transformou-se em uma das mediações na construção da cultura *gospel* e deu forma ao novo avivalismo, que é uma de suas características. O próprio movimento *gospel* nasceu das práticas de igrejas pentecostais independentes que investiram e investem na produção musical e na mídia.

A cultura *gospel* também reduziu a distinção que ainda existia no tocante à doutrina e às práticas de culto. Como já mencionado e identificado no estudo de caso, essa cultura é marcada pela padronização nas práticas de culto, que passam a ser centradas na música, disseminada pela mídia, com destaque para os líderes musicais, que ganham o status de "ministros" ou "levitas". Essas pessoas tornam-se autoridades superiores até mesmo aos pastores – que se vêem, por vezes, como coadjuvantes nos cultos. Alguns destes, para legitimar sua autoridade ou ganhar ou reconquistar reconhecimento, se apresentam como músicos – cantam, tocam, animam cânticos durante o culto. Se antes já não era expressiva, hoje há muito pouca distinção demarcada entre as práticas de culto dos evangélicos.

A doutrina passou a ser algo relativizado com a cultura *gospel*. Com o valor dado à música e ao consumo, com ênfase na mídia e no entretenimento, as teologias e as práticas que a caracterizam vão estabelecer os princípios determinantes para os evangélicos. Com isso, a tradição teológica e doutrinária das diferentes confissões fica relativizada e é até mesmo contestada em nome do novo modo de vida. A antropóloga Leila Amaral, que estudou a Nova Era, possui uma abordagem que pode ser aplicada à cultura *gospel* sem prejuízo algum de compreensão:

> Essa atitude errante, livre e relativizadora do domínio espiritual, parece anunciar um tipo de dessubstancialização na esfera mesma do religioso. O trato com o sagrado parece tornar-se mais fundamental que a religião, através de um formalismo que não obedece, prioritariamente, a um recorte substantivo. Neste caso (...) importam menos a religião ou a crença e mais o modo específico de relacionar-se elementos e rituais.[350]

A desterritorialização é fruto da mediação de estilos, lugares e imagens pelo mercado global, pelo trânsito internacional, pela mídia e os sistemas de comunicação global: as identidades tornam-se desalojadas de tempos, lugares, histórias e tradições e, conforme descreve Stuart Hall, parecem "flutuar livremente". [351]

Dizer que a cultura *gospel* é desterritorializada significa afirmar que ela não tem um território cultural demarcado – está presente em todas as denominações do campo evangélico e também no católico-romano, e os transpõe pois essa expressão cultural religiosa é vivenciada mesmo por pessoas que não possuem vínculo religioso. Ela é desterritorializada porque "flutua livremente", ao ser mediada pelo mercado, pela mídia e pelos sistemas de comunicação globalmente interligados. Nessa "flutuação" o que se experimenta são vivências religiosas combinadas em contextos socioculturais os mais variados, o que torna possível uma unanimidade evangélica sem precedentes na história do protestantismo no Brasil.

Com a explosão *gospel* são descartadas ainda as teologias mais elaboradas. A orientação teológica e doutrinária das confissões torna-se um empecilho para se alcançar o divino. A partir dessa construção cultural é comum nos programas de debates das rádios evangélicas de maior audiência, ouvir metodistas ao telefone contestando a autoridade de sua igreja que lá defende o ecumenismo ou o batismo infantil. Ou ouvir a leitura de mensagens eletrônicas enviadas por presbiterianos que advogam o batismo por imersão como o verdadeiro batismo, a despeito da explanação sobre o batismo por aspersão feita pelo líder de sua igreja no programa. Esses sinais de relativização doutrinária são evidenciados em outras esferas além da mídia.[352]

No modo de vida *gospel*, a diversidade de práticas religiosas e a doutrina das confissões são interpretadas como inibição da ação de Deus e obstáculos à intimidade com Deus, necessária e almejada. São a música e o mercado que criam um novo espaço que supera as fronteiras denominacionais e oferecem um modelo baseado em uma concepção intimista de adoração, único capaz de sintonizar o divino, já que as práticas tradicionais se revelaram incapazes disso. Os cursos e treinamentos para a adoração e os meios de comunicação de tão amplo alcance dos evangélicos disseminam esse padrão teológico e comportamental e criam uma comunidade desterritorializada de adoração.

VIII. Conservação de elementos da cultura evangélica brasileira responsáveis pela crise entre protestantismo e sociedade brasileira

Na cultura *gospel* há forte inserção de elementos novos à cultura evangélica no Brasil, como descritos acima, mas há também a conservação de outros caros à identidade evangélica brasileira. Conforme já estudado no Capítulo 2, tais elementos são construídos a partir de um protestantismo sectário, predominantemente rural, reforçado pelas bases fundamentalistas e pietistas herdadas da experiência norte-americana de negação do mundo (dualismo), racionalista (fé fundamentada em certezas) e antiintelectualista (desvalorização da teologia).

Tal construção teve como resultado de suas configurações uma crise, expressa na relação com a sociedade brasileira. A aceitação de uma fé que exija obras (em especial a rigidez nos costumes) e sectária (rejeição das manifestações culturais e dos costumes populares) limitou expressivamente a adesão de fiéis.

Somam-se a isso as transformações sociais experimentadas no século XX, como a industrialização, a urbanização e as mudanças no interior da Igreja Católica Romana (em especial, fruto do Concílio Vaticano II), as quais o protestantismo brasileiro não foi capaz de acompanhar.

A presença desses aspectos da tradição, além de ser percebida nos discursos veiculados pela mídia e pelos treinamentos de louvor e adoração, pode ser também identificada nos discursos e nas práticas das igrejas, como já desenvolvido no Capítulo 6 deste trabalho. É assim que os evangélicos, ao mesmo tempo em que desejam uma integração com a sociedade e buscam a modernidade, o fazem com o reforço da pregação de que são as produções religiosas protestantes que podem satisfazer todas as necessidades dos adeptos, oferecendo simultaneamente cultivo da espiritualidade e de lazer.

Desse modo, a programação das rádios FMs religiosas e os espetáculos de música *gospel* tornam-se opção de lazer para os fiéis do PHM, o que lhes permite relativizar certos costumes estabelecidos pela tradição do PHM, como já mencionado. Se aprenderam a abster-se de dançar nas festas do convívio social ou da tradição popular, os espaços da nova cultura religiosa, como os shows evangélicos, permitem a dança. É possível nestes shows identificar cantores e grupos musicais se apresentando com a mesma estética e postura dos seculares. O mesmo se dá com a postura do público. Os bens culturais adquiridos pelos fiéis passam a ser os discos e as revistas que, nos moldes das "profanas", transformam os cantores protestantes em artistas, divulgam sua vida privada e realizam concursos de encontros com os ídolos. Porém, tudo desenvolvido dentro do círculo evangélico, reservado do mundo, com reforço à prática sectária que marca o protestantismo brasileiro desde os seus primórdios.

Com isso, a cultura *gospel* redesenha com ares de modernidade as linhas divisórias entre a igreja e o mundo, entre o sagrado e o profano, estabelecidas pela tradição pietista e puritana. E ainda, por meio da mística proselitista e da postura passional, reforça a dimensão exclusivista e antiecumênica que caracteriza o modo de ser evangélico no Brasil. A teologia da guerra espiritual já redesenhara as fronteiras entre o sagrado e o profano e atribui a grupos e expressões sociais o papel de inimigos, como já analisado anteriormente neste capítulo. O mundo evangélico permanece, portanto, fechado ao catolicismo romano e às outras expressões religiosas não-cristãs, que são ainda mais demonizados e responsabilizados pelo que existe de desfavorecimento e sofrimento no País. Essa compreensão aproxima os diferentes segmentos do protestantismo brasileiro e alimenta uma visão ufanista de que o crescimento evangélico brasileiro, fruto do avivalismo desenvolvido pela cultura *gospel*, está preparando um novo momento na vida do Brasil. As grandes concentrações evangélicas, que reúnem centenas de milhares de pessoas nas grandes cidades – a Marcha para Jesus e os encontros abertos de louvor e adoração são exemplos – servem de reforço a esta dimensão.

A busca da modernidade e da inserção no sistema sociopolítico e econômico da contemporaneidade presente na cultura *gospel* contrasta com um conservadorismo protestante, agora embasado nas teologias da prosperidade e da guerra espiritual que reforçam o avivalismo sectário e retomam também um antiintelectualismo presente no modo de ser evangélico. Este último aspecto serve hoje, como na história do protestantismo brasileiro, para legitimar os discursos avivalistas das canções e ministrações dos grupos de louvor e adoração, da literatura predominantemente estadunidense, dos debates nas rádios. A autoridade aqui conferida não está no conhecimento, na elaboração teológica, mas na "intimidade com Deus", que revela sua vontade.

O híbrido *gospel* e a modernidade de superfície

Há um relato dos evangelhos em que Jesus explica a nova proposta religiosa que trazia. Ele a apresenta como criação nova, como irrupção de um novo dentro do judaísmo e não como reforma ou remendo. Nessa explanação, Jesus usa a imagem dos odres de vinho e diz que não se coloca vinho novo em odres velhos porque o vinho novo rompe os odres velhos e tudo se estraga. O saudável, portanto, é colocar vinhos novos em recipientes novos: mudança e transformação completas.[353]

Observa-se nas significações que configuram a cultura *gospel*, acima descritas, que a construção da imagem de que evangélicos são cidadãos "normais", inseridos socialmente, e a sacralização de gêneros musicais populares conflitam com o sectarismo cultivado pelo segmento, alimentado pelo exclusivismo religioso e pela demonização das raízes culturais indígenas, africanas e do catolicismo popular. A busca de satisfação do corpo por meio da expressão corporal e do lazer conflita com o dualismo igreja-mundo, sagrado-profano pois a satisfação só é alcançada por meio de elementos sacralizados (oferecidos pelo mercado evangélico).

A modernidade almejada como resposta ao movimento sistêmico convive, no *gospel*, com o tradicional protestante conservado.

Transformar ou preservar? Como unir elementos tão distintos? Daí o hibridismo *gospel*. Não uma mescla que possibilita um elemento de resistência para se sobreviver na modernidade ou para se driblarem poderes hegemônicos, mas a adesão à modernidade e suas tendências sem comprometimento da expressão cultural já conhecida e aprovada no coração da igreja.

Um conceito que contribui com esta elucidação é o de "modernidade de superfície", elaborado pelo filósofo alemão Rudolf Eucken:

O autor indica os principais usos que foram dados à palavra moderno e distingue, com vista à utilização atual, por um lado, uma justa modernidade correspondente às transformações reais, progressivas e necessárias do pensamento; por outro, uma modernidade de superfície (*ein Flachmoderne*) que consiste na ignorância da tradição, o amor da novidade qualquer que ela seja, a agitação, o reclame, a demagogia.[354]

Tome-se "superfície" como "externalidade" (*ne-profund*) – e o contrário dela a "internalidade" (*profund*)[355]. Modernidade de superfície significa, portanto, uma modernização apenas externalizada, promovida por canais que lhe geram atenção; um processo que não possui transformações de pensamento (do interno) – este estaria preservado.

Esse conceito contribui com a compreensão do híbrido *gospel*. A cultura *gospel* se manifesta na valorização da diversidade de gêneros musicais e na relativização da tradição de santidade protestante puritana de recusa da sociedade e das manifestações culturais por meio da abertura para a expressão corporal. Entre os/as evangélicos/as, a cultura *gospel* se revela estratégia de integração com as expressões hegemônicas de cultura, buscando-se preservar os traços que deram forma ao jeito de ser protestante em suas origens no Brasil. A cultura *gospel* parece sugerir apenas uma alteração de superfície pois, na internalidade, reforça aspectos básicos da configuração da cultura evangélica.

Os elementos aqui estudados indicam que a formação da cultura evangélica no Brasil assentou-se sobre as bases de uma negação das manifestações culturais autóctones e a supervalorização do *american way of life* e da cultura religiosa anglo-saxã; do autoritarismo, presente no forte clericalismo; da intolerância religiosa e do antiecumenismo; de uma visão de mundo dual em que o sagrado e o profano são antagônicos, concretizados no dualismo igreja-mundo, alicerces de um sectarismo; de um antiintelectualismo, baseado em uma fé de certezas; de uma religiosidade racional, com pouca ênfase na emoção; de um modo de vida rural, inserindo práticas e costumes rurais nas formas de institucionalização e organização.

A partir destas bases, manifestações plurais inseriram novas significações culturais no modo de vida evangélico: surgem os pentecostais de missão e os movimentos avivalistas com ênfase na emoção e na mística; surgem os pentecostais independentes, sua relativização da ética restritiva nos costumes e sua inserção no modo de vida urbano; surgem os pentecostais independentes de renovação, inculturados na realidade urbana, com a valorização da tecnologia e da dimensão performática da religião. A força desses grupos e suas conseqüências entre as igrejas evangélicas históricas denotam uma hegemonia pentecostal no cenário evangélico contemporâneo, a qual pode ser constatada na presença pentecostal na política, na mídia e nas práticas religiosas que predominam entre os evangélicos.

Além deste aspecto, há componentes culturais que são elaborados pelos evangélicos e reprocessados pelos diferentes grupos a partir da vivência própria deles, entre eles mesmos e na sociedade. A cultura do consumo e a cultura das mídias são dois fortes exemplos.

Esse reprocessamento, concretizado nas transformações no modo de ser protestante no Brasil, é realizado por meio da introdução de novas significações evangélicas e dos elementos culturais elaborados, que sufoca algumas das bases acima mencionadas, mas reforça outras. Com isso busca-se modernização (aqui entendida como adaptação aos novos tempos) com garantia de preservação dos traços culturais que dão forma à sua identidade.

Aqui é possível reportar-se à contribuição dos estudos culturais, que analisa o fenômeno da contemporaneidade que é a negociação cultural; isto é, culturas interpretadas como tradicionais são obrigadas a negociar com as novas culturas nas quais estão inseridas, a fim de não perderem completamente sua identidade. Isto significa que grupos são obrigados a renunciar ao absolutismo grupal e à "ambição de redescobrir qualquer pureza cultural perdida".

Os evangélicos/as brasileiros/as, primordialmente os das correntes históricas, tanto do Protestantismo de Missão quanto do Pentecostalismo, negociam, portanto, a introdução da cultura urbana, da cultura do mercado, da cultura das mídias, relativizando pouco a pouco a dimensão da racionalidade e da restrição aos costumes e preservando traços marcantes da identidade protestante no Brasil: os dualismos igreja/mundo, sagrado/profano; o sectarismo, o antiecumenismo, o clericalismo e o antiintelectualismo. Estes valores não são negados à guisa de se construir um discurso novo; em realidade não está sendo produzido discurso novo: o novo é o invólucro, a externalidade.

Um exemplo pode ser tomado das práticas cúlticas. No Protestantismo Histórico de Missão (PHM), o culto, pobre em ritos e carente de emoção, era estruturado na palavra, e tinha como momento central o sermão. Com a ascensão do mercado fonográfico evangélico e o reforço da dimensão do espetáculo, o momento de louvor passou a ser o momento central, o mais esperado e valorizado, retirando-se o "peso" do sermão da liturgia. Tal momento, que em alguns cultos chega a durar de 40 a 60 minutos, transforma-se em espaço de prédica e de doutrinação por meio das palavras de animação dos líderes e do conteúdo das músicas. O discurso não é novo: em nada se incompatibiliza com o discurso clássico do PHM.

Outro exemplo ainda relacionado às novas práticas cúlticas: nas igrejas do PHM, espontaneidade nunca foi elemento marcante do culto. O uso da palavra se enquadrava em modelos de pregação e estruturas de oração que privavam os participantes da expressão mais espontânea. A dose de espontaneidade ficava por conta dos convites para orações audíveis voluntárias ou testemunhos de bênçãos alcançadas. Em algumas ocasiões um tanto de improviso era comum sob o rótulo de "ação do Espírito Santo". Era comum em cultos do PHM que em momentos de louvor e ação de graça, músicas preferidas dos membros fossem indicadas espontaneamente e cantadas, animadas por músicos que improvisavam os acompanhamentos ou por "animadores" de canções.

Essa ausência de espontaneidade talvez tenha sido elemento facilitador para lideranças do PHM que negociaram sua inserção na modernidade e passaram a modificar seus cultos e introduzir a dimensão do espetáculo. Muito do observado nos cultos pentecostais independentes passou a ser tomado como modelo bem-sucedido e transplantado para a prática nas igrejas históricas. A técnica e a tecnologia passam a determinar a condução do programa – há o momento próprio para dirigir-se ao microfone e há posturas ensaiadas para o uso do microfone, por exemplo. Quando o sistema de som pára, o culto pára. Se os músicos não aparecem para tocar, pouco ou quase nada será cantado. Espontaneidade e improviso que eram dosados no PHM são agora elementos em extinção.

Tal negociação, da qual resulta modernização de superfície, insere o PHM no grupo dos evangélicos brasileiros que no tempo presente se orgulha de sua visibilidade, de seu crescimento numérico e de sua presença social. Eleva a auto-estima do adeptos do PHM que sofriam a estagnação e agora vêem seus templos mais cheios ao adotarem práticas ajustadas aos novos tempos. Aguça o ego dos evangélicos que a cada processo eleitoral no Brasil assistem a seus líderes sendo assediados por apoio às mais diversas candidaturas. Estimula o sentimento de pertença a um grupo social que não está mais escondido e sufocado mas tem presença nítida com o extenso número de templos, com os artigos que lhe são destinados sendo oferecidos em lojas do mercado secular.

Todos estes elementos descritos configuram o que aqui está sendo chamado de cultura *gospel*. Essa expressão cultural religiosa revela-se, portanto, híbrida, resultado do entrecruzamento de aspectos do modo de ser protestante construído no Brasil e das demandas de bens simbólicos religiosos que nascem da matriz religiosa brasileira com as manifestações da modernidade presentes nas propostas religiosas pentecostais hegemônicas, no fenômeno urbano brasileiro, no avanço da ideologia do mercado de consumo e na cultura das mídias.

É um encontro do tradicional e do moderno, do antigo com o novo. A união de aspectos distintos remete ao hibridismo. Na cultura, pesquisadores desenvolveram a noção de hibridismo cultural – esta foi a base teórica encontrada aqui para explicar como ocorre a coexistência de elementos distintos em uma mesma expressão cultural, o *gospel*.

No entanto, o termo aqui adotado reveste-se de outra significação – não a dos pesquisadores dos estudos culturais que explicam o fenômeno como uma mescla que possibilita um elemento de resistência para se sobreviver na modernidade ou uma mescla para se driblarem poderes hegemônicos. O hibridismo cultural é, isto sim, sinônimo de anomalia, de agressão social. É o vinho novo no odre velho – cruzamento que provoca estragos.

O que o *gospel* representa culturalmente para os evangélicos? A análise até aqui desenvolvida demonstra que a cultura *gospel* não significa um caráter de resistência, de desafio às normas culturais centrais, muito menos revela os poderes "como oblíquos" ou mesmo "serviços recíprocos que se efetuam em meio às diferenças e desigualdades", expressões do "hibridismo cultural" identificadas nas abordagens de diferentes pesquisadores dos estudos culturais contemporâneos. Ele se revela uma cultura de manutenção e não algo novo, transformador, desafiador às demandas sociopolítico-econômico-culturais do tempo presente e que realiza um encontro com as outras expressões culturais globais. O *gospel* é resultado das transformações no modo de ser evangélico no Brasil experimentadas nas últimas décadas – a "acomodação à sociedade inclusiva" – entrecruzadas com a busca de preservação dos traços que deram forma a esse jeito de ser em suas origens no Brasil. Os evangélicos, por meio do *gospel*, revelam transformação (modernização) e preservação (conservação) – dois elementos distintos no mesmo corpo; duas fontes dessemelhantes na mesma matéria. Daí a formação híbrida do *gospel*.

Na cultura *gospel*, a conservação só se torna possível pelo fato de a transformação se configurar num "invólucro". A modernidade está na superfície em torno da conservação que está na profundidade. O que é transformado com o modo de vida *gospel*? Pelo menos três fortes elementos:

- o culto, que ganha novo cenário, novos protagonistas e novas ênfases – o altar torna-se palco com farto apoio tecnológico, e os condutores são os cantores e músicos e a música é o elemento privilegiado (tudo gira em torno dela);
- a ética protestante, que relativiza a santidade puritana de repressão do corpo e valoriza a expressão corporal tanto no culto quanto nos espaços de lazer e entretenimento criados para os evangélicos;

• o relacionamento igrejas evangélicas-sociedade, que passa a ser marcado por aproximação e não pela negação. Exemplos são a abertura do mercado secular para o segmento evangélico, o desenvolvimento do mercado religioso que se abre para o secular, a aceitação de determinados aspectos culturais populares brasileiros como gêneros e instrumentos musicais, a penetração de artistas evangélicos na mídia secular, a presença mais intensa de evangélicos na política brasileira.

O que é conservado com o modo de vida *gospel*? As marcas da identidade protestante brasileira, que perpassam todos os segmentos evangélicos, centradas nos dualismos igreja-mundo e sagrado-profano, no individualismo, no exclusivismo religioso, no antiecumenismo, no antiintelectualismo, no sectarismo, na demonização das raízes culturais brasileiras indígenas, africanas e do catolicismo popular. As teologias da prosperidade e da guerra espiritual, o reprocessamento da tradição teológica do judaísmo monárquico e o intimismo religioso dos movimentos de louvor e adoração sustentam tais marcas que se revelam nos discursos e nas práticas.

Percebe-se aqui a transformação no invólucro e a conservação na profundidade – o "vinho novo em odres velhos". A explosão ocorre fruto de uma estratégia de adesão à modernidade e suas tendências, numa negociação com os poderes hegemônicos – seja o pentecostalismo, no campo religioso, ou o capitalismo globalizado no campo sócio-histórico – que ganham espaço no segmento evangélico, com garantia de preservação da expressão cultural religiosa tradicional, já conhecida e aprovada no coração das igrejas.

Portanto, é possível afirmar que a cultura *gospel* é um fenômeno que integra o sistema do capitalismo globalizado. Toda a transformação, tudo o que se apresenta como novo entre os evangélicos que experimentam este modo de vida é uma expressão do mercado. Na análise das oito características da cultura *gospel*, a lógica e a cultura do mercado aparecem nitidamente nas sete que indicam as novidades. Isso revela que é o mercado que está dando forma ao novo modo de ser evangélico porque tudo o mais está conservado. E esta conservação/contradição parece agradar ao mercado, pois não impede a sua expansão e suporta o seu caráter hegemônico.

A TÍTULO DE CONCLUSÃO

Norteados pela hipótese de que a explosão *gospel* no Brasil representou mais do que um movimento musical – e sim a construção de uma expressão cultural que marca o cenário religioso evangélico brasileiro contemporâneo –, os capítulos deste livro revelaram um longo e tenso percurso teórico.

A tensão deu-se em função da complexa configuração das igrejas evangélicas brasileiras, cujas transformações experimentadas nas últimas duas décadas não podem ser desassociadas daquelas da própria sociedade onde estão inseridas. A complexidade do fenômeno demandou a descrição dos elementos que o compõem, em busca de sua compreensão e análise, sem, no entanto, se perder de vista o risco de o trabalho ser uma mera descrição e apenas repetir com forma nova o que pode se dito por outras fontes. A tensão resultou em um "estado de alerta" em torno da garantia de que o seu resultado represente uma contribuição à pastoral evangélica por meio de uma perspectiva crítica que prescreva não como se pode saber mais sobre o cenário religioso evangélico brasileiro, mas como é possível compreendê-lo de outro modo.

A descrição da explosão *gospel* no Brasil, caracterizada tanto pelo movimento musical *gospel* brasileiro quanto por símbolos da modernidade – tecnologia, mídia, consumo de objetos materiais e bens culturais, lazer –, revela uma tríade formadora da expressão cultural *gospel*: música, consumo e entretenimento. Esta é resultado de um processo de ampla aceitação do público evangélico e parcela de uma estratégia de ampliação de mercado fonográfico (religioso e secular), que coloca em evidência os artistas e os ministérios de louvor e adoração, mas também um símbolo sagrado, um bem religioso.

Esse gênero musical atinge sentimentos caros aos consumidores de música religiosa. Em um contexto socioeconômico e cultural marcado pela exclusão social, pelo individualismo, pela competição, e em um contexto eclesial configurado por uma vasta maioria de mulheres, a realeza de Deus, a vitória sobre as dificuldades da vida, a escolha que Deus faz de quem é fiel, o Deus que se coloca como o ser amante e amado, que espera intimidade no relacionamento, que preenche vazios, são temas de forte acolhimento por parte do público.

A música *gospel* é música de consumo, é produto industrial, de qualidade melódica e poética passível de críticas pois visa à satisfação das demandas do mercado fonográfico, mas também constitui um alívio das tensões do cotidiano dos evangélicos. Ela ajuda a escapar de cargas pessoais, pois é canal que torna as pessoas mais próximas do divino. Além disso, pronuncia um discurso que tem embutidos traços componentes da matriz religiosa brasileira, o que lhe permite extensas possibilidades de uma resposta positiva.

A ampla aceitação do público evangélico pela música religiosa de consumo ainda se explica pelo fato de que a cultura *gospel* redesenhou as linhas divisórias entre o sagrado e o profano, entre a igreja e o mundo, estabelecidas pela tradição protestante dualista, e reafirmou a demonização da música secular e seus similares, como os espetáculos musicais, a programação musical nas rádios e na televisão. No discurso que predomina na cultura religiosa evangélica contemporânea, o verdadeiro adorador, aquele que deseja intimidade com Deus, não ouve, canta ou toca música profana.

Ao comprar o CD, ao ouvir a parada de sucessos de uma rádio evangélica, ao participar do espetáculo de determinado artista *gospel*, o público evangélico está inserido, sim, na lógica e na cultura do consumo. Entretanto, a esse consumo é atribuído sentido emocional, religioso. Ouvir os artistas que são "instrumentos de Deus", veículos de sua mensagem, ouvir os "ministros de louvor e adoração" que são "levitas separados por Deus" para adorá-lo e guerrear contra as forças do mal (inseridas na própria música profana) e apoiar o que eles fazem é o mesmo que ouvir e apoiar a Deus.

Além de proporcionar "acesso direto a Deus", a indústria da música *gospel* coloca os evangélicos mais próximos do que há de mais moderno no campo da mídia. CDs e DVDs de qualidade, programações de rádio e TV que seguem o modelo secular, espetáculos com produção de alta tecnologia, são alguns dos aspectos que provam às igrejas e à sociedade em geral que é possível ser religioso e ser moderno, sintonizado com os recursos disponíveis no mundo contemporâneo.

Partindo dessas constatações, é preciso reconhecer as contribuições que a explosão *gospel* trouxe para as igrejas, em especial no tocante à prática musical. É possível listar pelo menos três principais contribuições:

- A valorização e a inserção na liturgia de uma variedade de ritmos populares;
- a valorização da expressão corporal na liturgia, tanto na forma de coreografias quanto de gestual;
- a facilidade de acesso a uma variedade de composições e gêneros musicais por meio da ampla produção fonográfica e sua comercialização.

Portanto, como se pode desenvolver ao longo dos capítulos desta obra, a conseqüência direta desse processo é a transformação na forma de os evangélicos praticarem o culto religioso, o qual ganha novo cenário, novos protagonistas e novas ênfases – "vinho novo", tomando a metáfora do evangelho. No entanto, há que se atentar também para outros elementos decorrentes das culturas midiática e de consumo. O altar toma a forma de palco, com suporte tecnológico e com a presença dos instrumentos musicais ao lado da mesa da eucaristia e do púlpito, os condutores são os cantores e músicos, e a música é o elemento privilegiado e catalisador, fazendo emergir até mesmo a prática da dança, outrora identificada como pecado. O formato das apresentações musicais, de expressão corporal e da condução do programa nas igrejas é o estabelecido pelos artistas *gospel* e pelos líderes dos ministérios de louvor e adoração. As músicas cantadas são aquelas comercializadas em CD e DVD e veiculadas pelas rádios evangélicas; a postura do corpo e o gestual são modelados com base no avivalismo e na emoção religiosa: baladas românticas, olhos fechados, expressão facial chorosa, cabeça jogada para trás, braços levantados com punhos cerrados ou mãos abertas; ou ritmos mais animados, palmas, balanço de corpo, pulos e brados de palavras de ordem.

Os pastores que não são músicos ou animadores musicais deixam de ser os protagonistas do culto. Os líderes dos "ministérios de louvor e adoração" é que se tornam as personagens centrais, que, além de apresentarem e animarem os cânticos coletivos, fazem orações, lêem a Bíblia, pregam sermões.

As ênfases dos discursos presentes em todos os momentos do culto religioso evangélico passam a ser as da Teologia da Prosperidade e da Guerra Espiritual. Uma delas é a prosperidade material ("vida na bênção"), condicionada à fidelidade material e espiritual a Deus. Nesse caso, os vencedores da grande competição social por um espaço no sistema seriam os "escolhidos de Deus" e a acumulação de bens materiais interpretadas como bênçãos para os "filhos do Rei" (ou "Príncipes"). Outra ênfase é a necessidade de "destruição do mal" que impede que pessoas alcancem as bênçãos da prosperidade, por isso os "filhos do Rei" devem invocar todo o poder que lhes é de direito para estabelecer uma guerra contra as "potestades do mal", representadas, no imaginário evangélico, principalmente pela Igreja Católica Romana e pelos cultos afro-brasileiros.

Essas teologias são alimentadas por uma linguagem que reprocessa formas teológicas conservadoras como a teofania da tradição monárquica de Jerusalém, a que relaciona a Deus imagens como a de realeza, poder, domínio, trono, soberania, guerra. Além disso, há ênfase na utilização da linguagem e de certos costumes religiosos judaicos, como por exemplo, a figura dos levitas. A teologia da tradição monárquica de Jerusalém, como abordado neste trabalho, é a referência bíblica mais apropriada para justificar as teologias da prosperidade e da guerra espiritual.

Essas ênfases no culto reproduzem os discursos predominantes na mídia evangélica, por meio de canções, sermões, e textos veiculados, e nos treinamentos oferecidos por líderes "de louvor e adoração". A análise desses discursos indicou a mediação sócio-histórica na religiosidade *gospel* expressa por meio da adoção de uma linguagem própria da lógica e da cultura do mercado. É dessa mediação que emerge a perspectiva da seleção, da separação a partir da qual os filhos de Deus, os verdadeiros adoradores, precisam ser purificados, separados das influências malignas do corpo social e hierarquicamente organizados, como na reinterpretação da figura dos levitas, indicada anteriormente. Essa postura encontra embasamento na teologia judaica sacerdotal que impunha a pureza do corpo como princípio fundamental para o alcance da atenção de Deus, o que é reprocessado pelo *gospel*.

No momento em que a lógica do capitalismo globalizado – caracterizada pelo permanente consumo de bens materiais (posse), pelos ideais da eficiência e do sucesso e pela conseqüente competição – prevalece como ordenadora da sociedade contemporânea, a cultura *gospel* revela-se sua extensão, ou seja, uma expressão cultural desse capitalismo em versão religiosa. Isto não ocorre somente por meio do culto e dos discursos veiculados pela mídia; outros elementos que caracterizam a cultura *gospel* a descrevem um universo econômico-religioso, como o consumo e o entretenimento. Desse modelo, os cristãos em geral passam a ser interpretados e trabalhados como segmento de mercado. Já os empresários evangélicos vêem-se e agem como sócios do empreendimento de Deus, que é a salvação do mundo. Seus produtos são vistos como sagrados, abençoados por Deus para fazer com que mais pessoas se acheguem a ele. A base destas interpretações e destas ações encontra-se na premissa de que "consumir não é pecado", mas evidência de que os evangélicos não devem ser um grupo isolado e sim inserido socialmente para sinalizar a atenção de Deus para com ele.

O alvo da inserção social insere na cultura religiosa não apenas o consumo mas também outros valores da modernidade como a modelagem do corpo, a adesão à moda e o prazer do corpo via entretenimento (consumo cultural religioso). O segmento evangélico passa a ter acesso a espaços de lazer e diversão que incluem a dança e a expressão corporal, encontra até mesmo no Carnaval um veículo de expressão religiosa e ganha produtos especiais como jogos e outras distrações.

A cultura *gospel* atenua, portanto, a ética puritana restritiva de costumes e, ao mesmo tempo, refaz a imagem pública dos evangélicos ao incentivar a sua inserção na cultura urbana. O sectarismo (o isolamento para preservação da santidade) deixa de ser um valor evangélico primordial. Vê-se que o consumo e o entretenimento são facilitados por uma postura de maior inserção social dos evangélicos, anteriormente marcados pela crise na relação igreja-sociedade, conforme foi analisado no corpo deste trabalho. Tal postura resultou em um crescimento significativo no número de adeptos das igrejas que processaram o novo modo de vida religioso.

Com isso, a busca da santidade ganha contornos diferenciados e passa a gerar benefícios no "aqui e agora" (e não mais a expectativa de uma vida no além, como na tradição escapista), na busca individualizada, privatizada, de satisfação pessoal tanto do ponto de vista da religião como socioeconômico (reconhecimento social, lucro financeiro, acúmulo de bens, etc.).

Os evangélicos passam, portanto, por um processo de dessectarização, de liberalização de costumes e pela modernidade, ao integrarem-se a distintas esferas da vida social e à cultura urbana, caracterizadas pelo predomínio das novas tecnologias de comunicação e do audiovisual, pelo surgimento das tribos, pela privatização da vida coletiva, pelo individualismo, pelo confinamento em ambientes e redes sociais restritas, pelo consumo permanente de bens e pelo investimento em entretenimento.

A cultura *gospel* lhes permitiu inserirem elementos profanos, aqueles integrantes da cultura do mercado, como o consumo e o entretenimento, na forma de viver a fé e relacionar-se com o sagrado; ou seja, um processo de sacralização de elementos profanos que dá ao duo consumo-entretenimento, mediado pelos meios de comunicação eletrônicos, o *status* de expressão de fé.

A contradição reside no fato de, juntamente com essas mudanças, conviver a conservação de aspectos do protestantismo brasileiro tradicional. O discurso dos artistas e dos "ministros de louvor e adoração" e o de lideranças das igrejas locais revelam isso, quando reafirmam a divisão sagrado *vs.* profano na forma igreja *vs.* mundo, a necessidade de resguardo dos evangélicos para purificação do corpo e a desqualificação de uma reflexão teológica mais profunda, coletiva e contextualizada. É o invólucro moderno numa internalidade conservadora.

Mesmo nas dimensões do consumo e do entretenimento, a modernidade de superfície é evidenciada, pois elas se efetivam predominantemente dentro do círculo evangélico, reservado do mundo, com reforço à prática sectária que marca o protestantismo brasileiro desde os seus primórdios. Aqui também se percebe a cultura *gospel* reconfigurando com ares de modernidade as linhas divisórias entre a igreja e o mundo, entre o sagrado e o profano estabelecidas pela tradição pietista e puritana – "odres velhos", retomando, mais uma vez, a metáfora evangélica.

Em síntese, a tríade música-consumo-entretenimento como aspecto que configura a cultura *gospel* indica que (1) o mercado, atravessando os países, consolidou-se como instância fundamental de produção de sentido, na qual indivíduos constroem suas identidades, partilham expectativas de vida, modos de ser, e que (2) a explosão *gospel* é predominantemente um fenômeno cultural do mercado. Neste sentido, é possível afirmar que é no espaço do mercado e do consumo religioso que se dá a partilha de padrões de cultura e que vivenciar o modo de vida *gospel* é consumir bens e serviços religiosos e divertir-se, não como mera assimilação da cultura do mercado, mas como expressão religiosa que traz em si o entrecruzamento do novo com o velho, da modernidade com a tradição – daí o híbrido *gospel*.

No percurso descritivo-analítico da explosão *gospel* e suas mediações, foram apresentados os aspectos que a caracterizam como expressão cultural:

(1) a inserção na modernidade, representada pela sacralização do consumo e pela mediação da tecnologia e dos meios de comunicação no desenvolvimento da religiosidade evangélica, em especial nas práticas de culto;

(2) a sacralização de gêneros musicais populares brasileiros;

(3) a relativização da tradição de santidade protestante puritana de restrição nos costumes, de rejeição da sociedade e das diferentes expressões culturais brasileiras com a busca da valorização do corpo – expressão corporal e lazer – e da construção da imagem de que os adeptos do segmento evangélico são cidadãos "normais", não isolados, mas inseridos na cultura urbana;

(4) o rompimento com a teologia apocalipsista/milenarista indiferente aos eventos da história, pregadora da salvação e de vida melhor "no céu", e ênfase na Teologia da Prosperidade e da Guerra Espiritual que prega vitória e superação dos sofrimentos na terra com ascensão econômica e material/individual e interpretação da inserção no sistema socioeconômico como sinal da bênção de Deus na vida do cristão;

(5) o desenvolvimento de uma prática religiosa avivalista, base do pentecostalismo, como potencialização da experiência de piedade individual, com busca intimista mais intensa e contrita de Deus e externalização da emoção nas reuniões coletivas. Conseqüentemente, um tipo de renovação das igrejas é almejado como reação a um suposto "esfriamento" da vivência religiosa;

(6) o reprocessamento da teofania do judaísmo monárquico de Jerusalém;

(7) a desterritorialização revelada no não-enraizamento da vivência religiosa *gospel* em um grupo evangélico específico e na padronização do modo de vida que supera diferenças socioculturais e doutrinárias;

(8) a conservação de elementos da cultura evangélica brasileira construídos na prática pietista dos missionários estadunidenses e responsáveis pela crise na relação entre protestantismo e sociedade brasileira.

Essa expressão cultural perpassa, senão todas, a maioria das igrejas e denominações evangélicas brasileiras. Daí a constatação de que na passagem do século XX para o XXI o cenário religioso evangélico experimentou a explosão da cultura *gospel* que passa a marcar a história deste segmento. Com isso, tal cultura sinaliza uma consolidação da hegemonia do pentecostalismo no cenário evangélico; uma busca de modernidade e inserção dos evangélicos na lógica social; mudanças na forma de cultuar de um significativo número de igrejas, especialmente aquelas que compõem o segmento histórico de missão, e na compreensão de moralidade dos seus adeptos; e o lugar destacado do capitalismo globalizado no cenário religioso contemporâneo.

Este conjunto de características revela o aspecto híbrido do modo de vida *gospel*, com base na compreensão que vem sendo desenvolvida como referencial teórico deste estudo. Todavia, tal hibridismo não foi considerado, como a maioria das análises culturalistas contemporâneas afirma, algo positivo. A cultura *gospel* revela-se anômala, estéril, por não significar de fato criação, novidade, irrupção do novo, resistência e desafio às normas culturais centrais, revelação da obliqüidade dos poderes ou ainda de uma multipolaridade das iniciativas sociais na forma de serviços recíprocos efetuados em meio das diferenças e desigualdades.

Mudança e transformação devem significar posturas novas, pensamentos novos tais como, no que diz respeito aos evangélicos brasileiros, inculturação que promova empatia dos evangélicos com as demandas sociopolíticas-econômico-culturais do Brasil, atitude mais comunitária e não-individualista e não-sectária, de respeito à diversidade cultural e religiosa e de valorização da reflexão teológica contextualizada que se concretize tanto nas práticas cúlticas quanto em ações de promoção humana. Tais posturas revelariam uma ressignificação da identidade dos evangélicos no brasileiros: criação, novidade.

O quadro de construção da cultura *gospel* descrito ao longo do trabalho remeteu, porém, à imagem bíblica do vinho novo em odres velhos, pois posturas novas não foram identificadas no estudo. Vinho novo em odres velhos causa estrago: os odres se rompem e o vinho é derramado. Uma combinação anômala. Novidade no convívio com antiga ordem – uma modernização apenas externalizada, promovida por canais geradores de promoção social e sucesso, mas conservadora do pensamento – não traz fertilidade, mas esterilidade; tudo permanece igual.

O que o *gospel* representa culturalmente para os evangélicos? Revela-se uma cultura de manutenção e não algo de fato novo, transformador, desafiador das demandas sociopolítico-econômico-culturais do tempo presente e que realiza um encontro com as outras expressões culturais globais. O *gospel* é resultado das transformações no modo de ser evangélico no Brasil experimentadas nas últimas décadas, entrecruzadas com a busca de preservação dos traços que deram forma ao jeito de ser construído em suas origens no Brasil.

A cultura *gospel* revela-se mais do que uma simples mudança no modo de ser evangélico e sim uma estratégia de integração à modernidade e suas expressões hegemônicas – seja o pentecostalismo, no campo religioso, ou o capitalismo globalizado no sócio-histórico – com a garantia de preservação da expressão cultural religiosa tradicional, já conhecida e aprovada no coração das igrejas. Nessa negociação, busca-se preservar os traços que deram forma ao jeito de ser protestante em suas origens no Brasil e que perpassa todos os segmentos evangélicos, centrado nos dualismos igreja-mundo e sagrado-profano, no individualismo, no exclusivismo religioso, no antiecumenismo, no antiintelectualismo, no sectarismo, na demonização das raízes culturais brasileiras indígenas, africanas e do catolicismo popular. As teologias da prosperidade e da guerra espiritual, o reprocessamento teofania da tradição monárquica de Jerusalém e o intimismo religioso dos movimentos de louvor e adoração são reforços a esses traços e estão presentes nos discursos e nas práticas das igrejas.

Não há alteração substancial do "dominante"; é nada mais do que "o mesmo" com tecnologia, consumo e diversão. No campo sociopolítico idem, pois a cultura *gospel* manifesta-se como um fenômeno do capitalismo globalizado. Aquilo que se apresenta como novo na realidade das igrejas, é, de fato, uma expressão do mercado. É a transformação no invólucro e a conservação na profundidade – o "vinho novo em odres velhos".

NOTAS

[1] Cf. MACHADO, Irene. Impacto ou explosão? Cultura tecnológica e metáfora balística. Paper apresentado no XXII Congresso Brasileiro de Ciências da Comunicação, Universidade Gama Filho, Rio de Janeiro, 1999. Disponível em: <http://www.intercom.org.br/papers/xxii-ci/gt08/08m05.pdf>.

[2] Cf. MENDONÇA, Antonio G. Quem é evangélico no Brasil? In: Conferência do Nordeste: 30 anos. *Contexto Pastoral*, Campinas/Rio de Janeiro: CEBEP/CEDI, 2(8), mai./jun. 1992. Suplemento Debate. p. 3-6.

[3] Id.ibid.

[4] Cf. *O Celeste Porvir.* A inserção do Protestantismo no Brasil. São Paulo: Paulinas, 1984.

[5] ARNOLD, Matthew. *Culture and Anarchy.* 3. ed. New York: Macmillan and Co., 1882. p. 15.

[6] WILLIAMS, Raymond. *Marxismo e Literatura.* Rio de Janeiro: Zahar, 1979.

[7] Cf. Id.ibid. p. 17-18.

[8] Cf. WILLIAMS, Raymond. *The Long Revolution.* London: Chatto & Windis, 1961. p. 41-43

[9] Cf. Idem. *Cultura.* Rio de Janeiro: Paz e Terra, 1992. p. 12-13.

[10] WILLIAMS, Raymond. Culture is ordinary. In: GRAY, Ann, MCGUIGAN, Jim (Editors). *Studies in Culture:* An Introductory Reader. London: Arnold, 1997. p. 5-14. In: WASHINGTON State University. Learning Topics. O ensaio "Culture is ordinary" foi originalmente publicado na obra N. MACKENZIE, MacGibbon and Gee (Editors) Convictions, 1958. Recentemente foi republicado também em: RESOURCES of Hope: Culture, Democracy, Socialism. London and New York: Verso, 1989. p. 3-18; HIGGINS, John (Editor). *The Raymond Williams Reader.* Oxford: Blackwell, 2001.

[11] Abordagens sobre esta noção podem ser encontradas em: MATA, Maria Cristina. De la cultura masiva a la cultura mediatica. *Diá-logos de la comunicación.* Lima, n. 56, p. 80-91, out. 99; BISBAL, Marcelino. Comunicación y cultura: para pensar el massmediatico. *Estudios venezolanos de comunicación.*Caracas, n. 92, p. 45-55, 4. trim. 95; e KELLNER, Douglas. *A cultura da mídia.* Estudos culturais: identidade e política entre o moderno e o pós-moderno. Bauru: Edusc, 2001.

[12] Cf. KELLNER, Douglas. *A cultura da mídia.* Estudos culturais: identidade e política entre o moderno e o pós-moderno. Bauru: Edusc, 2001. p. 11.

[13] Id.ibid.

[14] Cf. Id.ibid. p. 430.

[15] Respectivamente com as obras publicadas no Brasil: *O local da cultura.* Belo Horizonte: UFMG, 2001, e *A identidade cultural na pós-modernidade.* Rio de Janeiro: DP&A Editora, 1999.

[16] Cf. YOUNG, Robert. *Colonial desire.* Hybridity in theory, culture and race. London/New York: Routledge, 1995. p. 6-19.

[17] BAKHTIN, Mikhail. *The dialogic imagination.* Austin: The University of Texas Press, 1981. p. 358.

[18] Cf. HALL, Stuart. *A identidade cultural na pós-modernidade.* Rio de Janeiro: DP&A Editora, 1999. p. 89. Vale lembrar que Hall chama a diáspora pós-colonial de "nova", pois sua referência é a diáspora do povo judeu – a dispersão/deslocamento da terra de origem experimentada em diversos momentos de sua história desde tempos anteriores a Cristo – marcada pelas narrativas da memória da terra natal, da não-adaptação à nova terra e do sonho de retorno e restauração da terra.

[19] HALL, Stuart. *A identidade cultural na pós-modernidade*. Rio de Janeiro: DP&A Editora, 1999. p. 92.

[20] O próprio Canclini elenca críticas e delas "se defende" no artigo Culturas híbridas y estratégias comunicacionales. Estudios sobre las culturas contemporáneas. Época II. Colima, vol. III, n. 5, p. 109-128, jun 1997.

[21] YOUNG, Robert. *Colonial desire*. Hybridity in theory, culture and race. London/New York: Routledge, 1995. p. 27.

[22] Cf. La regionalidad de los conceptos en el estudio de la cultura. *Revista de Crítica Literaria Latinoamericana*, Lima-Hannover, n. 50, p 165-172, 2 sem. 1999.

[23] MACHADO, Irene. Liminalidad y intervalo: la semiosis de los espacios culturales. *Signa*, Madrid, n. 10, p. 19-40, 2001. p. 25.

[24] Cf. MATA, Maria Cristina. El consumo desde una perspectiva critica. *Estudios venezolanos de comunicación*, Caracas, n. 81, p. 56-59, 1. trim. 93. Entrevista.

[25] MATA, Maria Cristina apud BISBAL, Marcelino. Comunicación y cultura: para pensar el massmediatico. *Estudios venezolanos de comunicación*, Caracas, n. 92, p. 45-55, 4. trim. 95, p. 51-52.

[26] Cf. CONE, James H. *The Spiritual and the blues*: an interpretation. New York: Seabury, 1972.

[27] Cf. VELASQUES FILHO, Prócoro. Deus como emoção: origens históricas e teológicas do Protestantismo evangelical. In: MENDONÇA, Antonio Gouveia de, VELASQUES FILHO, Prócoro. *Introdução ao Protestantismo no Brasil*. São Paulo/São Bernardo do Campo: Loyola/Ciências da Religião, 1990, p. 83-92.

[28] Cf. SPENCER, Jon Michael. *Black Hymnody*. A hymnological history of the African-American Church. Knoxville: The University of Tennessee, 1994; PETRIE, Phil. The History of *Gospel* Music. In: *Los Angeles*: African Genesis, 2000. Disponível em: <http://www.afgen.com/gospel.html>.

[29] Jackson fez história ao se apresentar antes de Martin Luther King Jr. pregar o famoso sermão "I have a Dream" ["Eu tenho um sonho"]. No funeral de Luther King, em 1968, foi ela quem interpretou o clássico de Dorsey "Take My Hand, Precious Lord".

[30] Lembrada pela gravação de "Oh, Happy Day" [Oh, Dia Feliz"].

[31] Cleveland é considerado por muitos críticos "O rei do *gospel*", e recebeu quatro prêmios Grammy na categoria. Ele se destacou por seu carisma com a audiência e pela criação, em 1968, do Workshop de Música *Gospel* na América, a maior convenção *gospel* do mundo.

[32] *BLACK GOSPEL MUSIC*. In: FERRIS, William, WILSON, Charles Reagan (Organizadores). *Encyclopedia of Southern Culture*. In: University of North Carolina Press, 1989. Disponível em: <http://www.arts.state.ms.us/crossroads/music/gospel/mu2_text.html>.

[33] Id.ibid.

[34] Id.ibid.

[35] PETRIE, Phil. The History of *Gospel* Music. In: *Los Angeles*: African Genesis, 2000. Disponível em: <http://www.afgen.com/gospel.html>.

[36] PETRIE, Phil. The History of *Gospel* Music. In: *Los Angeles*: African Genesis, 2000. Disponível em: <http://www.afgen.com/gospel.html>.

[37] Id.ibid.

[38] O termo pop é uma forma reduzida de "popular", originado na língua inglesa, e refere-se àquilo ou àquele "que apresenta ou emprega elementos de gosto popular típico da cultura urbana ocidental da segunda metade do século XX". Refere-se também "a um tipo de música popular, originalmente anglo-norte-americana e com elementos folclóricos modernizados (como no *blues*, no *rock* e na música *country*), em que se usam, caracteristicamente, a guitarra e outros instrumentos com amplificação elétrica, e que se disseminou a partir da década de 1950 pelos meios de comunicação de massa (discos, rádio, televisão)". O termo *pop* é utilizado ainda para expressar a "criação artística ou cultural concebida e produzida com vistas à sua comercialização e consumo, dentro dos padrões da indústria cultura". Cf. POP. In: FERREIRA,

Aurélio Buarque de Holanda et. al. *Novo Dicionário Aurélio Século XXI*. Rio de Janeiro: Nova Fronteira, 2000. "A música pop é uma criação da indústria norte-americana de entretenimento e, ao contrário do que muitos pensam, não surgiu juntamente com o rock, em 1954-1955; os cantores Bing Crosby, Frank Sinatra e o maestro Glenn Miller foram alguns dos primeiros grandes artistas pop. (...) Nos anos 60, com o rock ganhando cada vez mais espaço nos meios de comunicação e sendo cada vez mais aceito por artistas não roqueiros, a expressão 'pop music' ('música pop") acabou sendo comumente empregada, inclusive nos EUA e Europa, como sinônimo de rock criado especialmente para as paradas de sucesso. Atualmente, pesquisadores e estudiosos chamam de pop toda música acessível e comercial, aberta a influências as mais variadas possíveis, da música erudita ao baião, do bolero à canção napolitana, do ragtime ao próprio rock-and-roll, lançada em discos, partituras, rádios ou outros meios de comunicação de massa, qualquer que seja a época ou o estilo do artista". POP. In: MARCONDES, Marcos Antônio (Organizador). *Enciclopédia da música brasileira: erudita, folclórica, popular.* 2 ed. São Paulo: Art Editora, 1998.

[39] O Prêmio Grammy Latino inseriu na premiação de 2002 a categoria "Música Cristã", como reconhecimento pelo crescimento do segmento entre o público de língua latina.

[40] Aqui este trabalho evoca a contribuição de Maria Cristina Matta e sua condenação das teorias complacentes. "Hay otra gente (...) que no se limita a describir los cambios culturales. Gente digo, que viendo lo que esta pasando se cuestiona si esto es lo único que es posible que exista hoy y si tenemos realmente que asumir una actitud de condena ante esto. Si uno piensa que esto no le conviene al hombre, al ser humano, entonces yo creo que aquí si hay un cambio, gente que esta tratando de comprender, por ejemplo, que le pasa a grupos a lo mejor muy pequeños de poblanción, (...) los jóvenes, la mujeres. Pero no para describir complacientemente estos nuevos rasgos culturales sino para preguntarse en qué se esta transformando la vida de esa gente. (...) Antes nuestras críticas eran muy globales, hoy pensamos que hay que entender más a fondo lo que sucede pero no simplemente para describir, sino para tomar una actitud de crítica frente a eso, que yo creo que es una crítica de tipo ético". MATA, Maria Cristina. El consumo desde una perspectiva critica. *Estudios venezolanos de Comunicación*, Caracas, n. 81, p. 56-59, 1º. trim 93. Entrevista. p. 56.

[41] NIEBUHR, H. Richard. *As origens sociais das denominações cristãs*. São Bernardo do Campo/São Paulo: Instituto Ecumênico de Pós-Graduação em Ciências da Religião/ASTE, 1992. p. 18-19.

[42] BRANDÃO, Carlos Rodrigues. *Os deuses do povo*. São Paulo: Brasiliense, 1980. p. 295.

[43] Cf. BRANDÃO, Carlos Rodrigues. O número dos eleitos: religião e ideologia religiosa em uma sociedade de economia agrária no Estado de São Paulo. *Religião e Sociedade,* Rio de Janeiro, n. 3, p. 53-92, out. 1978, p. 77.

[44] Cf. FERNANDES, Rubem César. *Os cavaleiros do Bom Jesus: uma introdução às religiões populares*. São Paulo: Brasiliense, 1982. p. 135.

[45] Cf. DROOGERS, André. A religiosidade mínima brasileira. *Religião e Sociedade,* Rio de Janeiro, vol. 14, n. 2, p. 62-87, mar. 1988. p. 65.

[46] BITTENCOURT FILHO, José. *Matriz religiosa brasileira*. Religiosidade e mudança social. Petrópolis/Rio de Janeiro: Vozes/Koinonia, 2003. p. 40-41.

[47] Cf. DROOGERS, André. A religiosidade mínima brasileira. *Religião e Sociedade,* Rio de Janeiro, vol. 14, n. 2, p. 62-87, mar. 1988; BITTENCOURT FILHO, José, ibidem.

[48] Cf. HOLANDA, Sérgio Buarque de. *Raízes do Brasil*. 12. ed. Rio de Janeiro: José Olympio, 1978. p. 110.

[49] DROOGERS, André, op. cit.

[50] Id.ibid.

[51] HOLANDA, Sérgio Buarque de. *Raízes do Brasil*. 12. ed. Rio de Janeiro: José Olympio, 1978. p. 112.

[52] Cf. CUNHA, Magali do Nascimento. *Crise, esquecimento e memória*. O Centro Ecumênico de Informação e a construção da identidade do Protestantismo Brasileiro. Rio de Janeiro, 1997.

Dissertação (Mestrado em Memória Social e Documento). Centro de Ciências Humanas, Universidade do Rio de Janeiro, Rio de Janeiro, 1997. Cap. 2.

[53] Aqui está sendo considerado o processo de implantação definitiva do protestantismo no Brasil. Algumas expressões protestantes já haviam tentado se estabelecer em terras brasileiras no século XVI e no século XVII, mas, diante das circunstâncias de sua implantação – respectivamente, a ocupação francesa do Rio de Janeiro, com a expedição comandada por Villegagnon (1555), para escapar da perseguição religiosa e implantar no Novo Mundo uma nação cristã reformada; e a ocupação holandesa no nordeste do Brasil, em nome da expansão colonialista e capitalista da Companhia das Índias, visando o comércio do açúcar – foram sufocadas pelo poder português. O êxito dos franceses foi simbólico: realizaram o primeiro culto protestante em terras não-européias (10 de março de 1557). Cf. MENDONÇA, Antônio Gouvêa. *O Celeste Porvir*. A inserção do protestantismo no Brasil. São Paulo: Paulinas, 1984. p. 18-19; e idem. Evolução histórica e configuração atual do Protestantismo no Brasil. In: MENDONÇA, A.G.; VELASQUES Filho, Prócoro. *Introdução ao Protestantismo no Brasil*. São Paulo/São Bernardo do Campo: Loyola/Ciências da Religião, 1990. p. 25-27.

[54] Uma abordagem mais aprofundada desta postura foi desenvolvida pela autora deste trabalho em *Crise, esquecimento e memória*. O Centro Ecumênico de Informação e a construção da identidade do Protestantismo Brasileiro. Rio de Janeiro, 1997. Dissertação (Mestrado em Memória Social e Documento). Centro de Ciências Humanas, Universidade do Rio de Janeiro, Rio de Janeiro, 1997. Cap. 2.

[55] "As dificuldades com o espaço fechado pelos católicos nas áreas urbanas, fizeram com que os missionários descobrissem a população livre e pobre, habitante das áreas rurais como a potencial receptora da mensagem protestante. Essa parcela da população brasileira, marcada pela busca de terra e trabalho, quase esquecida pelo catolicismo oficial, dotada de uma mística e uma espiritualidade distantes dos padrões oficiais religiosos, acolheu a pregação protestante fundamentalista, pietista e pré-milenarista e foi responsável pelo crescimento do Protestantismo Histórico de Missão (PHM), pelo menos nos primeiros cinqüenta anos de presença no País. (...) A religiosidade da população livre e pobre era bem diferente da que pertencia à classe dominante. As pessoas livres, brancas, mamelucas – que eram pobres –, e as negras libertas tinham pouco contato com o clero, que, por ser escasso, raramente servia às áreas onde se fixavam; por isso, até recusavam este clero e cultivavam sua própria experiência religiosa. Tinham um forte sentido de liberdade, pelo nomadismo, e apegavam-se mais aos santos do que a Deus ou a Cristo.

A pregação protestante de reforço do individualismo (como a devoção aos santos) e do igualitarismo (a idéia de que todos pecaram e são iguais perante Deus, face ao mundo desigual que aqueles pobres enfrentavam) encontrou amplo espaço no mundo rural. A popularidade adquirida pelos missionários foi reforçada pela contraposição aos padres: os missionários não usavam roupas clericais, não estabeleciam relações visíveis com os fazendeiros, hospedavam-se nas casas pobres. Outro aspecto era que o culto protestante podia ser realizado em qualquer lugar e não exigia as despesas apresentadas pelos padres para manutenção das capelas. Era como se Deus caminhasse pela trilha do café com as famílias.

O resultado foi que famílias inteiras passavam pelo processo de conversão e aderiam ao protestantismo, que era propagado à medida que essas famílias mudavam-se e levavam a mensagem consigo, formando novos núcleos". CUNHA, Magali do Nascimento. *Crise, esquecimento e memória*. O Centro Ecumênico de Informação e a construção da identidade do Protestantismo Brasileiro. Rio de Janeiro, 1997. Dissertação (Mestrado em Memória Social e Documento). Centro de Ciências Humanas, Universidade do Rio de Janeiro, Rio de Janeiro, 1997. p. 88, 108-109.

[56] BITTENCOURT FILHO, José. Abordagem Fenomenológica. In: ROLIM, Francisco Cartaxo, BITTENCOURT FILHO, José, HORTAL, Jesus. *Novos Movimentos Religiosos na Igreja e na Sociedade*. São Paulo: Ave Maria, 1996. p. 43-44. A tipologia aqui adotada, o resultado foi o surgimento do *Protestantismo de Renovação ou Carismático*.

[57] BITTENCOURT FILHO, José. Abordagem Fenomenológica. In: ROLIM, Francisco Cartaxo, BITTENCOURT FILHO, José, HORTAL, Jesus. *Novos Movimentos Religiosos na Igreja e na Sociedade*. São Paulo: Ave Maria, 1996. p. 46.

[58] Cf. BONFATTI, Paulo. *A expressão popular do sagrado*. Uma análise psico-antropológica da Igreja Universal do Reino de Deus. São Paulo. Paulinas, 2000. p. 58-62.

[59] Cf. BITTENCOURT FILHO, José. *Matriz religiosa brasileira*. Religiosidade e mudança social. Petrópolis/Rio de Janeiro: Vozes/Koinonia, 2003. 46-48.

[60] BURKE, Peter. *Cultura popular na Idade Moderna*. 2. ed. São Paulo: Cia. das Letras, 1999. p. 231.

[61] Cf. Id.ibid.. p. 233.

[62] Cf. CUNHA, Magali do Nascimento. *Crise, esquecimento e memória*. O Centro Ecumênico de Informação e a construção da identidade do Protestantismo Brasileiro. Rio de Janeiro, 1997. Dissertação (Mestrado em Memória Social e Documento). Centro de Ciências Humanas, Universidade do Rio de Janeiro, Rio de Janeiro, 1997. p. 61-62, 64.

[63] Burke ainda identifica em sua obra a questão descrita nesta parte deste trabalho: o problema que os missionários enfrentavam ao pregar o cristianismo fora da Europa, num quadro cultural estranho. BURKE, Peter. *Cultura popular na Idade Moderna*. 2 ed. São Paulo: Cia. das Letras, 1999. p. 232.

[64] Aqui, a conhecida interpretação de Max Weber atinge, sem dúvida, seu clímax: a "ética protestante", mais do que fundando "o espírito capitalístico", transformando-se até os mínimos detalhes em modelo absoluto não só da vida privada, mas da organização da vida coletiva (Cf. *A ética protestante e o espírito do capitalismo*. 3. ed. São Paulo: Pioneira, 1983).

[65] A retórica como autoridade. In: SACHS, Viola et al. *Brasil & EUA*. Religião e Identidade Nacional. Rio de Janeiro: Graal, 1988. p. 142.

[66] Cf.*O Celeste Porvir*: a implantação do Protestantismo no Brasil. São Paulo: Paulinas, 1984. p. 81-92.

[67] Uma descrição desta variedade de estilos e de manifestações culturais populares pode ser encontrada na obra de SOUZA, Laura de Mello e. *O Diabo e a Terra de Santa Cruz*. São Paulo: Companhia das Letras, 1999.

[68] Cf. MENDONÇA, A. G. *O Celeste Porvir*: a implantação do Protestantismo no Brasil. São Paulo: Paulinas, 1984. p. 80. As obras de RAMALHO, Jether Pereira. *Prática Educativa e Sociedade*. Um Estudo de Sociologia da Educação. Rio de Janeiro: Zahar, 1976, e de MESQUIDA, Peri. *Hegemonia norte-americana e educação protestante no Brasil*. Juiz de Fora/São Bernardo do Campo: EDUFJF/Editeo, 1994, apresentam estudos detalhados sobre as características da prática educativa dos colégios protestantes.

[69] Esta categorização "homens livres e pobres" encontra-se nos estudos de FRANCO, Maria Sylvia de Carvalho. *Homens Livres na Ordem Escravocrata*, São Paulo: Ática, 1976. Segundo estes estudos, os homens livres e pobres formavam a maior parte da população rural. Eram excluídos do sistema econômico, então centrado na monocultura de exportação com mão-de-obra escrava. Com o processo gradual de abolição da escravatura, os homens livres e pobres tornam-se necessários ao sistema agrícola brasileiro e, sistematicamente, passam a ser inseridos no sistema juntamente com os imigrantes estrangeiros. Este numeroso grupo de pessoas era composto basicamente por brancos, mulatos, mamelucos pobres e negros alforriados que formavam o setor de serviços da sociedade brasileira. Estavam presentes na cidade e no campo, onde realizavam pequenos trabalhos para sobreviver (os chamados biscates) ou chegavam a possuir pedaços de terra (os chamados sítios) que poderiam ser muito pobres, apenas para subsistência, ou razoáveis extensões com pequeno excedente para comercialização. Um elemento fundamental referente aos "homens livres e pobres" na segunda metade do século XIX era o fato de eles serem despossuídos dos meios de produção. Apesar de muitos possuírem terras (resultado da ocupação de áreas virgens), não tinham meios para ser inseridos no sistema de exportação, ou seja, no sistema capitalista, e atingir a classe dominante. O pequeno excedente que alguns conseguiam alcançar em sua produção não representava uma acumulação necessária para que se alcançasse o nível da grande monocultura escravista dos fazendeiros. Desta forma, ainda que sitiantes, os homens livres eram pobres, e tinham como único bem a terra, que muitas vezes era abandonada pois os ocupantes seguiam em busca de novas terras. Esse fato realça uma característica desse campesinato brasileiro na época, que era o não-apego à terra, mas ao seu cultivo. Os homens livres e pobres que não

eram sitiantes constituíam parcerias com os grandes fazendeiros e se estabeleciam como arrendatários nas grandes porções de terra ou mesmo lá viviam apenas com a permissão dos donos. Muitas famílias sobreviviam sob essas condições nas áreas rurais brasileiras na época.

[70] BURKE, Peter. *Cultura popular na Idade Moderna*. 2. ed. São Paulo: Cia. das Letras, 1999. p. 251-252.

[71] O texto da Constituição de 1823 registra em relação à religião no País: "Artigo 5 - A religião Católica Apostólica Romana continuará a ser a religião do Império. Todas as outras religiões serão permitidas com seu culto doméstico ou particular, em casas para isto destinadas, sem forma alguma exterior de templo". REILY, Duncan Alexander. *História Documental do Protestantismo no Brasil*. São Paulo: ASTE, 1984. p. 28.

[72] ALVES, Rubem. *Protestantismo e Repressão*. São Paulo: Ática, 1979. p. 131-132; BURKE, Peter, op.cit, p. 238-239.

[73] Cf. ALVES, R. Ibidem. p. 103-105, 131-132. Esta postura difere, por exemplo, da estratégia assumida por Lutero na Europa, relatada por Peter Burke. Lutero, evitando um rompimento com as tradições culturais, utilizava canções populares na nova hinologia protestante que organizava, substituindo as letras por conteúdos religiosos, mas mantendo as melodias. Esta prática de Lutero encontrava resistências entre os reformadores. Cf. BURKE, Peter. Ibidem. p. 246-249.

[74] Peter Burke indica a moral como uma grande objeção à cultura popular. As festas eram denunciadas como ocasiões de pecado, de embriaguez, glutonaria e luxúria, estimulando a submissão à carne e ao Diabo. Cf. BURKE, Peter. *Cultura popular na Idade Moderna*. 2. ed. São Paulo: Cia. das Letras, 1999. p. 235-236.

[75] MENDONÇA, A. G. MENDONÇA, A. G. *O Celeste Porvir*: a implantação do Protestantismo no Brasil. São Paulo: Paulinas, 1984. p. 152.

[76] Id.ibid. p. 152-156.

[77] Cf. MENDONÇA, A. G. MENDONÇA, A. G. *O Celeste Porvir*: a implantação do Protestantismo no Brasil. São Paulo: Paulinas, 1984. p. 152-156.

[78] Em 1940 o Brasil rural detinha cerca de 70% da população do País. Em 1950, este número já havia caído para cerca de 65%, em 1960 para cerca de 55%, e no ano 2000 alcançou o índice de 15%. Cf. CAMPOS, Leonildo Silveira. Modelos eclesiológicos e mundo rural. *Contexto Pastoral*, Campinas/Rio de Janeiro, n.17, nov./dez. 1993, p. 6-7.

[79] Cf. FORRESTER, Viviane. *O Horror Econômico*. São Paulo: Unesp, 1997; IANNI, Octavio. *Teorias da globalização*. 2. ed. Rio de Janeiro: Civilização Brasileira, 1996; Idem. *A sociedade global*. Rio de Janeiro: Civilização Brasileira, 1993; ORTIZ, Renato. *Mundialização e Cultura*. São Paulo: Brasiliense, 1994; BAUMAN, Zygmunt. *Globalização*. As conseqüências humanas. Rio de Janeiro: Zahar, 1999.

[80] IANNI, Octavio. *Teorias da globalização*. 2. ed. Rio de Janeiro: Civilização Brasileira, 1996. p. 49.

[81] Cf. Id.ibid. p. 50.

[82] Cf. IANNI, Octavio. *Teorias da globalização*. 2. ed. Rio de Janeiro: Civilização Brasileira, 1996. p. 41, 48.

[83] Idem. *A sociedade global*. Rio de Janeiro: Civilização Brasileira, 1993. p. 122.

[84] Id.ibid. p. 108.

[85] IANNI, O. *A sociedade global*. Rio de Janeiro: Civilização Brasileira, 1993. p. 113-114.

[86] ORTIZ, Renato. *Mundialização e Cultura*. São Paulo: Brasiliense, 1994. p. 121.

[87] Entre outros estudos, ver: ANTONIAZZI, Alberto et al. *Nem anjos nem demônios*. Interpretações sociológicas do pentecostalismo. Petrópolis: Vozes, 1994; CAMPOS, Leonildo Silveira. *Teatro, templo e mercado*. Petrópolis/São Paulo/São Bernardo do Campo: Vozes/Simpósio/Umesp, 1997; CAMPOS JR, Luiz. *Pentecostalismo*. São Paulo: Ática, 1995; CÉSAR, Waldo, SHAULL, Richard. *Pentecostalismo e futuro das igrejas cristãs*. Promessas e desafios. Petrópolis/São Leopoldo: Vozes/Sinodal, 1999; CORTEN, André. *Os pobres e o Espírito Santo*. O pentecostalismo no Brasil. Petrópolis: Vozes, 1996; GUTIÉRREZ, Benjamín, CAMPOS, Leonildo

Silveira (Organizadores). *Na força do Espírito*. Os pentecostais na América Latina: um desafio às igrejas históricas. São Paulo/São Bernardo do Campo: Pendão Real/Ciências da Religião, 1996; MARIANO, Ricardo. *Neopentecostais*. Sociologia do novo pentecostalismo no Brasil. São Paulo: Loyola, 1999; ROLIM, Francisco Cartaxo. Pentecostais no Brasil. Uma interpretação sócio-religiosa. Petrópolis: Vozes, 1985; Idem. *Pentecostalismo*. Brasil e América Latina. Petrópolis: Vozes, 1995. (Teologia e Libertação, série VII: Desafios da Religião do Povo, tomo VI); PENTECOSTES e Nova Era: fronteiras, passagens. *Religião e Sociedade*. Rio de Janeiro, v. 17, n. 12, 1994.

[88] Uma ampla pesquisa sobre esta força da Igreja Universal do Reino de Deus foi desenvolvida por Leonildo Silveira Campos e publicada na obra de sua autoria *Teatro, templo e mercado*. Petrópolis/São Paulo/São Bernardo do Campo: Vozes/Simpósio/Umesp, 1997.

[89] Sobre o novo formato no movimento neopentecostal e sua relação com a mídia ver SIEPIERSKI, Carlos Tadeu. *O sagrado num mundo em transformação*. São Paulo: ABHR, 2003; MARTINHO, Luiz Marinho Sá. *Mídia e Poder Simbólico*. São Paulo: Paulus, 2002; DOLGHIE, Jacqueline Ziroldo. A Renascer em Cristo e o mercado de música *gospel* no Brasil. São Paulo, 2002. Dissertação (Mestrado em Ciências da Religião). Faculdade de Filosofia e Ciências da Religião, Universidade Metodista de São Paulo, São Bernardo do Campo, 2002.; MATAYOSHI, Leda Yukiko. *Bem aventurados os que se comunicam como marca*. A Igreja Renascer em Cristo. São Paulo, 1999. Dissertação (Mestrado em Ciências da Comunicação). Pós-Graduação em Comunicação, Universidade de São Paulo, São Paulo, 1999; e BARBOSA, Sérgio Carlos. *Religião e Comunicação*: a igreja eletrônica em tempos de globalização *gospel*. São Paulo, 2000. Dissertação (Mestrado em Ciências da Religião) Faculdade de Filosofia e Ciências da Religião, Universidade Metodista de São Paulo, São Bernardo do Campo, 1997.

[90] Os conflitos envolvendo a Igreja Universal do Reino de Deus e a Rede Globo de Televisão, divulgados pela segunda como resultado do desrespeito à fé católica majoritária e pela primeira como fruto da ameaça que a aquisição da Rede Record representava ao "império global", levaram à produção pela Rede Globo da minissérie "Decadência", no ano de 1995. A minissérie, estrelada pelo ator Edson Celulari, narrava a história do fundador de um grupo religioso, cujo sucesso devia-se a condutas e articulações sociais de moral condenável.

[91] Sobre este assunto ver os artigos de BITTENCOURT Filho, José: Movimento Carismático: construção invertida da realidade? *Contexto Pastoral*, Rio de Janeiro/Campinas, n. 1, abr./mai. 1991, p. 5; Protestantismo histórico: crescimento e estagnação. *Contexto Pastoral*, Rio de Janeiro/Campinas, n. 25, mar./abr. 1995, p. 6; Pastoral e identidade evangélica. *Contexto Pastoral*, Rio de Janeiro/ Campinas, n. 30, jan./fev. 1996, p. 5; CUNHA, Magali do Nascimento. A vida e a missão da Igreja Metodista (1987-1997): uma tentativa de avaliação. In: CASTRO, Clóvis Pinto de, CUNHA, Magali do Nascimento. *Forjando uma nova Igreja*. Dons e Ministérios em debate. São Bernardo do Campo: Editeo, 2001. p. 53-80; Idem. Tempo de nostalgia ou de recriar utopias? Um olhar sobre os anos de 1980, vinte anos depois. In: RIBEIRO, Cláudio, Lopes, Nicanor. *20 anos depois*. A vida e a missão da Igreja em foco. São Bernardo do Campo: Editeo, 2002. p. 21-46.

[92] Cf. JACOB, César Romero et al. *Atlas da filiação religiosa e indicadores sociais no Brasil*. Rio de Janeiro/São Paulo/Brasília: PUC-Rio/Loyola/CNBB, 2003. p. 216-217.

[93] Cf. Id.ibid. p. 34

[94] Cf. GONDIM, Ricardo. *O Evangelho da Nova Era*. Uma análise e refutação bíblica da chamada Teologia da Prosperidade. 5. ed. São Paulo: Abba Press, 1999; MARIANO, Ricardo. *Neopentecostais*: sociologia do novo pentecostalismo no Brasil. São Paulo: Loyola, 1999; RO-MEIRO, Paulo. *Supercrentes*. O Evangelho segundo Kenneth Hagin, Valnice Milhomens e os profetas da prosperidade. 6. ed. São Paulo: Mundo Cristão, 1996; Idem. *Evangélicos em crise*. Decadência doutrinária na igreja brasileira. 3. ed. São Paulo: Mundo Cristão, 1997.

[95] CONVENÇÃO BATISTA NACIONAL. Disponível em <http://www.batistas.org.br> ou <http://www.bradescocartoes.com.br/br/pf/cartoesvisa_tipo.asp?c=Convenção+Batista+Brasileira&lc=ENTIDADES+RELIGIOSAS>.

[96] IGREJA PRESBITERIANA INDEPENDENTE DE DIADEMA. Disponível em: <http://netministries.org/see/churches/ch06279>.

⁹⁷ Cf. BARBOSA, Ricardo. A Igreja no mercado e profissionalismo religioso. *Contexto Pastoral,* Rio de Janeiro, n. 36, jan./fev., 1997, p. 6-7; CAVALCANTI, Robinson. Neoliberalismo e neomundanismo. *Contexto Pastoral,* Rio de Janeiro, n. 36, jan./fev., 1997, p. 8; MO SUNG, Jung. Neoliberalismo, eficiência e pastoral. *Contexto Pastoral,* Rio de Janeiro, n. 36, jan./fev., 1997, p. 5; CUNHA, Magali do Nascimento. A vida e a missão da Igreja Metodista (1987-1997): uma tentativa de avaliação. In: CUNHA, M.N.; CASTRO, Clóvis Pinto de. *Forjando uma nova igreja.* Dons e Ministérios em debate. São Bernardo do Campo: Editeo, 2001. p. 58-59.

⁹⁸ É sugestivo o título da matéria IGREJA Universal adota marketing social. Folha de São Paulo, São Paulo, 15 abr. 1995. Caderno 1. p. 8, em é descrita a ação da Associação Beneficente Cristã (ABC), entidade de assistência social criada pela igreja em setembro de 1994.

⁹⁹ BARNA, George. *O marketing na Igreja*: o que nunca lhe disseram sobre o crescimento da Igreja. Rio de Janeiro: Juerp, 1993. Sobre este assunto ver: CUNHA, Magali do Nascimento. O crescimento do marketing evangélico no Brasil como resultado da inserção da doutrina neoliberal no discurso religioso das igrejas evangélicas. *Comunicação & Política,* Rio de Janeiro, v. VI, n. 2-3, p. 63-77, abr./ago 1999; CAMPOS, Leonildo Silveira. O marketing e as estratégias de comunicação da Igreja Universal do Reino de Deus. Paper apresentado no XXII Congresso Brasileiro de Ciências da Comunicação. Universidade Gama Filho, Rio de Janeiro, 6-9 set. 1999. Disponível em: <http://www.intercom.org.br/papers/xxii-ci/gt17/art-gt17.html>.

¹⁰⁰ PLANEJAMENTO Estratégico CBN - 2002/2007. Publicado em: <http:////www2.cbn.org.br/INTPlanej.asp>.

¹⁰¹ O presente trabalho enfatiza este fenômeno no campo das igrejas evangélicas, mas vale registrar que a Igreja Católica Romana experimenta similar processo, muito em virtude do crescimento do movimento carismático em seus arraiais. A escalada dos padres midiáticos como Marcelo Rossi, Antônio Maria e outros, e sua produção fonográfica, e a presença maior nos canais de TV fechada, têm sido alvo de vários estudos no campo da comunicação e da sociologia da religião.

¹⁰² Matéria da revista *Exame* divulgou, em 1999, que a Embelleze, uma das maiores empresa de cosméticos do país, decidiu criar uma nova linha de produtos denominada "Beleza Cristã" voltada exclusivamente aos evangélicos. Xampus, cremes e perfumes ganharam nomes sugestivos, como Cajado, Promessa e Cordeirinho e os rótulos trazem estampados salmos e versículos. Além disso, os produtos não utilizam ingredientes de origens animais, como colágeno. Segundo a empresa, os evangélicos não são favoráveis ao sacrifício dos animais para fins industriais. A venda é feita de porta em porta, nos moldes da concorrente Avon. Cf. Este xampu vai fazer sua cabeça. Portal Exame, *Revista Exame,* São Paulo, n. 681, 10 fev. 1999. Publicado em: <http://www.exame.abril.com.br/edicoes/681/anteriores/conteudo_13152.shtml>. Acesso em 10 jun. 2003. "Blessed – o cosmético abençoado" é o nome da marca de produtos veiculada em anúncio de página ímpar da revista *Ultimato,* n. 272, set./out. de 2001. O texto que apresenta as linhas masculina e feminina de colônias e loções afirma: "Lendo nas Escrituras Sagradas vemos como o povo de Deus tinha e usava o que havia de melhor, e agora você que é raça eleita e sacerdócio real, pode usufruir o que há de melhor, com Blessed Cosméticos. (Leia Cantares 4:10 à 15) [sic] Através de um amplo estudo bíblico a Pisom Cosméticos desenvolveu e elaborou perfumes e produtos para o cuidado da pele, compostos de extratos de Aloés, Amêndoa, Cássia, Cálamo, Incenso, Mirra, Nardo, entre outros."

¹⁰³ EVANGÉLICOS despertam interesse de empresas. *O Estado de S. Paulo,* São Paulo, 15 set. 1996, Caderno B, Economia, p. 10.

¹⁰⁴ Cf. FEIRA do Consumidor Cristão movimenta 3,5 milhões de dólares. *Serviço de Notícias ALC,* Lima, 16 out. 2003.

¹⁰⁵ CRESCE venda de instrumentos musicais. Evangélicos impulsionam as vendas. *Folha de S. Paulo,* São Paulo, 23 jun. 1996, Caderno 6, p. 1.

¹⁰⁶ A FORÇA do Senhor. *Veja On Line,* São Paulo, 3 jul. 2002. Publicado em: <http://www.veja.com.br/030702/p_088.html>.

¹⁰⁷ Cf. ASSMANN, Hugo. *A Igreja Eletrônica e seu impacto na América Latina.* Petrópolis: Vozes, 1986. p. 19-20.

[108] As principais abordagens publicadas são: SANTORO, Luiz Fernando, MANTORANO, Marina, ABREU, Emirene de Ávila. O rádio como instrumento mágico da fé. *Comunicação e Sociedade*, São Bernardo do Campo, n. 12, p. 23-28, out. 1984; SILVA, Carlos Eduardo Lins da Silva, COSTA, Lúcia. Messianismo Eletrônico. *Crítica da Informação*, São Paulo, n. 2, jun/jul. 1983, p. 16-27.

[109] Cf. ASSMANN, Hugo. *A Igreja Eletrônica e seu impacto na América Latina*. Petrópolis/São Paulo: Vozes/WACC, 1986. p.130-131.

[110] Cf. CARDOSO, Onésimo de Oliveira. Canal 13, TV Fanini. *Tempo e Presença*. Rio de Janeiro, n. 228, mar. 1988, p. 18-19. O presidente Figueiredo já havia recebido significativo presente de Nilson Fanini. Ele foi o convidado especial da concentração do Maracanã de agosto de 1982. Acompanhado de cinco ministros de Estado, discursou para os 120 mil evangélicos que lá estavam, em campanha para o PDS nas eleições que se processariam dali a três meses.

[111] De acordo com o site da RIT, estima-se que o sistema "alcance 42% dos domicílios brasileiros, o que representa aproximadamente 74 milhões de telespectadores em todo o país. Posição que tende a crescer nos próximos 2 anos com a inclusão de novas emissoras e investimentos, previstos no sistema de cobertura". Página Eletrônica da RIT. Disponível em: <http://www.rittv.com.br/comercial/tv.php>

[112] "Válido até 2007, renderá à Band cerca de R$ 100 milhões – alívio significativo em meio à crise do mercado publicitário. A verba anual de Soares representa ao menos 10% do faturamento da Band (que em 2003 foi de R$ 250 mi). É mais do que as Casas Bahia – maior anunciante da TV - gastam no canal". CASTRO, Daniel, MATTOS, Laura. Atrás da Fé. *Observatório da Imprensa*, São Paulo, 17 fev. 2004. Disponível em: <observatorio.ultimosegundo.ig.com.br/artigos.asp?cod=264ASP022 >

[113]Cf. MALIN, Mauro. Riscos do monopólio. *Observatório da Imprensa*, São Paulo, Dossiê, 5 mai. 1987. Disponível em: <http://observatorio.ultimosegundo.ig.com.br/cadernos/do0505c.htm>.; LOBATO, Elvira. Concessões crescem em família. *Observatório da Imprensa*, São Paulo, 20 set. 2000. Disponível em: <http://observatorio.ultimosegundo.ig.com.br/artigos/qtv200920008.htm>; ROLDÃO, Ivete Cardoso C.O governo FHC e a política de radiodifusão. Paper apresentado no XXII Congresso Brasileiro de Ciências da Comunicação, Universidade Gama Filho, Rio de Janeiro, 1999. Disponível em: <http://www.intercom.org.br/papers/xxii-ci/gt27/art-gt27.html>. A identificação das emissoras de propriedade da Igreja Universal do Reino de Deus é difícil porque as concessões são registradas em nome de pastores, bispos, executivos e parlamentares da igreja. Em nome do bispo Edir Macedo existem apenas cinco rádios e duas emissoras de TV, a Record de Ribeirão Preto e a Record de São Paulo.

[114] Cf. LOBATO, Elvira. Igreja evangélica disputa 649 licenças de FM. *Observatório da Imprensa*.. São Paulo, 8 jan. 2003. Disponível em: <http://observatorio.ultimosegundo.ig.com.br/artigos/asp080120035.htm>. Os limites de propriedade de rádios FM, por lei, são de seis concessões em âmbito nacional, por empresa, o que pode levar as empresas ligadas à Igreja Pentecostal Deus é Amor a adquirirem o equivalente a 66 emissoras.

[115] No início dos anos de 1990, quando a Igreja Renascer em Cristo começou a ganhar destaque, a imprensa já havia atentado para o carisma do casal Hernandes e dedicado especial atenção para a primeira bispa do Brasil, Sonia Hernandes. Ela ganhou o apelido "Perua de Deus", expressão-título da matéria de capa publicada pela *Revista da Folha*, encarte do Jornal *Folha de S. Paulo*, 22 mai.1994. No ano de 2002, a revista *Época* publicou matéria-denúncia de capa, em que aborda a corrupção da família Hernandes no trato com o patrimônio acumulado pela Igreja Renascer em Cristo (O LADO sombrio da Renascer. *Época On Line*, São Paulo, 20 mai. 2002. Disponível em: <http://www.epoca.globo.com/edic/209/especialgolpea.htm>. Acesso em: 24 jun. 2003). A repercussão da matéria levou Gugu Liberato, apresentador do *Programa do Gugu* – programa que disputa a maior audiência das tardes de domingo – a convidar o casal para defesa, ao vivo, no dia do lançamento da revista (PROGRAMA do Gugu. São Paulo: SBT, 19 de maio de 2002). Durante um expressivo tempo, o casal defendeu-se das acusações, classificando a matéria publicada como "obra do Inimigo [Satanás]" para desestabilizar a igreja em crescimento, ao mesmo tempo em que ouviu diversas pessoas por telefone, também ao vivo, que reforçavam as denúncias da revista. Sonia Hernandes chegou a alterar-se no palco.

Gugu perdeu em 1999 a disputa da compra da Rede Manchete para a Igreja Renascer. Sonia Hernandes também apareceu, no dia seguinte, como convidada do programa *Superpop*, apresentado por Luciana Gimenez, para o qual colocou condições de participação, como a nãoabertura de espaço para telefonemas e a ameaça de sair do palco no caso de descumprimento do trato. No final de 2006, foi decretada a prisão preventiva do casal Hernandes, resultado de investigações da Justiça (cf. *Folha OnLine*, 1 dez. 2006. Disponível em <http://www1.folha.uol.com.br/folha/brasil/ult96u87332.shtml>).

[116] Os CDs do Diante do Trono permaneceram, no primeiro semestre de 2003, entre os três títulos mais vendidos na Parada *Gospel* do Nopem (empresa de pesquisa do mercado fonográfico). Cf. *Revista do Nopem*. Rio de Janeiro: Nopem, janeiro a julho de 2003. Mensal.

[117] O canal 21 de Belo Horizonte – a Rede Super – foi inaugurado em maio de 1997 pelos jornalistas Alberico Souza Cruz e Lauro Diniz para ser um canal de notícias. Com equipamento de ponta e localização privilegiada na cidade, conseguiu ser operado apenas por cinco anos, quando foi vendido para a Igreja Batista da Lagoinha. Cf. REDE Super. Disponível em: <http://www.redesuper.com.br>. Acesso em: 14 abr. 2003.

[118] Fonte: Almanaque IBOPE, Audiência/Rádios FM. Índice de março a maio de 2003. Publicado em: http://www.ibope.com.br/midia/audiencia/radio/radio_top5_2f.htm. Dados de junho a agosto de 2006 disponíveis em: http://www.almanaqueibope.com.br/asp/busca_tabela.asp?file=. Praças pesquisadas (regiões metropolitanas): São Paulo, Rio de Janeiro, Porto Alegre, Curitiba, Belo Horizonte, Salvador, Recife, Fortaleza, Distrito Federal. Período: todos os dias da semana, das 5h às 24h. Na pesquisa do Ibope, a Rádio Melodia FM, Rio de Janeiro, alcançou a média de mais de 140 mil ouvintes por minuto.

[119] Todas as igrejas do ramo histórico, de missão e pentecostais, possuem programas em rádio. Na TV, espaços são vendidos para pentecostais pela RIT, pela Rede *Gospel* e pela CNT – transmissão nacional –, não consideradas as emissoras regionais.

[120] As igrejas Metodista, Batista e Assembléia de Deus tiveram amplo investimento na mídia impressa ao longo de sua história, respectivamente com a Imprensa Metodista, a Editora Juerp e a Casa Publicadora das Assembléias de Deus (CPAD), todas com parques gráficos próprios. A Imprensa Metodista, com produção mais voltada para o público interno, foi extinta no final dos anos de 1980. A Juerp e a CPAD, com produção mais diversificada para um público mais amplo, possuem centenas de livros publicados, além de editarem títulos variados de periódicos para diversos segmentos evangélicos. A Juerp viveu crise financeira grave nos anos de 1990, quase chegou à falência, mas mantém-se apoiada na igreja, que é a maior denominação histórica de missão do Brasil. A CPAD tem mais estabilidade, com parque gráfico de primeira linha no Rio de Janeiro, com prestação de serviços a terceiros, e o suporte da Assembléia de Deus – a maior denominação evangélica do Brasil com cerca de três milhões de membros.

[121] Sobre o tema ver HABERMAS, Jürgen. Arquitetura Moderna e Pós-Moderna *Novos Estudos Cebrap*. São Paulo, n. 18, p 115-124, set. 1987.

[122] A Conferência Habitat II, realizada em 1996 em Istambul, Turquia, segunda edição da conferência promovida pela ONU em 1976 para discutir os assentamentos humanos no planeta, dedicou atenção à questão urbana, tendo em vista políticas para o século XXI. Para a conferência foram criados indicadores a fim de analisar os assentamentos humanos e formular soluções para os problemas. Um dos maiores obstáculos identificados foi a falta e as péssimas condições de moradia. Ao tratar do tema da violência urbana, São Paulo foi indicada como exemplo de anticidade. O medo da violência serviu de base para a indicação, pois mudou a cidade ao "tirar" as pessoas das ruas, que passaram a dar preferência aos shoppings ou condomínios fechados. Outros exemplos de anticidades são: a pobreza, a má distribuição de renda, a desagregação familiar e as aglomerações urbanas. Cf. FERNANDES, Maria Augusta. *Indicadores de qualidade de vida: um estudo de caso em quatro áreas periféricas do DF*. Brasília: Ibama, 1998. (Meio Ambiente em Debate, 23).

[123] Dentre os vários estudos desta perspectiva, além de Habermas (já citado), são aqui destacados: AUGÉ, Marc *Não-lugares*: Introdução a uma antropologia da supermodernidade. Campi-

nas: Papirus, 1994; CANCLINI, Nestor García. Consumidores e Cidadãos. Conflitos multiculturais da globalização. Rio de Janeiro: UFRJ, 1996.

[124] Há diferentes formulações conceituais de cultura urbana. Uma delas parte do princípio antropológico restrito, descritivo. Um exemplo é o conceito elaborado por José Guilherme Cantor Magnani: "o conjunto de códigos induzidos por, e exigidos para o uso de equipamentos, espaços e instituições urbanas e responsáveis pelo desempenho das formas de sociabilidade adequadas". MAGNANI. José Guilherme Cantor. Transformações na cultura urbana das grandes metrópoles. In: MOREIRA, Alberto da Silva (Organizador). *Sociedade Global. Cultura e Religião.* 2. ed. Petrópolis/São Paulo: Vozes/Universidade São Francisco, 1999. p. 58. Outras formulações, com base na concepção de cultura como modo de vida, adicionam ao conceito antropológico restrito elementos como as estratégias locais de vida e sobrevivência nos assentamentos urbanos; as normas, os direitos, os deveres, os costumes, a linguagem, os comportamentos, as perspectivas criados e negociados nos domínios do público e do privado do mundo urbano. Esta perspectiva está presente em formulações como as publicadas em CERTEAU, Michel de. *A invenção do cotidiano.* Artes de Fazer. Petrópolis: Vozes, 1994 ou AUGÉ, Marc, op.cit. Ao referir-se à cultura urbana, este trabalho orienta-se pela segunda perspectiva compreendendo-a como os modos de estar na cidade, os modos como os habitantes das cidades experimentam a dinâmica sociocultural do espaço que habitam.

[125] Cf. MAGNANI, José Guilherme Cantor. Op.cit; MARTIN-BARBERO, Jesús. Cidade Virtual: novos cenários da comunicação. *Comunicação e Educação*, São Paulo, n. 11, jan./abr. 1998, p. 53-57; CERTEAU, Michel. *A invenção do Cotidiano.* Op. cit. AUGÉ, Marc, op. cit. O *não-lugar* é um conceito criado por Michel de Certeau para referir-se às novas relações com o espaço na cidade. O "não-lugar" é a "maneira de passar" dos habitantes da cidade. A cidade transformouse, para Certeau, num pulular de passantes, na circulação incessante de pessoas – "Caminhar é falta de lugar". Marc Augé desenvolve a noção criada por Certeau, atribuindo-a como fruto da supermodernidade. O não-lugar é o não-lar, o não-privado. São espaços públicos de circulação como meios de transporte e suas estações de embarque e desembarque, os hotéis, supermercados e centros comerciais. Quem habita o não-lugar está acompanhado mas ao mesmo sozinho. Para habitar não-lugares uma coleção de símbolos é criados na supermodernidade: tíquetes, cartões magnéticos (de crédito, de telefone). Nos modos de vida que se criam no urbano, o não-lugar também se transforma em lugar, pois é passível de constituição de relações nele (juventude que freqüenta shoppings, por exemplo; ou idosos em fila de bancos ou supermercados que criam comunidades). *As tribos urbanas* são fruto da diversidade étnica, religiosa, do nível de condição financeira, de escolaridade do urbano contemporâneo. Ao mesmo tempo em que as estruturas urbanas impõem massificação, possibilitam a diversificação e a pluralidade. É aqui que surgem as tribos urbanas, organizadas a partir do compartilhamento de estilos de vida, resultado de uma necessidade de pertencimento, formados por atitudes, padrões de consumo, gostos, crenças e vínculos de sociabilidade. Maior destaque é dado a tribos como *punks* e *drag queens*, expostos como exemplos do mundo urbano contemporâneo. Mas há, por exemplo, no Brasil, os grupos de *rap*, de capoeira, os surfistas.

[126] José Comblin, ao analisar a nova face da religião popular, do ponto de vista do catolicismo, compara as transformações no pentecostalismo, experimentadas no cenário evangélico a partir dos anos de 1980, com a nova religião popular católica expressa na Renovação Carismática Católica. O teólogo aponta o "fenômeno" padre Marcelo Rossi como ilustrativo desta nova religião, pois "responde diretamente às aspirações religiosas e à cultura do ser urbano. (...) Agora, a pessoa faz a experiência de Deus no seu coração, nos seus sentimentos, nas suas emoções religiosas. (...) O padre Marcelo representa a perfeita inculturação na cultura urbana. De saída, adota o modo de expressão cultural básico da nova cultura urbana: o show. Adota o show como meio de expressão religiosa. (...) No show, as pessoas solitárias da civilização urbana sentem-se envolvidas numa grande comunidade, experimentam o calor da multidão de milhares de pessoas, todos irmãos e irmãs. No show está a resposta das frustrações da vida na cidade: isolamento, solidão, falta de sentido, aborrecimento da multidão solitária, das filas, das viagens de ônibus, em pé, do estresse do trabalho, da insegurança, do medo de perder o emprego. O show não é espetáculo: é incorporação no movimento da vida". COMBLIN, José.

Nós e os outros. Os pobres frente ao mundo globalizado. In: SUESS, Paulo (organizador.) *Os confins do mundo no meio de nós*. São Paulo: Paulinas, 2000. p. 124-126.

[127] Várias são as referências em reportagens, artigos e trabalhos acadêmicos ao fato de o termo *gospel* no Brasil ter sido patenteado pelo apóstolo Estevan Ernandes, líder da igreja. Uma carta do próprio Estevan Ernandes, como presidente da Fundação Renascer, ao jornal *Folha de S. Paulo*, onde foi publicada, esclarece a questão: "(...) A marca *Gospel* é de propriedade da Fundação Renascer e não, conforme o informado, dos srs. Estevan Hernandes Filho e Antonio Carlos Abbud. A Fundação Renascer não é franqueadora da marca *Gospel* e de nenhuma outra marca (...)." ERNANDES FILHO, Estevan. A perua de Deus. *Folha de S. Paulo*, São Paulo, 15 jun. 1994, Caderno 1, Painel do Leitor, p. 3.

[128] A hinódia protestante foi introduzida no Brasil pelos missionários que traduziram para o português as letras dos hinos clássicos do protestantismo estadunidense e europeu, com alguma dose de contextualização no conteúdo. Sarah Poulton Kalley, esposa do missionário Robert Kalley, de tradição reformada, fundador da Igreja Congregacional do Brasil, entrou para a história como a organizadora do primeiro hinário protestante brasileiro, o *Salmos e Hinos*, e foi quem mais traduziu hinos ou compôs letras para as melodias clássicas protestantes. Uma análise crítica do conteúdo desses hinos e do papel da música na formação do protestantismo no Brasil é oferecida por MENDONÇA, A. *O Celeste Porvir*. A inserção do protestantismo no Brasil. São Paulo: Paulinas, 1984. p. 235-253. A tradição ditava que o instrumento musical oficial das igrejas era o órgão, com alguma abertura para o piano.

[129] Os pentecostais, desde seus primórdios no Brasil, deram destaque à música no culto e valorizaram o seu papel popular e de veiculação das emoções. Segundo Waldo César e Richard Shaull, esta era uma tendência dos grupos pentecostais já nos Estados Unidos, que trabalhavam juntamente com a música espontânea, a expressão corporal com as palmas e o balanço do corpo. Cf. CÉSAR, Waldo, SHAULL, Richard. *Pentecostalismo e futuro das igrejas cristãs*. Promessas e desafios. Petrópolis/São Leopoldo: Vozes/Sinodal, p. 89.

[130] As instituições paraeclesiásticas são organizações que não possuem vínculo eclesiástico – são autônomas –, fundadas, administradas e financiadas por pessoas ou grupos de cristãos independentes do pertencimento deles a igrejas ou outras organizações eclesiásticas, e cujo objetivo é a propagação da fé cristã.

[131] BAGGIO, Sandro. *A Revolução da Música Gospel*. São Paulo: Êxodus, 1997.

[132] Sobre a popularização dos "corinhos" no Brasil ver RAMOS, Luiz Carlos. *Os corinhos*. Uma abordagem pastoral da hinologia preferida dos protestantes carismáticos brasileiros. São Paulo, 1996. Dissertação (Mestrado em Ciências da Religião). Instituto de Pós-Graduação em Ciências da Religião, Instituto Metodista de Ensino Superior, São Bernardo do Campo, 1996; LIMA, Éber Ferreira Silveira. Reflexões sobre a "corinhologia" brasileira atual. *Reformanda,* São Paulo, n. 2, p. 67-75, ago. 1990.

[133] Uma das referências de igreja que se adaptou ao estilo *hippie* é a Calvary Chapel (Capela do Calvário), em Santa Ana (Califórnia), de origem luterana, liderada na época pelo pastor Chuck Smith. Esta igreja tornou-se referência do Movimento de Jesus.

[134] Levou algum tempo para a mídia estadunidense atentar para o movimento de contracultura religiosa que extrapolava o campo religioso e penetrava outros campos sociais daquele país. Em fevereiro de 1971, a revista *Look* publicou uma matéria de capa intitulada "71's Beach Scene" [Cena de Praia de 1971] que trazia a foto de um jovem *hippie* sendo batizado em uma praia. A partir daí uma seqüência de artigos nas revistas *Life, Newsweek, Time* e outras de grande alcance nos Estados Unidos deram ênfase ao Movimento de Jesus e mostraram imagens de cultos de batismo em praias, grandes encontros de oração, evangelistas de cabelos compridos e músicos do "Jesus Rock". Falava-se então em "movimento", o "Jesus Freak" [Alternativo de Jesus], que alguns autores qualificavam como um dos fenômenos sociais mais curiosos do início dos anos 70, ao lado de outros surgidos na época como os *Black Panthers*, os *hippies*, e ativistas estudantis e feministas. Cf. JESUS MOVEMENT. Disponível em: <http://one-way.org/jesusmovement>.

[135] Um dos festivais mais marcantes do movimento foi o Explo'72, uma cruzada evangelística realizada em 1972, no Cotton Bowl, na cidade de Dallas. Denominado por Billy Graham, um dos pregadores convidados, um "Woodsdock religioso", o festival reuniu por uma semana cerca de 80 mil jovens dos Estados Unidos e de outros 75 países para culto e ensino. O encerramento deu-se em espaço aberto que reuniu cerca de 150 mil pessoas para nove horas de rock, lideradas pelo cantor de música *country* Johnny Cash, que pregava: "Eu já experimentei drogas e um pouco de tudo o mais, e não há nada que satisfaça mais a alma do que ter o Reino de Deus sendo construído e crescendo dentro de você". O festival foi capa da revista *Life*, de 30 de junho de 1972. Cf. Id. ibidem.

[136] CAMPOS, Adhemar de. *Adoração e Avivamento*. São Paulo: W4Endonet Comunicação e Editora Ltda. 2002. p. 5-6.

[137] Cf. BARROS, Laan Mendes de. *A canção de fé no início dos anos 70*: harmonia e dissonância. São Paulo, 1998, Dissertação (Mestrado em Comunicação). Faculdade de Comunicação Social, Instituto Metodista de Ensino Superior, São Bernardo do Campo, 1988. p. 128-129.

[138] No final dos anos 70, o VPC sofreu uma mudança de orientação, então liderado pelos jovens compositores presbiterianos Guilherme Kerr e Sérgio Pimenta. A transformação foi revelada na gravação do disco "De vento em popa", fortemente marcado pela bossa-nova. O baião aparece nos anos 80, na canção "Pescador" do disco "Tanto Amor" (autor: Sérgio Pimenta): "É manhã, pescador já se lança no mar/pra pegar uns pescados/pra ganhar uns trocados/para se sustentar/sol a sol com suor/céu e céu, mar e mar/quando enfrenta perigo logo lembra do amigo que não pode voltar/meia volta se faz/não dá pra retornar/some o sol some a cor/surge o medo e o temor/e se esquece da dor/e se esquece do pão/e esquece o metal/sabe que de sua vida/se Deus não der guarida/o que vem é fatal/pois se a vida é naufrágio/todo esforço é fracasso/só Deus tem solução".

[139] Cf. BARROS, Laan Mendes de. *A canção de fé no início dos anos 70*: harmonia e dissonância. São Paulo, 1998, Dissertação (Mestrado em Comunicação). Pós-Graduação em Comunicação Social, Instituto Metodista de Ensino Superior, São Bernardo do Campo, 1988. p. 129.

[140] COHN, Gabriel. A concepção oficial da política cultural nos anos 70. In: MICELI, Sérgio (Organizador) *Estado e Cultura no Brasil*. São Paulo: Difel, 1984. (Corpo e Alma do Brasil). p. 87.

[141] MICELI, Sergio. O processo de "construção institucional" na área cultural federal (anos 70). In: Id. Ibid. p. 58.

[142] SODRÉ, Muniz. O mercado de bens culturais. In: Id.ibid. p. 144.

[143] O comprometimento das organizações paraeclesiásticas estadunidenses com a nova direita norte-americana foi o visto de entrada desses grupos durante a ditadura militar, conforme a pesquisa do jornalista LIMA, Delcio Monteiro. *Os Demônios descem do Norte*. Rio de Janeiro: Francisco Alves, 1987.

[144] Laan Mendes de Barros indica que os anos 70 foram um período de intensa e crescente produção fonográfica evangélica, com a criação de mais de 30 gravadoras (maioria de pequeno porte), responsáveis por 40% do mercado musical evangélico no período. BARROS, Laan Mendes de. *A canção de fé no início dos anos 70*: harmonia e dissonância. São Paulo, 1998, Dissertação (Mestrado em Comunicação). Pós-Graduação em Comunicação Social, Instituto Metodista de Ensino Superior, São Bernardo do Campo, 1988. p. 105.

[145] Id.ibid. p. 111.

[146] QUINTINO, Milton. Chega de transição! *Expositor Cristão*, São Bernardo do Campo, n. 5, 1 quinz. mar. 1981, p. 16.

[147] Que estou fazendo se sou cristão?/Se Cristo deu-me o seu perdão/há muitos pobres sem lar, sem pão/há muitas vidas sem salvação/meu Cristo veio pra nos remir/o homem todo sem dividir/não só a alma do mal salvar/também o corpo ressuscitar/Há muita fome no meu país/ Há tanta gente que é infeliz/Há criancinhas que vão morrer/há tantos velhos a padecer/milhões não sabem como escrever/milhões de olhos ocos sabem ler/nas trevas vivem sem perceber/que são escravos de outro ser/aos poderosos eu vou pregar/aos homens ricos vou proclamar/que a injustiça é contra Deus/e a vil miséria insulta os céus.

[148] MARASCHIN, Jaci. O canto popular e a expressão da vida. *Cadernos de Pós-Graduação*, São Bernardo do Campo, n. 2, p. 13-28. fev. 1983. p. 20.

[149] Em 1987, foi realizada uma segunda edição do "Nova Canção", revista e atualizada, com novos cânticos acrescentados, com coordenação do Centro Ecumênico Brasileiro de Estudos Pastorais (Cebep) e do Centro Audiovisual Evangélico (Cave).

[150] Pesquisa sobre este cancioneiro resultou na obra SILVA, Fábio Henrique Pereira. *O Novo Canto da Terra*: estudo sobre sua contribuição à renovação litúrgica musical das igrejas evangélicas. São Paulo, 2001. Dissertação (Mestrado em Ciências da Religião). Faculdade de Filosofia e Ciências da Religião, Universidade Metodista de São Paulo, São Bernardo do Campo, 2001.

[151] Em 1983 foi lançado o LP "Revivendo", gravado pelos grupos Viva a Vida (da Igreja Metodista) e Gente de Casa (Igreja Episcopal), que incluiu músicas produzidas pelo grupo SSPPROARTE, a Subsecretaria de Promoção Artística da Secretaria de Educação Cristã da Igreja Metodista; em 1985 foi a vez de "Mudança", gravado pelo Coral Canto da Terra, da Faculdade de Teologia da Igreja Metodista; em 1986, o coral da Universidade Metodista de Piracicaba gravou o cassete-completo do cancioneiro "O Esperado"; o LP "Questão de Fé" foi gravado pelo grupo Viva a Vida, em 1987.

[152] O destaque da Banda Rebanhão na história do movimento *gospel* brasileiro pode ser constatado com a inserção do verbete "Rebanhão" no *Dicionário Cravo Albim da Música Popular Brasileira*: "Grupo *gospel* do Rio de Janeiro. Gravou seu primeiro disco em 1985, ainda com a formação original que contava com Janires Magalhães Manso no violão e voz, Kandell na bateria e Zé Alberto na percussão. Neste primeiro LP 'Mais doce que o mel', pela gravadora Doce Harmonia, o grupo interpretou composições próprias. Em 1986, gravou seu segundo disco, 'Semeador', pela gravadora Polygram, através da Série Evangélica Especial. Neste disco, com a formação mais reduzida, foram gravadas músicas de autoria dos compositores do grupo como Carlinhos Félix e Pedro Braconnot. O LP contou ainda com as participações especiais de Sidney Ferreira na bateria e Natan no vocal". REBANHÃO. In: INSTITUTO CULTURAL CRAVO ALBIM. *Dicionário Cravo Albin da Música Popular Brasileira*. Disponível em: <http://www.dicionariocravoalbin.com.br>.Verbete [Rebanhão].

[153] Foi nessa época que se popularizou entre os evangélicos a noção de "propaganda subliminar demoníaca". Segundo se pregava e "comprovava", Satanás utilizava brinquedos infantis, quadros, filmes e até músicas para influenciar pessoas para o mal. Esta "propaganda demoníaca" era subliminar. Explicava-se que, nas músicas, a propaganda poderia ser identificada quando se tocavam os discos (na época de vinil) "ao contrário". Os discos da Banda Rebanhão eram usados com exemplo. Cf. BAGGIO, Sandro. *A revolução da música gospel*. São Paulo: Êxodus, 1997. p. 133-144.

[154] Depoimentos de Pedro Braconot, líder da banda Rebanhão, cf. AZEVEDO, Dayane, MELLO, André. Dossiê completo. *Boletim Aline Barros*. Disponível em: <http://www.idpbrasil.hpg.ig.com.br/boletim/bolealinb.htm>.

[155] Depoimento de Marcão, vocalista da Banda Fruto Sagrado, grupo formado em 1988 que consolidou o seu trabalho e hoje grava CDs pela MK Publicitá, uma das maiores do mercado fonográfico *gospel*. Cf. CONHEÇA os roqueiros que revolucionaram a música *gospel*. In: FRUTO Sagrado. Disponível em: <http://www.frutosagrado.com.br/news_noticia.cfm?cod_news=77>.

[156] CONHEÇA os roqueiros que revolucionaram a música *gospel*. *Fruto Sagrado*. Disponível em: <http://www.frutosagrado.com.br/news_noticia.cfm?cod_news=77>.

[157] Cf. SIEPIERSKI, Carlos Tadeu. *O sagrado num mundo em transformação*. São Paulo: Edições ABHR e UFRPE, 2003. p. 81-102; DOLGHIE, Jacqueline Ziroldo. *A Renascer em Cristo e o mercado de música gospel no Brasil*. São Paulo, 2002. Dissertação (Mestrado em Ciências da Religião). Faculdade de Filosofia e Ciências da Religião, Universidade Metodista de São Paulo, São Bernardo do Campo, 2002; MATAYOSHI, Leda Yukiko. *Bem aventurados os que se comunicam como marca*. A Igreja Renascer em Cristo. São Paulo, 1999. Dissertação (Mestrado em Ciências da Comunicação). Pós-Graduação em Comunicação, Universidade de São Paulo, São Paulo, 1999; e *Religião e Comunicação*: a igreja eletrônica em tempos de globalização *gospel*. São Paulo, 2000. Dissertação (Mestrado em Ciências da Religião) Faculdade de Filosofia e Ciências da Religião, Universidade Metodista de São Paulo, São Bernardo do Campo, 1997.

[158] Alex Dias Ribeiro trabalhou graficamente o slogan "Cristo Salva", a partir de sua conversão religiosa, e o registrou para utilizar nas competições das quais participava. Ribeiro cedeu posteriormente os direitos da logomarca à igreja do pastor Cássio.

[159] REVISTA DO NOPEM. Rio de Janeiro: Nopem, jan.-jul. 2003. Mensal.

[160] Cf. JESUS Cristo Super Star. *Istoé On line*, São Paulo, 23 jun. 1999. Disponível em: <http://www.terra.com.br/istoe/cultura/155113.htm>.

[161] O empreendimento em mídia é uma das marcas fortes da Igreja Renascer em Cristo, conforme já descrito no capítulo anterior.

[162] *GOSPEL* MUSIC CAFE. Disponível em: <http://www.*gospel*musiccafe.com.br/conteudo_hotsite.aspx?cod_artista=136&tipo=release >.

[163] MARIANO, Ricardo. *Neopentecostais*: sociologia do novo pentecostalismo no Brasil. São Paulo: Loyola, 1999. p. 217.

[164] A revista *Show Gospel* – O Guia da Música Evangélica (São Paulo, Ed. Nova Jerusalém Publicidade e Comércio Ltda – EPP), especializada no mercado fonográfico evangélico, publica, em cada uma de suas quatro edições anuais, uma listagem atualizada dos cantores, grupos musicais e instrumentistas da música *gospel* brasileira. A média de indicações é de em 1.500 nomes, em movimento numérico crescente, na média de 1,5% a mais a cada edição. Estes números refletem-se na quantidade de gravadoras especializadas: média de 120. Acada trimestre a revista indica a média de 70 novos CDs *gospel*. A maior parte dessa produção é veiculada em, pelo menos, 120 rádios evangélicas, espalhadas por todas as regiões do Brasil, com transmissão em AM e FM (este trabalho destaca as rádios por serem o veículo mais privilegiado para disseminação da produção fonográfica). Não estão consideradas neste levantamento as rádios comunitárias e o número expressivo de rádios *gospel*-pirata. Vale mencionar que os programas de clipes *gospel* veiculados nacionalmente pelas TVs Record, Rede TV e RIT, Rede Mulher e Rede *Gospel*, são também importantes veículos de popularização da produção musical *gospel*.

[165] TAME, David. *O poder oculto da música*. São Paulo: Cultrix, 1984. p. 24.

[166] Id.ibid. p. 25.

[167] Dentre as muitas obras e pesquisas sobre o tema, este trabalho destaca duas: MONTEIRO, Simei de Barros. *O Cântico da Vida*. São Bernardo do Campo/São Paulo: IEPG/ASTE, 1991; MACHADO, Rosileny dos Santos Candido. *A função terapêutica do canto congregacional*. São Paulo, 1991. Dissertação (Mestrado em Ciências da Religião). Instituto de Pós-Graduação em Ciências da Religião, Instituto Metodista de Ensino Superior, São Bernardo do Campo, 1991.

[168] FISCHER, Ernst. *A necessidade da Arte*. 9. ed. Rio de Janeiro: Guanabara, 1987. p. 214-215.

[169] Id.ibid. p. 212-213.

[170] TAME, David. *O poder oculto da música*. São Paulo: Cultrix, 1984. p. 146-152.

[171] Id.ibid. p. 158, 164.

[172] Id.ibid. p. 174.

[173] FISCHER, Ernst. *A necessidade da Arte*. 9. ed. Rio de Janeiro: Guanabara, 1987. p. 215. Esta idéia é também trabalhada por SCHURMANN, Ernest F. *A música como linguagem*. Uma abordagem histórica. 2. ed. São Paulo: Brasiliense/CNPQ, 1990.

[174] FISCHER, Ernst. *A necessidade da Arte*. 9. ed. Rio de Janeiro: Guanabara, 1987. p. 206-207.

[175] A FORÇA do Senhor. *Veja On Line*, São Paulo, 3 jul. 2002. Disponível em: <http://www.veja.com.br/030702/p_088.html>. Acesso em: 29 nov. 2003.

[176] ROCHA, Marcelo. Exaltação da Fé. *Revista do Nopem*, Rio de Janeiro, n. 15, mar. 2000. p. 18.

[177] DISCOGRAFIA. *Aline Barros*. Disponível em: <http://www.alinebarros.com.br/>.; ALINE Barros. A musa da música *gospel*. *Revista do Nopem*, Rio de Janeiro, n. 12, nov. 1999, p. 13-14.

[178] Cf. ALINE Barros é destaque da música *gospel* no Brasil. *Linha Aberta com Jesus On Line*, Deerfield Beach, abr. 2002. Publicado em: <http://www.linhaaberta.com/arquivo/2002/ed45/

aline.html>; ALINE Barros. A musa da música *gospel*. Ibidem. p. 13. Ser casada com o jogador de futebol Gilmar rendeu a Aline Barros novas exposições na mídia, em especial em 2002, quando estava grávida do filho nascido em janeiro de 2003.

[179] LOUVOR e adoração como prioridade. *Show Gospel*, São Paulo, n. 12, jul. 2003, p. 10.

[180] MINHA vida. *Aline Barros*. Disponível em: <http://www.alinebarros.com.br>.

[181] MINISTÉRIO. *Aline Barros*. Publicado em: <http://www.alinebarros.com.br>.

[182] KLEBER LUCAS. In: INSTITUTO CULTURAL CRAVO ALBIM. *Dicionário Cravo Albin da Música Popular Brasileira*. Disponível em: <http://www.dicionariocravoalbin.com.br>.

[183] ESTÁ valendo a pena. *Enfoque Gospel*, Rio de Janeiro, n. 24, jul. 2003, p. 66-67.

[184] KLEBER Lucas: Um referencial na música Cristã. *Editora Naos*, Entrevista. Disponível em: <http://www.editoranaos.com.br/entrevistakleber.htm>.

[185] O nome do grupo originou-se da junção de dois termos utilizados pela Igreja Cristo Salva: "G3" era o nome dado aos músicos que ficavam de reserva nos cultos; o nome "oficina" era utilizado para referir-se ao "conserto" que Deus fazia na vida dos jovens dependentes químicos, que se tornavam adeptos. Cf. OFICINA G3. In: INSTITUTO CULTURAL CRAVO ALBIM. *Dicionário Cravo Albin da Música Popular Brasileira*. Disponível em: <http://www.dicionariocravoalbin.com.br>.

[186] Cf. OFICINA G3. In: INSTITUTO CULTURAL CRAVO ALBIM. *Dicionário Cravo Albin da Música Popular Brasileira*. Disponível em: <http://www.dicionariocravoalbin.com.br>.

[187] A reportagem destacou os guitarristas como "dois grandes ícones da guitarra brasileira, que alimentam o sonho de conhecedores e leigos em todo o Brasil". Numa disputa de guitarras promovida pela revista, as músicas "Necessário" e "Ingratidão", do álbum "O Tempo" foram tocadas. A performance de Juninho foi bem avaliada e o guitarrista se disse feliz com o reconhecimento pela mídia secular, o que é, para ele, bênção de Deus. Cf. Guitarra com fé. *Guitar Player*, 60, out. 2003. Edição *On Line*. GUITARRA com fé. *Guitar Player On Line*, São Paulo, out. 2003. Disponível em: <http://www.guitarplayer.com.br/materia/60/juninho.htm>; ENTREVISTA. *Guitar Player On Line*, São Paulo, out. 2003. Disponível em: <http://www.guitarplayer.com.br/materia/60/juninho2.htm>.

[188] OFICINA G3. *Cifra Club*, Belo Horizonte, Entrevista, 15 fev. 2002. Publicado em: <http://cifraclub.terra.com.br/colunas/oucaessa/index.php?id=29>.

[189] Ver, por exemplo, FAMOSOS e convertidos. *Enfoque Gospel*, Rio de Janeiro, n. 23, jun. 2003; CARREIRAS salvas pela força da fé. *Época On Line*, 2 dez. 2002. Disponível em: <http://revistaepoca.globo.com/Epoca/0,6993,EPT446131-1661,00.html>; SUCESSO abençoado pela fé. *Jornal da Tarde*, São Paulo, 29 dez. 2003, Caderno C, SP Variedades, p. 1.

[190] DE volta à TV. *Show Gospel*, São Paulo, n. 9, set. 2002, p. 14; MARA Maravilha: 'Deus tem sido maravilhoso nesta vida'. *Revista Gospel*, São Paulo, n. 3, p. 4.4; MARA Maravilha em Festa! *Show Gospel*, São Paulo, n. 12, jul. 2003, p. 52; MARAVILHA de tudo. *Enfoque Gospel*, Rio de Janeiro, n. 24, jul. 2003, p. 65.

[191] Cf. CARREIRAS salvas pela força da fé. *Época On Line*, 2 dez. 2002. Disponível em: <http://revistaepoca.globo.com/Epoca/0,6993,EPT446131-1661,00.html>; DEUS me fez casca-grossa. *Eclésia*, São Paulo, n. 58, set. 2000. p. 12-18.

[192] Prêmio oferecido anualmente, desde 1996, pela Rede Aleluia de Rádio, a cantores, compositores e gravadoras *gospel* do Brasil, em diversas categorias. É divulgado pela rede como "A melhor premiação da música cristã. Ver: <http://www.trofeutalento.com.br>

[193] GRANDES em talento, tamanho e fé. *Enfoque Gospel*, Rio de Janeiro, n. 19, fev. 2003, p. 60.

[194] BARREIRA, Bruno. Uma família de Deus. *Portal Elnet*. Disponível em: <http://www.elnet.com.br/familia_interna.php?materia=1182>

[195] Id.ibid.

[196] Cf. DISCOGRAFIA. *Assíria Nascimento*. Disponível em: <http://www.assiria.com.br/discografia.htm>

[197] UM novo tempo. *Show Gospel*, São Paulo, n. 13, out. 2003, p. 32.

[198] Cf. BANDA TEMPERO DO MUNDO. In: INSTITUTO CULTURAL CRAVO ALBIM. *Dicionário Cravo Albin da Música Popular Brasileira*. Disponível em: <http://www.dicionariocravoalbin.com.br>.

[199] ASSESSORIA de Imprensa do Cantor Magno Malta. Disponível em: <http://www.magnomalta.com.br/magnoz.htm>

[200] Em 2006, o senador Magno Malta envolveu-se com denúncias de corrupção contra ele. Ele foi denunciado à CPI dos Sanguessugas (caracterização de um grupo de parlamentares envolvidos em corrupção – negociação com cessão de ambulâncias para municípios) de que teria recebido um carro da Planam - empresa que seria a cabeça da máfia das ambulâncias - como pagamento de propina. Em nota, ele negou as acusações e qualquer envolvimento com o esquema. Ele justificou que usou o tal carro como empréstimo de um deputado que teria atendido a um apelo de Malta que precisava de um carro grande para transportar integrantes de sua banda. Cf. MATAIZ, Andrezza. Magno Malta nega envolvimento com sanguessugas. *Folha On Line*, 25 jul. 2006. Disponível em: <http://www1.folha.uol.com.br/folha/brasil/ult96u80722.shtml>.

[201] CARREIRAS salvas pela força da fé. *Época On Line*, 2 dez. 2002. Disponível em: <http://revistaepoca.globo.com/Epoca/0,6993,EPT446131-1661,00.html>.

[202] FÓRUM. *Igreja Batista da Lagoinha*. Publicado em: <http://www.lagoinha.com.br>.

[203] BURKE, Peter. *Cultura popular na Idade Moderna*. 2. ed. São Paulo: Cia. das Letras, 1999. p. 246.

[204] Id.ibid.

[205] HAHN, Carl Joseph. *História do Culto Protestante no Brasil*. São Paulo: ASTE, 1989. p. 149-153.

[206] O hinário *Nova Canção* é um exemplo. Foi produzido nos anos 60 por grupos ecumênicos, conforme já mencionado no Capítulo 3 este trabalho.

[207] Foi nesse período que surgiram o cancioneiro *A canção do Senhor na Terra Brasileira* (1982), o festival da Universidade Metodista de Piracicaba (1983), o grupo ecumênico Gente de Casa (que buscou introduzir também ritmos de outros países latino-americanos) e projetos como o Promusa (Projeto de Música Sacra), da Igreja Metodista no Rio de Janeiro, conforme descrito no Capítulo 3 deste trabalho.

[208] PINHEIRO, Márcia Leitão. O proselitismo evangélico: musicalidade e imagem. Paper apresentado nas VIII Jornadas sobre Alternativas Religiosas na América Latina, 22-25 set. 1998. Publicado em: <http://www.fflch.usp.br/sociologia/posgraduacao/jornadas/papers/st06-4.doc>.

[209] RIMAS Sagradas. *Correio Brasiliense On Line*, Brasília, 17 ago 2003. Disponível em: <http://www2.correioweb.com.br/cw/EDICAO_20030817/cadc_mat_170803_102.htm>.

[210] Cf. <http://www.submarino.com.br/cds.asp?Query=NextLevelPage&ProdTypeId=2&CatId=54040&PrevCatId=0>

[211] Cf. LATIN GRAMMY AWARDS. Disponível em: <http://latingrammy.aol.com>. Para júbilo do mercado fonográfico brasileiro a Latin Academy of Recording Art Scenic [Academia Latina de Artes Cênicas da Gravação] (LARAS) criou, em 2004, a categoria "Melhor Álbum de Música Cristã Brasileira". A revista *Show Gospel* foi escolhida pela Academia para ser a representante oficial do Grammy Latino na área *gospel* nacional. Cf. BOAS Novas para os músicos cristãos. *Show Gospel*, São Paulo, 9, set. 2002, p. 22.

[212] COM a Palavra, Robinson Monteiro. *Revista Gospel*, São Paulo, n. 3, p. 0.8-1.3.

[213] TALENTO infantil. *Show Gospel*, São Paulo, n. 9, set. 2002, p. 36.

[214] No primeiro semestre de 2003, a Rede Record incluiu na trilha sonora da novela "Um Amor de Babá" duas composições *gospel* interpretadas por cantores da Line Records: "Eu Levo a Sério", por Alex Filho, e "Te cuida, coração", por Tino.

[215] ENTREVISTA com a cantora Jamily. *Troféu Talento*, 21 mar. 2003. Publicado em: <http://www.redealeluia.com.br/trofeu2003>..

[216] AVIVAMENTO sob o ponto de vista histórico. *Ultimato*, Viçosa, n. 266, set./out. 2000. Disponível em: <http://www.ultimato.com.br/?pg=show_artigos&artigo=615&secMestre=682&sec=686&num_edicao=285 >.

[217] "Ministério" na Bíblia, vem da palavra "Ministerium", quer dizer "serviço das coisas divinas – a Deus e ao santuário". A expressão é aplicada a funções leigas e clérigas. Ministros, portanto, são todos aqueles que servem. Cf. MINISTERIO. In: ALLMEN, Jean Jacques. *Vocabulario Bíblico*. 3. ed. São Paulo: ASTE, 2001.

[218] CAMPOS, Adhemar. Ministração do louvor no culto. *Adhemar de Campos*. Disponível em: <http://www.evangelicos.com/pages/Artigos/Adhemar_de_Campos>.

[219] BEZERRA, Ronaldo. A Ministração do louvor. *Ronaldo Bezerra*, Estudos. Disponível em: <http://www.ronaldobezerra.com.br>.

[220] WITT, Marcos. *Adoremos*. Belo Horizonte: Betânia, 2001. p. 91.

[221] BEZERRA, Ronaldo. Artistas ou adoradores? *Ronaldo Bezerra*, Estudos. Disponível em: <http://www.ronaldobezerra.com.br>.

[222] LEVITA. In: BORN, A. van den. *Dicionário Enciclopédico da Bíblia*. 2. ed. Petrópolis: Vozes, 1977.

[223] Cf. LEVY, Miguel. Os levitas na casa de Deus. *Sou Levita*. Publicado em: <http://orbita.starmedia.com/~praiser/sl_levitas.htm>..

[224] CAÇADOR de Deus. *Show Gospel*, São Paulo, n. 12, jul 2003. p. 18.

[225] NOSSA história. *Comunidade Evangélica Cristã da Vila da Penha*. Publicado em: <http://www.comunidadeevangelicacrista.com.br/nossa_hist.html>.

[226] DIANTE do Trono, o início de tudo. Ministério Diante do Trono. Disponível em: <http://www.diantedotrono.com.br/familiadt/lst_historia.asp>. Acesso em: 3 set. 2003.

[227] BRASIL Diante do Trono - A nova estratégia de uma visão. *Ministério Diante do Trono*. Disponível em: < http://www.diantedotrono.com.br/familiadt/lst_parte_historia.asp?nCodHistoria=5>..

[228] RIOS de louvor. *Igreja*, Atibaia, (2) 6, out.-nov. 2006, p. 54.

[229] UMA onda de adoração. *Eclésia*, São Paulo, n. 78, jun. 2002, p. 48-57.

[230] RIOS de louvor. *Igreja*, Atibaia, (2) 6, out.-nov. 2006, p. 52.

[231] 1999-2000 Um biênio de grandes confirmações. *Ministério Diante do Trono*. Publicado em: <http://www.diantedotrono.com.br/familiadt/lst_historia.asp>.

[232] DEPOIMENTOS a Magali do Nascimento Cunha. II Feira do Consumidor Cristão, São Paulo, 25 set. 2003.

[233] UMA onda de adoração. *Eclésia*, São Paulo, n. 78, jun. 2002, p. 48-57.

[234] KERR NETO, Guilherme. Que Deus Adoramos? *Associação de Músicos Cristãos*. Disponível em: <http://www2.uol.com.br/bibliaworld/amc/reflex.htm>.

[235] O Ministério Casa de Davi iniciou em 1999 gravações de discos – três até 2003. O segundo deles, "Resgatai a Noiva", tem sido um sucesso nas igrejas, ao mesmo tempo carregado de alguma polêmica, pois foi acusado por alguns grupos de disseminar mensagem subliminar por meio da capa, que, quando refletida no espelho, mostrava figura de um demônio. Cf. PROFETA, Apóstolo e Polêmico. *Eclésia*, São Paulo, n. 92, set. 2003, p. 18-25.

[236] QUAL é a cara do *gospel? Eclésia*, São Paulo, n. 58, set. 2000, Encarte *Revista da Força*, n. 2, p. 3.

[237] Cf. ENCONTRO NACIONAL DE LOUVOR PROFÉTICO. Disponível em: http://www.louvorprofetico.com.br/v2/quem_somos/default.aspx>.

[238] Cf. ASSOCIAÇÃO DE MÚSICOS CRISTÃOS. Disponível em: <http://www.uol.com.br/bibliaworld/amc>.

[239] No Brasil, foram realizadas gravações com Asaph Borba, no evento "Rio de Vida", em Porto Alegre; com o grupo Diante do Trono, no evento "Aclame ao Senhor", em Belo Horizonte; com Ana Paula Valadão e Paul Wilbur, no evento "Shalom Jerusalém"; com Cristina Mel e Paul Wilbur, no evento "Levanta-te, Jerusalém". A cantora Aline Barros integra o *cast* da gravadora com álbuns gravados em espanhol, conforme descrito anteriormente. Cf.LOUVOR e adoração como prioridade. *Show Gospel*, São Paulo, n. 12, jul. 2003, p. 10.

[240] Cf. VINEYARD MUSIC. Disponível em: <http://www.vineyardmusic.com.br>.

[241] É importante destacar que este movimento cultural religioso é experimentado não só no Brasil mas também no continente latino-americano e caribenho. O personagem principal do cenário latino é Marcos Witt, vencedor do prêmio Grammy Latino, em 2003, na categoria Música Cristã. Marcos Witt é diretor da Canzion Produciones, que promove gravações musicais, publicações, apresentações públicas, eventos e um instituto de formação de adoradores. Além das quase duas dezenas de CDs gravados, ele tem diversos livros publicados, entre eles, em português – *Adoremos*, Editora Betânia; *Que fazemos com estes músicos?*, três edições, Editora W4 Endonet; *Acenda uma luz* (Biografia), Editora BV Films; *Senhor em que posso te servir?*, também pela W4. O fato de ter conquistado o Prêmio Grammy Latino, divulgado mundialmente, deu a Marcos Witt a consolidação de grande líder *gospel* do Continente.

[242] Cf. UNÇÃO. In: LÉON-DUFOUR, Xavier et al. (Diretor) *Vocabulário de Teologia Bíblica*. 2. ed. Petrópolis: Vozes, 1977.

[243] INVESTINDO na Adoração. *Ministério Diante do Trono*, Matérias. Publicado em: <http://www.diantedotrono.com.br/materia/default.asp>.

[244] Cf. HAGIN, Kenneth E. *O Nome de Jesus*. Rio de Janeiro: Graça Editorial, 1988; GONDIM, Ricardo. *O Evangelho da nova era*: análise e refutação bíblica da chamada teologia da prosperidade. São Paulo: Abba Press, 1993.

[245] WITT, Marcos. *Adoremos*. Belo Horizonte: Betânia, 2001. p. 36-38, 41.

[246] Um dos mais conceituados profissionais da auto-ajuda no Brasil é o dr. Lair Ribeiro, médico, autor de doze *best-sellers* no Brasil, onze deles traduzidos para outros idiomas. Lair Ribeiro oferece cursos e palestras presenciais e *on-line*. É amplo o número de profissionais no campo da psicologia, e também do marketing, da administração que mantém seus centros de apoio para auto-ajuda, auto-estima e sucesso profissional.

[247] WITT, Marcos *Adoremos*. Belo Horizonte: Betânia, 2001. p. 147, 150.

[248] BEZERRA, Ronaldo. A influência da música. *Ronaldo Bezerra,* Estudos. Disponível em: <http:/ /www.ronaldobezerra.com.br>.

[249] XAVIER, Sóstenes Mendes. Formas de Louvor e Adoração no meio do culto a Deus. *Bible World Net*, Colunas. Publicado em: <http://www.uol.com.br/bibliaworld/musica/mp3/col03.htm>.

[250] Transliteração de: NOS braços do pai. Diante do Trono 5, ao vivo. Produção do Ministério de Louvor Diante do Trono. Belo Horizonte: Diante do Trono, 2002. 1 Videocassete (128 min.): VHS, NTSC, son, color.

[251] XAVIER, Sóstenes Mendes. Os adoradores e a Teologia. *Bible World Net*, Colunas. Publicado em: <http://www.uol.com.br/bibliaworld/musica/mp3/col03.htm>.

[252] SUGUIHARA, Massao. *Adoração e Integridade*. São Paulo: W4Endonet, 2002. (AMC de Louvor). p. 34.

[253] Cf. CANCLINI, Nestor Garcia. *Consumidores e cidadãos*. Conflitos multiculturais da globalização. Rio de Janeiro: UFRJ, 1996; ORTIZ, Renato. *Mundialização e Cultura*. São Paulo: Brasiliense, 1994.

[254] EBF EDITORA. Disponível em: <http:www.ebfeditora.com.br>. Acesso em: 1 jul. 2003.

[255] KRAUSS, Carla. Entrevista da assessora de comunicação da EBF Eventos concedida a Magali do Nascimento Cunha durante a 1ª Feira do Consumidor Cristão, organizada pela empresa. São Paulo, 20 set. 2002.

[256] Id.ibidem.

[257] SOUZA, Osmar. Antiguidade deixou de ser posto. *Consumidor Cristão*, Atibaia, n. 7, mai. 2002, p. 4.

[258] Cf. EXPOCRISTÃ 2006 supera expectativa de público e evidencia a evolução do mercado cristão. Release. Disponível em: < http://www.expocrista.com.br/default.asp?id=3&mnu=3>

[259] CALISSI, Eduardo Pacheco. Entrevista do diretor da EBF Eventos concedida a Magali do Nascimento Cunha. São Paulo, 20 set. 2002.

[260] CALISSI, Eduardo Pacheco. Entrevista do diretor da EBF Eventos concedida a Magali do Nascimento Cunha. São Paulo, 20 set. 2002.

[261] DE bem com Ultimato há 36 anos. *Ultimato*, Viçosa, n. 284, set.-out. 2003, Cartas, p. 12.

[262] CAROS irmãos em Cristo. *Lar Cristão*, Atibaia, n. 75, set. 2003, Carta do Leitor, p. 6.

[263] CALISSI, Eduardo Pacheco. Entrevista do diretor da EBF Eventos concedida a Magali do Nascimento Cunha. São Paulo, 20 set. 2002.

[264] TUDO de bom... e mais alguma coisa. *Consumidor Cristão*, Atibaia, n. 23, set. 2003, p. 12.

[265] Depoimento anônimo reproduzido no artigo de PAVARINI, Sérgio. Livraria cristã: negócio ou ministério? *Consumidor Cristão*, 1 (7), 2002, p. 38.

[266] Id.ibid.

[267] CALISSI, Eduardo Pacheco. Entrevista do diretor da EBF Eventos concedida a Magali do Nascimento Cunha. São Paulo, 20 set. 2002.

[268] DEPOIMENTO a Magali do Nascimento Cunha. II Feira do Consumidor Cristão, São Paulo, 25 set. 2003.

[269] Ibidem.

[270] FICOC. *EBF Eventos*. Publicado em: <http://www.ebfeventos.com.br>.

[271] FICOC. *EBF Eventos*. Publicado em: <http://www.ebfeventos.com.br>.

[272] CALISSI, Eduardo Pacheco. Entrevista do diretor da EBF Eventos concedida a Magali do Nascimento Cunha durante a 1ª FICOC. São Paulo, 20 set. 2002. Na 2ª FICOC as empresas católico-romanas não se fizeram presentes. Indagados sobre a razão da ausência, os organizadores lamentaram e justificaram com a realização de uma feira de editoras voltadas para o público católico-romano na semana anterior à FICOC – as empresas católico-romanas teriam dado prioridade a essa feira e não reuniram condições de participar de dois grandes eventos em duas semanas seguidas. Na verdade, em 2003 estreou a "Expocatólica", que, inspirada na FICOC, passou a ser o evento anual voltado para o público católico-romano. Ver: < http://www.expocatolica.com.br>

[273] Sobre as propostas originais do movimento ecumênico, ver, dentre outros, SANTA ANA, Julio. *Ecumenismo e Libertação:* reflexão sobre a relação entre unidade cristã e o Reino de Deus. Petrópolis: Vozes, 1987.

[274] Cf. ASSMANN, Hugo. *A Igreja Eletrônica e seu impacto na América Latina*. Petrópolis/São Paulo: Vozes/WACC, 1986.

[275] No passado este tipo de publicação somente era adquirida por meio de assinatura ou compra de exemplares avulsos em livrarias especializadas. O fato de serem distribuídas atualmente em bancas de jornais caracteriza a expansão desse mercado.

[276] ASSMANN, Hugo. *A Igreja Eletrônica e seu impacto na América Latina*. Petrópolis/São Paulo: Vozes/WACC, 1986.

[277] MARTIN-BARBERO, Jesús. Secularización, Desencanto y Reencantamiento Massmediatico. *Diá-logos de la Comunicación*. Lima, n. 41, p. 71-81, mar. 1995.

[278] ALVES, Rubem *Protestantismo e Repressão*. São Paulo: Ática, 1979.

[279] Os jogos de bilhar e de cartas, por exemplo, eram evitados, associados à imagem de "jogatina" e malandragem.

[280] Exceções podem ser listadas no que diz respeito a algumas comunidades típicas de classes média alta e alta de centros urbanos, cujo perfil da membresia é de pessoas educadas desde o berço para programas culturais e gosto pelo esporte e lazer.

[281] *Protestantismo e Repressão*. São Paulo: Ática, 1979. p. 176-177.

[282] São exemplos os livros COIMBRA, Izabel. *Louvai a Deus com danças*. Belo Horizonte: Diante do Trono, 2003; KINGSHILL, Céceu. *Movimentos litúrgicos, dança e coreografia*. São Paulo:Vida Nova; TESSMANN, Rasson. *Artistas Adoradores*. São Paulo: Vida Nova.

[283] *Protestantismo e Repressão*. São Paulo: Ática, 1979. p. 178.

[284] E VAI rolar a festa. *Enfoque Gospel*, Rio de Janeiro, n. 19, fev. 2003, p. 53.

[285] Ibidem.

[286] O sucesso do Bloco Cara de Leão levou o pastor Ezequiel Teixeira a criar o selo Cara de Leão, inicialmente para lançar músicas produzidas pelo Projeto Vida Nova de Irajá, que se tornou, no entanto, uma grande distribuidora com mais de 50 títulos entre música e literatura. Cf. ABENÇOANDO milhões. *Show Gospel*, São Paulo, n. 13, out. 2003. p. 20.

[287] As pulseirinhas são distribuídas aos foliões acompanhadas de um folheto que orienta sobre o significado de cada cor das contas. A explicação segue a forma tradicional e ideológica da simbologia de cores no protestantismo histórico de missão, baseada no trabalho dos missionários estadunidenses: o preto é o pecado; o vermelho, o sangue de Jesus; o branco, a salvação.

[288] Cf. E VAI rolar a festa. *Enfoque Gospel*, Rio de Janeiro, n. 19, fev. 2003, p. 53; SAMBA no pé, Bíblia na mão. *Eclésia*, São Paulo, n. 74, fev. 2002. p. 32-38.

[289] RUBIM, Antonio Albino Canelas. Espetáculo, Política e Mídia. Paper apresentado no XI Encontro Anual da Associação Nacional dos Programas de Pós-graduação em Comunicação, 4-7 jun. 2002. Disponível em: <http://www.unb.br/fac/comunicacaoepolitica/Albino2002.pdf>.

[290] DEBORD, Guy. *A sociedade do espetáculo*. Comentários sobre a sociedade do espetáculo. São Paulo: Contraponto, 2002. p. 14.

[291] RUBIM, Antonio Albino Canelas. Espetáculo, Política e Mídia. Paper apresentado no XI Encontro Anual da Associação Nacional dos Programas de Pós-graduação em Comunicação, 4-7 jun. 2002. Disponível em: <http://www.unb.br/fac/comunicacaoepolitica/Albino2002.pdf>.

[292] DEBORD, Guy. *A sociedade do espetáculo*. Comentários sobre a sociedade do espetáculo. São Paulo: Contraponto, 2002. p. 14.

[293] Id.ibid.

[294] RUBIM, Antonio Albino Canelas. Espetáculo, Política e Mídia. Op.cit.

[295] Id.ibid.

[296] Uma profunda análise desses aspectos encontra-se em RIVERA, Paulo Barrera. *Tradição, transmissão e emoção religiosa*. Sociologia do protestantismo contemporâneo na América Latina. São Paulo: Olho D'Agua, 2001.

[297] Estudo detalhado do "espetáculo cúltico" na Igreja Universal do Reino de Deus é apresentado por CAMPOS, Leonildo Silveira. *Teatro, templo e mercado*. Organização e marketing de um empreendimento neopentecostal. Petrópolis/São Paulo/São Bernardo do Campo: Vozes/ Simpósio/UMESP, 1997. p. 61-161. COMBLIN, José. Nós e os outros. Os pobres frente ao mundo globalizado". In: SUESS, Paulo (Organizador.) *Os confins do mundo no meio de nós*. São Paulo: Paulinas, 2000. p. 113-133, aborda questão semelhante nos arraiais católicos quando se refere ao fenômeno Marcelo Rossi, produzido, segundo o autor, pela Renovação Carismática Católica – o braço pentecostal no interior do catolicismo romano. Diz Comblin sobre as missas do padre Marcelo Rossi: "O *show* é a procissão de ontem".

[298] Há uma página eletrônica de divulgação da Marcha para Jesus. Disponível em: <http:www.marchaparajesus.com.br>.

[299] O casal Hernandes tem problemas com a justiça desde 2002, quando a Promotoria de São Paulo fez acusações, amplamente divulgadas na mídia nacional, quanto ao uso ilícito de recursos da Igreja Renascer em Cristo. Desde aquele ano enfrentam processos no Brasil, e agora, também nos Estados Unidos, onde o casal foi preso no dia 9 de janeiro de 2007, quando tentava ingressar portando 56 mil dólares em espécie, quantia superior ao permitido – 10 mil dólares. Após declararem-se culpados por ocultação de divisas e conspiração, perante a Justiça estadunidense, Sonia e Estevan Hernandes foram dispensados de ir a julgamento mas, em prisão domiciliar, permaneceram aguardando a sentença judicial a respeito dos crimes que cometeram.

[300] TROFÉU TALENTO. Publicado em: <http://www.redealeluia.com.br/trofeu2003>.
[301] SIEPIERSKI, Carlos Tadeu. *O sagrado num mundo em transformação*. São Paulo: ABHR, 2003. p. 168.
[302] As gravadoras têm usado estes eventos para realização de marketing social, ao solicitarem o pagamento da entrada com um quilo de alimento, a ser doado a famílias necessitadas.
[303] Cf. MINISTÉRIO DIANTE DO TRONO, Dúvidas. Disponível em: <http://www.diantedotrono.com.br/duvidas>. As exigências que o Diante do Trono faz são: transporte aéreo; hospedagem em hotel; alimentação; exclusividade para a venda de seus CDs, vídeos e outros materiais do ministério no dia da apresentação. Os artistas não costumam divulgar o valor dos cachês; a revista *Vinde* publicou matéria em 1997, em que eram citados valores e exigências de alguns artistas evangélicos, entre eles os cantores Nelson Ned e Mara Maravilha. Na época, Nelson Ned pedia R$ 8 mil por apresentação, mais passagens aéreas para ele e acompanhante e hospedagem no melhor hotel da localidade; Mara Maravilha cobrava R$ 2,8 mil de cachê, mais cinco passagens e estadia em hotel (mínimo, quatro estrelas) para todos, fora a venda obrigatória de 200 CDs (a R$ 12,00 cada, na época) e 100 fitas-cassete (a R$ 10,00, cada). Cf. DUTRA, Marcelo. Nos bastidores do testemunho. *Vinde*, Niterói, n. 15, jan. 1997.
[304] Disponível em: < http://www2.uol.com.br/bibliaworld/jasiel/minister.htm >.
[305] ECLÉSIA, São Paulo, n. 58, set. 2000. p. 51.
[306] CRUZEIRO *Gospel*. *Enfoque Gospel*, Rio de Janeiro, n. 19, fev. 2003. p. 51.
[307] Cf. ROTHENBUHLER, Eric W., MCCOURT, Tom. Commercial radio and popular music. In: LULL, James (Editor). *Popular Music and Comunication*. 2. ed. London: Sage Publications, 1992. p. 103.
[308] REDE MELODIA. Disponível em: <http://www.melodia.com.br>.
[309] Cf. SCHWICHTENBENG, Cathy. Music video. In: LULL, James (Editor). *Popular Music and Comunication*. 2. ed. London: Sage Publications, 1992. p. 116.
[310] Ricardo Mariano relata, em estudo sobre os neopentecostais, um episódio ocorrido no programa "Fanzine", transmitido na época pela TV Cultura de São Paulo, apresentado pelo escritor Marcelo Rubens Paiva. O programa de 23 de dezembro de 2003 dedicou-se ao tema "Roqueiros de Cristo" e tinha como convidados os então roqueiros da Igreja Renascer em Cristo: Brother Simion, da banda Katsbarnéia, e Manga, da Oficina G3. Mariano descreve: "Um dos entreveros decorreu do fato de os cantores e músicos da banda Fanzine, como faziam com os demais temas do programa, terem ido vestidos a caráter, isto é, de termo e gravata, cabelo engomado e com uma Bíblia a tiracolo. Simion, dizendo 'nosso Deus é cheio de liberdade' e argumentando que tal representação não correspondia mais à realidade, reclamou da discriminação embutida no estereótipo que pretendia tipificá-los". Cf. MARIANO, Ricardo. *Neopentecostais*: sociologia do novo pentecostalismo no Brasil. São Paulo: Loyola, 1999. p. 219.
[311] Cf. A FORÇA do Senhor. *Veja On Line*, São Paulo, 3 jul. 2002. Disponível em: <http://www.veja.com.br/030702/p_088.html>. Acesso em: 29 nov. 2003; O LEGADO dos céus. *Istoé Dinheiro On Line*, São Paulo, 3 set 2003. Disponível em: <http://www.terra.com.br/istoedinheiro/314/negocios/314_legado_ceu.htm>. Acesso em: 10 nov. 2003.
[312] Esta expressão lançada no livro – "um homem/mulher segundo o coração de Deus" – tem sido usada amplamente na cultura *gospel*, para expressar as pessoas que querem andar de acordo com a vontade de Deus, a exemplo do músico dos relatos bíblicos, o Rei Davi, "um homem segundo o coração de Deus".
[313] Cf. REVISTA ECLESIA, Publicidade. Disponível em: <http://www.eclesia.com.br>; ENFOQUE GOSPEL, Disponível em: <http://www.revistaenfoque.com.br/>.
[314] Cf. MAPA da Exclusão Digital. *Comitê de Democratização da Informática*. Disponível em: <http://www.cdi.org.br>.
[315] SURFE um estilo de vida. *Revista Gospel*, São Paulo, n. 3, p. 2.5.
[316] AH, eu sou maluco por Cristo... *Comunhão*, n. 39, nov. 2000, p. 29.

[317] Cf. BOLA de Neve. A bola da vez. *Show Gospel*, São Paulo, n. 12, jul. 2003, p. 20.

[318] LOUCOS por Jesus. *Eclésia*, São Paulo, n. 92, set. 2003, p. 34. Ver também http://www.loucosporjesus.com; http://www.underground.org.br/

[319] CANCLINI, Nestor Garcia. Comunicación y consumo en tiempos neoconservadores. *Estudios venezolanos de comunicación*. Caracas, n. 81, p. 3-11, 1 trim. 93. p. 5, 8.

[320] Idem. El consumo sirve para pensar. *Diá-logos de la comunicación*. Lima, n. 30, p. 6-9, jun. 91. p. 8.

[321] Id.ibid.

[322] APAIXONADO por música. *Enfoque Gospel*, Rio de Janeiro, n. 26, set. 2003, Cartas, p. 8.

[323] LOUCOS por Jesus. *Eclésia*, São Paulo, n. 92, set. 2003, p. 31.

[324] Não é por acaso que uma das músicas mais tocadas nas rádios evangélicas no primeiro semestre de 2003 diz: "Eu, eu, eu, eu quero é Deus/não importa o que vão pensar de mim, eu quero é Deus", música da Comunidade Evangélica de Nilópolis.

[325] Estes aspectos podem ser encontrados nas idéias de pensadores da modernidade tais como Max Weber, Anthony Giddens, Jürgen Habermas, Pierre Bourdier, Jean Baudrillard. Um diálogo contemporâneo com as idéias destes pensadores, a partir de uma síntese das características da modernidade que eles elencaram, está presente nas obras do culturalista THOMPSON, John B. *Ideologia e cultura moderna*. 5. ed. Petrópolis: Vozes, 2000; *A mídia e a modernidade*. 4. ed. Petrópolis: Vozes, 2002.

[326] O denominacionalismo é fragmentação do protestantismo em diferentes grupos como uma resposta ao conflito de interesses que opunha as igrejas em seus objetivos de autopreservação e de ampliação de poder. Cf. NIEBUHR, H. Richard. *As origens sociais das denominações cristãs*. São Paulo/São Bernardo do Campo: ASTE/Ciências da Religião, 1992.

[327] WEBER, Max. *A ética protestante e o espírito do capitalismo*. 3. ed. São Paulo: Pioneira, 1983.

[328] Cf. VIEIRA, Davi Gueiros. *O Protestantismo, a Maçonaria e a Questão Religiosa no Brasil*. 2. ed. Brasília: UnB, [1996]. p. 40-47.

[329] LIBÂNIO, João Batista. *A religião no início do milênio*. São Paulo: Loyola, 2002.

[330] Cf. ORTIZ, Renato. *Mundialização e Cultura*. São Paulo: Brasiliense, 1994; Idem. *Um outro território*. Ensaios sobre a mundialização. São Paulo: Olho Dágua. [s.d.].

[331] WEBER, Max. *A ética protestante e o espírito do capitalismo*. 3. ed. São Paulo: Pioneira, 1983. p. 130-131.

[332] O verso "Maravilhas grandiosas/outros povos têm/bênçãos venham semelhantes/sobre nós também" é parte do hino "Santo Espírito" (nº 65) da coletânea mais recente de hinos protestantes clássicos intitulada *Hinário Evangélico*.

[333] Cf. NOPEM, Rio de Janeiro: Nopem Editora, jan.-jul. 2003.

[334] Cf. MENDONÇA, Antônio Gouveia. *O Celeste Porvir*. A inserção do protestantismo no Brasil. São Paulo: Paulinas, 1984. p. 35.

[335] Cf. VELASQUES Filho, Prócoro. "Sim" a Deus e "não" `a vida. MENDONÇA. A. G., VELASQUES FILHO, P. *Introdução ao Protestantismo no Brasil*. São Paulo/São Bernardo do Campo: Loyola/Ciências da Religião, 1990. p. 205-230; ALVES, Rubem. *Protestantismo e Repressão*. São Paulo: Ática, 1979. p. 230.

[336] Aqui uma das possíveis explicações ao não crescimento numérico significativo ao protestantismo brasileiro. Um aumento marcante veio ocorrer somente a partir da consolidação da vertente pentecostal nas metrópoles nos anos 50.

[337] Os jornais brasileiros freqüentemente publicam matérias que revelam este contexto, seja nas seções referentes à saúde, seja nas seções referentes ao mundo dos negócios. Ver, por exemplo, EXTREMOS do corpo. *Folha de S. Paulo*, São Paulo, 25 mar. 2002, Folha Teen, p. 2-4; SAÚDE e beleza são remédio contra a crise. *Folha de S. Paulo*, São Paulo, 8 set. 2002, Caderno

Negócios, p. 13; COM suor, academia cresce na crise. *Folha de S. Paulo*, São Paulo, 9 nov. 2003, Caderno Negócios, p. 3.

[338] Cf. MENDONÇA, A. Vocação ao Fundamentalismo. In: MENDONÇA. A. G., VELASQUES FILHO, P. *Introdução ao Protestantismo no Brasil*. São Paulo/São Bernardo do Campo: Loyola/Ciências da Religião, 1990. p. 136-138.

[339] Cf. ALVES, R. *Protestantismo e Repressão*. São Paulo: Ática, 1979. p. 137-142.

[340] Cf. MARIANO, Ricardo. *Neopentecostais*: sociologia do novo pentecostalismo no Brasil. São Paulo: Loyola, 1999. p. 23-49.

[341] Isto pode ser constatado por meio da comparação das taxas de crescimento numérico das igrejas de missão. O registrado pelo IBGE em 1990 em relação a 1980 é de apenas 0,4%; já no censo de 2000 o aumento é de 2% em relação a 1990. Cf. JACOB, César Romero, et al. *Atlas da filiação religiosa e indicadores sociais no Brasil*. Rio de Janeiro/São Paulo/Brasília: PUC-Rio/Loyola/CNBB, 2003. Estes números comprovam que os anos de 1990 representam uma mudança de postura em relação a estratégias de conquista de novos adeptos.

[342] MENDONÇA, Antônio Gouveia. *O Celeste Porvir*. A inserção do protestantismo no Brasil. São Paulo: Paulinas, 1984. p. 235-253.

[343] De acordo com os estudos de Mendonça sobre o primeiro hinário protestante brasileiro, o *Salmos e Hinos*, 9,4% dos cerca de 437 hinos pesquisados referem-se a Deus enquanto 85,8% referem-se à figura do Cristo. Os demais dizem respeito ao Espírito Santo (1,1%) e à Trindade (3,7%). Os hinos que se referem à figura do Cristo são todos mensagens com o tema da sua paixão, o seu amor pela Igreja, o reconhecimento do pecado humano, a imagem de protetor e amigo, a negação do mundo (apocalipsismo), a sua ressurreição, a guerra contra o mal e o convite à conversão. Do total, apenas 14,2 % dão ênfase ao louvor, à adoração ou à súplica.

[344] CARNEIRO, Christiano. Aos levitas. *LouvorNet*, Estudos. Publicado em: <http://www.louvornet.com>.

[345] Cf. MENDONÇA, Antônio Gouveia. *O Celeste Porvir*. A inserção do protestantismo no Brasil. São Paulo: Paulinas, 1984. p. 200-206. Mendonça faz uso das palavras "unidade teológica" e "uniformidade teológica" para se referir ao fenômeno. José Bittencourt Filho, em seus estudos sobre o protestantismo brasileiro, utiliza o termo "unanimidade não planejada" Cf. BITTENCOURT FILHO, J. *Matriz religiosa brasileira*. Religiosidade e mudança social. Petrópolis/Rio de Janeiro: Vozes/Koinonia, 2003. p. 121.

[346] Cf. MENDONÇA, Antônio Gouveia. Ibidem. p. 235.

[347] Cf. MENDONÇA, Antônio Gouveia. *O Celeste Porvir*. A inserção do protestantismo no Brasil. São Paulo: Paulinas, 1984. p. 227-228. Os presbiterianos eram os que mais se diferenciavam deste padrão porque eram mais preocupados com o preparo acadêmico. Foram eles que instalaram no Rio de Janeiro o primeiro seminário protestante da América Latina em 1867.

[348] A distinção entre os grupos protestantes de missão ficava por conta: a) de heranças doutrinárias como, por exemplo: a forma de batismo (metodistas, presbiterianos e congregacionais realizam o batismo por aspersão, os batistas o fazem por imersão); o limite etário para o batismo (metodistas, presbiterianos e congregacionais possuem a prática do batismo infantil, os batistas não); o ecumenismo (metodistas possuem forte tradição de unidade e cooperação com outras igrejas e foram os únicos a aderirem ao Conselho Mundial de Igrejas, quando da fundação); o ministério pastoral feminino (metodistas foram os primeiros a ordenar pastoras, o que foi adotado por uma parcela dos presbiterianos e nunca pelos batistas e congregacionais); b) da organização eclesial como a forma de governo (conciliar episcopal, metodistas; conciliar presbiteral, presbiterianos; e congregacionalista com batistas e congregacionais); c) das práticas litúrgicas tais como: adoção de uma "ordem de culto" (presente entre metodistas e presbiterianos; ausente entre batistas e congregacionais); cânticos clássicos (nas versões mais recentes, adoção de *Hinário Evangélico*, pelos congregacionalistas, presbiterianos e metodistas; e do *Cantor Cristão*, pelos batistas); incentivo à participação leiga na condução (maior entre os metodistas e uma parcela dos presbiterianos; menor entre batistas e congregacionalistas).

349 O falar em línguas estranhas como sinal de um batismo especial – o batismo com o Espírito Santo, diferenciado do batismo com água.

350 AMARAL, Leila. *Carnaval da Alma*. Petrópolis: Vozes, 2000. p. 9-10, 17.

351 HALL, Stuart. *A identidade cultural na pós-modernidade*. Rio de Janeiro: DP&A, 1999. p. 75.

352 A negativa dos bispos da Igreja Metodista de integrar a Campanha da Fraternidade Ecumênica, a ser realizada em 2006 pelo Conselho Nacional de Igrejas Cristãs (CONIC), com a justificativa de que é uma campanha originalmente católico-romana, a despeito de o presidente do CONIC ser um bispo metodista, revela o nível de relativização doutrinária resultante da padronização *gospel*. Cf. CARTA do Colégio Episcopal da Igreja Metodista aos pastores metodistas, datada de outubro de 2003.

353 Cf. BÍBLIA, N. T. Mateus. Português. *Bíblia Sagrada*. Versão de João Ferreira de Almeida. Revista e Atualizada. 2. ed. São Paulo: Sociedade Bíblica do Brasil, 1995. Cap. 9, vers. 14-17; BIBLIA, N. T. Marcos. Português. Idem. Cap. 2, vers. 18-22; BIBLIA, N. T. Lucas. Português. Idem. Cap. 5, vers. 37-38.

354 MODERNO. In: LALANDE, André. *Vocabulário Técnico e Crítico de Filosofia*. São Paulo: Martins Fontes, 1996. Rudolf Eucken trabalha o conceito em *Geistige Strömungen der Gegenwart [Tendências Contemporâneas de Pensamento]*, na seção D, § 2, do Apêndice intitulado "O conceito de moderno". A aproximação deste trabalho com o conceito de "modernidade de superfície" deu-se por meio da leitura da obra de Brito, Daniel Chaves de. *A modernização da superfície*: estado e desenvolvimento na Amazônia. Belém: UFPA/ Núcleo de Altos Estudos Amazônicos, 2000. Tese de doutorado, em que o autor analisa a formação dos instrumentos estatais desenvolvimentistas e as conseqüências resultantes em um sistema econômico-social, que somente de forma parcial absorveu o princípio da racionalidade organizacional moderna. Ele desenvolve a análise tendo por base a noção de modernidade de superfície de Rudolf Eucken.

355 Cf. EXTERNO. In: LALANDE, André. *Vocabulário Técnico e Crítico de Filosofia*. São Paulo: Martins Fontes, 1996.

CARACTERÍSTICAS DESTE LIVRO:

Formato: 14 x 21 cm

Mancha: 10,5 x 17,5 cm

Tipologia: Times New Roman 9,5/12,5

Papel: Ofsete 75g/m² (miolo)

Cartão Supremo 250g/m² (capa)

Impressão: Sermograf

1ª edição: 2007

Para saber mais sobre nossos títulos e autores,
visite o nosso site:
www.mauad.com.br